# ETHICAL

# 道德型领导

提升企业绩效、团队创造力
与员工幸福感

涂乙冬 – 著

# LEADERSHIP

社会科学文献出版社
SOCIAL SCIENCES ACADEMIC PRESS (CHINA)

本书受到以下项目的资助：

国家自然科学基金项目：社会责任型人力资源管理对组织内道德型领导涌现的机制研究（课题号：71872139）；

教育部人文社科项目：道德型领导对员工职业健康的影响机制（课题号：18YJC630164）；

武汉大学经济与管理学院理论经济学"双一流"学科建设；

武汉大学自主科研项目（人文社会科学）"中央高校基本科研业务费专项资金"。

# 序　言

　　道德型领导是我主要的研究兴趣和研究方向。我进入这个研究领域大约有十年时间，从博士时期一直持续到今天，我的研究始终围绕这一主题。这本书算是这十年研究的精装版吧。

　　道德型领导在领导力理论体系里算是一个年轻的理论，却展现出蓬勃的生命力。道德型领导对于现实是有深刻洞见的，它呼应了提升组织道德、增强组织社会责任的管理实践。有研究者把道德型领导视作负责任的人力资源管理实践的一部分，它通过道德表率和道德管理，促进组织以一种符合伦理道德的、可持续的方式成长和发展。

　　也许有人认为，在弱肉强食的商业丛林里讲道德型领导是一种理想主义。然而，提升道德型领导力、改善组织道德管理，是一个组织可以实现基业长青的基础。没有它，企业无论多大，都仿佛一堆散沙，风来时，灰飞烟灭。最近有一句流行度很高的话，即"眼看他起朱楼，眼看他宴宾客，眼看他楼塌了"。这句话背后反映了多少组织和企业，也曾高楼万丈，然而最终也无可奈何花落去。

　　企业应该摒弃这种"楼起楼塌"的宿命论，而通过提升组织道德管理实现组织的可持续发展。道德型领导就是组织道德管理的重要组成部分。本书研究表明，道德型领导对于员工和团队的绩效、创新和幸福感有显著的提升作用。更多的研究也表明道德型领导对于个人、团队和组织的绩效都是有积极效应的。特别是道德型领导可以有效促进组织的道德行为（例如组织公民行为、亲社会行为等），减少不道德行为（例如偏差行为、反生产行为等）。

借序言之地，我想高度赞扬我的合作者们的贡献。本书中的很多研究都是他们和我一起并肩战斗做出来的。真心感谢各位合作者（排名不分先后）：李燕萍教授、Choi Jin Nam 教授、陆欣欣博士、张淑霞、王震教授、郭玮副研究员、徐嘉博士、俞悦。同时，我还要感谢我的几位学生在书稿的翻译和校对中的贡献。非常感谢李地婉、张颖、杨永康、张阳美和俞悦。也感谢 Springer Nature 集团、《心理学报》杂志社在版权许可方面给予的支持。本书大部分章节（除第一、二、十章外）都是以英文原文写作，如果在翻译中无法达到信达雅的要求，还请读者指正与包涵。

本书若可以让更多研究者理解道德型领导的科学作用机制，让更多管理者意识到道德型领导对于组织长期生存和发展至关重要，并促进道德型领导实践，本书最大的初心就实现了。

是为序。

涂乙冬
2019 年 5 月
于武汉大学珞珈山

# 目　录

# 第 1 章　道德型领导概论

　　**导　读**　本章介绍了道德型领导的缘起、研究进展、研究范式和本书的研究逻辑。关于道德型领导的缘起部分，本章简单回顾了道德型领导兴起的商业背景以及研究基础，并且，本章简要总结了目前顶级期刊上的有关道德型领导的研究进展。本章还论述了目前道德型领导的研究范式以及不足。最后，介绍了本书各篇的安排以及各章的主题。通过第 1 章的介绍，读者可以大致了解道德型领导是什么、目前发展到什么阶段以及本书的主题是什么。

　　**关键词：** 道德型领导　道德的人　道德的管理者　问卷研究

## 1.1 缘起

道德一直是领导力存在的基石，这一论点几乎是领导力研究领域的共识。然而，道德型领导领域的研究兴起，还是从 Brown 等人（2005）重新界定了什么是道德型领导力、如何测量道德型领导力开始的。道德型领导是指"通过表率行为和人际互动来表明在组织中什么是合乎规范、恰当的行为，并通过双向沟通、强化和决策来激励下属的道德行为"（Brown et al.，2005：200）。在目前存在大量商业丑闻的背景下，学术界开始思考，有必要将领导者的道德作为一个单独的领导力维度，而非领导力的基础或默认前提来进行研究。因此，道德型领导从应然（should be）走向了实然（actual be）。研究者和实践者都在思考一个问题，即如何通过道德型领导促进组织的可持续发展。

很多商业组织中的领导者会通过不合道德的方式来获取超额收益。这种方式也许隐蔽不为人知，但一旦它大白于天下，就是公司坠入深渊万劫不复的时刻。例如，出于财务造假、金融欺诈等原因庞大而富有声誉的公司在瞬间就崩塌了，这些公司可能被认为大而不能倒（too big to fail），也被认为是百年老店，但是当踏足深渊的时候，无论是犀牛，还是常青树，坠落都是必然之中的事情。虽然在这些商业案例中，是公司整体在做不合道德的事情，表面看应该由高层管理者负责；但千里之堤，溃于蚁穴，公司内部的各级管理者不可能不知道他们所从事的业务不合道德，不可能不深知其中的风险。他们错失了很多次可以改变的机会，才导致了最后所有人的悲剧。因此，道德型领导方式并不是高层管理者的专利，而是从基层到高层领导者都应该具备的领导方式。目前的研究者，对高层领导者的道德型领导力（Wu et al.，2015）、中层领导者的道德型领导力（Mayer et al.，2012；Mayer et al.，2009）和基层领导者的道德型领导力（Tu et al.，2013；Tu et al.，2016）都有涉及，总体而言，我们的研究注意力还是应更加关注基层领导者的道德型领导力。

为什么道德型领导力如此重要？如果我们在现实世界中寻找对标，你也许会发现，很多领导者并非那种道德者，为何他们仍然成功，似乎他们的例子并未能够让人认为道德是领导力的基础。让我们回到领导力的本质来回答这个问题。以下列出了两个领导力的定义。

领导力是对一个集体努力给予目的（意义指导）的过程，以及激起期望达到目的的意愿而努力的过程（Jacobs and Jaques，1990）。

领导力是让其他人理解和同意为何必须去做什么和如何有效地去做的过程，以及促进个人和集体努力去实现共同目标的过程（Yukl，2006）。

从这些定义上看，领导力的本质包含两个部分。第一是共享的目标（意义）。严格来讲，领导力的本质里并未直接强调道德的方面，而是将道德内化为一个前提假设。例如这个共享的目标是如何确定的，这就有道德前提。这个目标必须是符合集体利益的，是符合伦理决策标准的，是为利益相关者带来福利而非损失的。第二是影响他人实现这个目标的过程，也是通过道德的方式。例如以道德的教化、合乎伦理的奖惩等方式来确保员工愿意追随目标达成的进程，而非通过塑造恐惧、制造伤害来确保员工愿意追随目标达成的进程。领导力的前提是道德，领导者应该具备人类共有的道德和价值观（Antonakis and Day，2017）。

Brown 等人（2005）提出了道德型领导框架。他们认为，道德型领导包括道德的个人和道德的管理者两个成分。值得注意的是，他们认为道德的个人和道德的管理者是两个成分，而非两个维度。道德的个人，是指领导者具备诚信、值得信任、公平等个人特征；道德的管理者，是指领导者通过道德管理行为来增加下属的道德行为和减少下属的不道德行为。道德型领导理论强调通过个人的道德模范和管理者的道德管理来提高员工行为的道德性，通过符合道德的行为、决策来保证企业的可持续发展，从而真正避免企业在道德丑闻中轰然倒塌。

## 1.2 研究进展

### 1.2.1 道德型领导的理论基础

在道德型领导的研究中，出现了几个理论来解释道德型领导在影响下属、促进团队绩效等方面的作用，其中应用最为广泛的理论有社会学习理论、社会交换理论、社会认知理论等。

社会学习理论最早在 Brown 等（2005）的研究中体现，他们将道德型领导的研究上升到理论高度，并对其概念和内涵进行了清晰的界定。可以说，社会学习理论是道德型领导的基础理论。从社会学习理论的视角出发，道德型领导会用自身的模范作用为下属确定什么是应该做的、什么是不应该做的道德标准，下属通过观察学习、模仿和认同将该模范作用内化于心，成为自己遵守的规范（Bandura and Walters, 1977）。同时，道德型领导利用奖惩来规范下属行为的方式也会进一步强化领导的模范作用（Bandura, 1986）。后来的实证研究也证明了社会学习理论在解释道德型领导方面的作用。例如，Mayer 等（2009）从社会学习理论出发，探究了道德型领导在高低层次之间的"涓滴效应"。

社会交换理论是道德型领导的另一重要理论基础（Brown et al., 2005; Brown and Treviño, 2006）。在 Mayer 等（2009）的研究中，除了社会学习理论外，领导与下属间的社会交换作用，同样引起了研究者的注意。社会交换理论是在互惠的基础上（Gouldner, 1960）提出如果个体得到了其他人的好处或恩惠，会有回报的义务和责任（Cropanzano and Mitchell，2005）。道德型领导不仅通过模范作用影响下属，而且对符合道德标准的行为进行鼓励或奖赏，以及关心下属、顾及下属自身利益等，这会让下属产生回报的动机。

随着道德型领导的研究逐步深入，更深层次的理论关系开始被研究者发现。例如，Tu 和 Lu（2013）认为，道德型领导不仅会让下属模仿学习和产生回报动机，而且会改变员工的认知，进而对员工的创新工作行为产生影响。同样，从社会认知视角出发，Moore 等（2018）研究了道德型领导对下属不道德行为的影响，认为道德型领导会通过影响下属的道德推脱，对下属的不道德行为产生抑制作用。同样从社会认知视角出发的研究还发现，道德型领导可以塑造员工的道德认知（Tu et al.，2017）和能力认知（Tu and Lu，2016）。

还有部分理论同样应用到了道德型领导研究中，例如解释水平理论（Tumasjan，Strobel，and Welpe，2011）、拓展与建构理论（Den Hartog and Belschak，2012）、社会角色理论（Kacmar，Bachrach，Harris，and Zivnuska，2011）、资源保存理论（Kalshoven and Boon，2012）等，这些理论的应用极大拓展了道德型领导研究的深度和广度。

### 1.2.2　道德型领导的前因、调节以及结果变量

道德型领导自 2005 年被正式提出以来（Brown et al.，2005），相关实证研究不断丰富，截至 2015 年，十年时间已有的实证研究保守估计已经达到 100 多篇（Hoch et al.，2018），主要发表在 *Journal of Business Ethics* 等主流期刊中，研究成果非常丰富（见图 1–1）。

在道德型领导相关的行为变量中，研究较多的一类变量是组织公民行为。Eisenbeiss 和 Knippenberg（2015）的研究表明，在下属的道德情感和正念较高时，道德型领导会更加促进下属的组织公民行为。Kacmar 等（2013）的研究表明，道德型领导可以通过降低组织的政治性来促

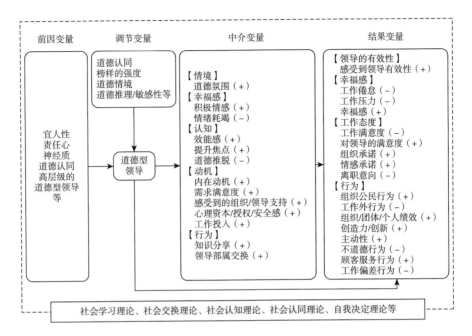

**图 1-1　道德型领导研究成果概览**

进下属的帮助行为。道德型领导还可以通过提高员工的自我效能感来促进下属的角色外绩效（Tu and Lu，2016）。对与组织公民行为对应的偏差行为，也有较多研究者进行了探究。例如，Kolthoff 等（2010）研究了道德型领导在政府部门中的作用，认为道德型领导对腐败行为具有显著的抑制作用。Van Gils 等（2015）认为，道德型领导不仅仅影响下属对道德的判断，而且会影响下属的道德专注度，进而减少组织偏差行为的发生。道德型领导对下属的创新行为也具有一定的预测作用。道德型领导通过与下属建立良好的领导—部属交换关系来促进下属创新行为的产生（Dhar，2016）。Chen 和 Hou（2016）则认为道德型领导通过促进下属的建言行为进而提高下属的创造力。还有研究表明，不同层次的道德型领导对下属创新行为的影响是通过影响下属的内在动机达到的（Tu and Lu，2013）。

　　道德型领导不仅仅在正式组织中起到重要作用，而且在不同行业中也具有相似效应。例如在酒店行业中，道德型领导可以通过提高员工的工作满意度和工作投入，促进顾客导向行为，提高服务质量（Qin，Wen，Ling，Zhou，and Tong，2014）。同样，道德型领导创建的道德氛围，对销售绩效的提升也有一定作用（Schwepker and Schultz，2015）。

道德型领导对与下属的工作态度相关的变量也有很显著的预测作用。道德型领导通过加强下属的心理所有权或自我效能感，强化组织道德氛围，直接或间接地促进员工工作满意度的提升（Avey，Wernsing，and Palanski，2012；Neubert，Carlson，Kacmar，Roberts，and Chonko，2009；Ren and Chadee，2017）。道德型领导还可以加强下属的组织承诺（Kim and Brymer，2011）和减轻下属的离职意向（Lam，Loi，Chan，and Liu，2016；Ruiz，Ruiz，and Martínez，2011）。

在道德型领导的研究中，也涌现出大量有趣新颖的调节变量。例如，Ogunfowora（2014）将领导的模范作用强度作为道德型领导与下属产出之间的调节变量；Thiel 等（2018）将领导管理的下属数量（span of control）作为道德型领导与有效性之间的调节变量；Loi 等（2012）将权力距离倾向作为道德型领导与个人产出的调节变量。

但是有关道德型领导的前因变量，目前研究成果较少，我们对什么会产生道德型领导这种类型的领导知之甚少。目前已有的研究大多从人格特征方面入手，例如大五人格中的宜人性、责任心与道德型领导正相关，神经质与道德型领导负相关（Walumbwa and Schaubroeck，2009）。较少有研究从领导的认知或行为方面进行探究（Mayer et al.，2012）。除此之外，部分研究者从组织的不同层次入手，得出高层次的道德型领导可以"流向"低层次的道德型领导的"涓滴模型"（Mayer et al.，2009；Schaubroeck et al.，2012）。未来研究应当多探究道德型领导的前因变量。

## 1.2.3 道德型领导与其他领导方式的区别

在领导力的道德方面，从转换型领导（transformational leadership）

开始逐步成为关注的焦点。转换型领导是"宣扬价值观和思想，提升下属的动机和目标，改变下属的工作态度、信念和价值观，激励下属从个人利益到集体利益的转变"（Bass and Steidlmeier，1999）。可以说，转换型领导的精髓在于在价值观和思想上重塑下属，从而改变他们的动机和目标，最后促使他们从个人利益转换到集体利益。这个定义中，有很多构念和道德紧密相关。转换型领导是一个非常有解释力的领导力框架，也是一个非常主张领导者道德的领导力类型，它强调了基于价值观的领导。Brown 等（2005）在发展道德型领导的构念时，花了很大篇幅来解释道德型领导在转换型领导基础上有什么不同。

在道德型领导的经典文献中，Brown 等（2005）不断强调道德型领导是"以人为本"（people-orientation）的，Hoch 等（2018）的元分析表明，道德型领导和转换型领导的相关系数达到 0.63。原因在于，转换型领导的其中一个维度与道德型领导高度相似（理想化影响）（Bass and Avolio，1994）。转换型领导也具有道德属性，其是下属们的榜样，这与道德型领导的"道德的个体"维度相对应。在比较道德型领导和转化型领导（理想化影响和个性化关怀维度）时，他们认为："个性化关怀领导风格应该和道德型领导有重合，因为两者在以人为本上都是相似的。"（Bass and Avolio，1994：122）Brown 和 Treviño（2006）也认为"转换型领导和道德型领导的一个关键相似之处就是对下属的真诚的关爱和关心"（p. 598）。Kalshoven、Den Hartog 和 De Hoogh（2011）开发的一个多维度的测量量表，其中第一个维度就是以人为本，这个维度反映了"领导者对下属的真诚的关心、尊重和支持"（p. 53）。

道德型领导同时关注工作任务和组织利益，一个元分析表明道德型领导与员工的工作绩效和组织公民行为显著正相关（Bedi et al.，2015）。Brown 等（2005）认为道德型领导者用"交易型的方法（标准设定、绩效评估、奖惩制度）等方式来保证员工做出道德产出，同时采用转化型领导的方式来领导下属，因此，道德型领导和转化型、交易型领导有一定的重合，道德型领导使用这两种领导力方式来领导下属"（p. 118）。因此，道德型领导既以任务绩效为主导，也以人际关系为主导。但转换型领导与道德型领导也并不完全相同，其主要差别在于，道德型领导强调对道德准则的遵守，对道德进行管理（奖惩），转换型领导则更多强调的是愿景、目标以及智力激发（Brown and Treviño, 2006）。

道德型领导（Brown et al., 2005）与真实型领导（Luthans and Avolio, 2003）、服务型领导（Ehrhart, 2004）也具有一定程度的相似性。具体体现在，三者的测量量表中对道德相关的属性具有相似的测量条目，三种领导类型都是道德的领导（Lemoine, Hartnell, and Leroy, 2019）。例如，道德型领导和真实型领导在道德一致性方面具有相似的测量条目，道德型领导的"在个人生活中遵守道德标准"与真实型领导的"根据自己内心的判断进行决策"并不具有很大的差异性；道德型领导与服务型领导在关心下属方面也具有相似的测量条目，道德型领导的"顾及员工们的自身利益"与服务型领导的"帮助员工成长和成功"似乎也在描述相同的内容。三种领导类型尽管各不相同，但共同点在于都关注了领导的道德属性。

最后，道德型领导与辱虐型领导表现出的辱虐行为，在某些情况下会发生关联。根据 Lin、Ma 和 Johnson（2016）的研究，道德型领导除了关注领导本身的职责之外，还需要关注下属的道德表现，这样无疑增加了领导的工作负担，并且造成了领导自我调节资源的损耗，通过道德许可理论，解释了道德型领导也会做出辱虐行为的可能性，揭示了道德型领导也可能存在黑暗面的事实。

当然，后续有研究认为道德型领导在转换型领导基础上有递增效度（Ng and Feldman, 2015），也有研究并不认同道德型领导在转化型领导基础上有递增效度（Hoch et al.，2018）。关于这个问题，我们在第 10 章的第 2 个思辨性问题处还会进一步详细解释。

## 1.3　研究范式

自 Brown 等（2005）重新定义了道德型领导，并且开发出工作场所的道德型领导量表后，道德型领导的研究就开始从以往的理论性论文（Treviño et al.，2000；Treviño et al.，2003）向实证性论文转变。目前，道德型领导的研究绝大多数采用的是实证性研究视角，而质性研究视角的道德型领导研究非常少见。

在目前的实证性研究的范式中，主要包括问卷研究、实验研究以及元分析。其中，问卷研究是主流，实验研究和元分析数量较少。

以问卷为基础的道德型领导的实证性研究占据了目前实证性研究的绝大多数。这部分研究包括同源或多源数据，也包括横截面或多时间点乃至纵向设计数据，还包括单层次或多层次的问卷设计。

以实验研究为基础的道德型领导的实证性研究相对较少，而且为数不多的几项实验研究还集中在实验室实验或文本实验。目前并未发现有在工作场所内的道德型领导的准实验的研究。鉴于实验在因果推断方面的优势，未来的道德型领导应该加强以实验为基础的研究。

以元分析为基础的道德型领导的实证性研究数量更少，目前只有 5 项左右。这和道德型领导研究的进展有关，随着道德型领导研究的成熟，未来有关道德型领导的元分析的研究会逐步增多。

## 1.4　本书的研究逻辑

本书一共包括 10 章，除第 1 章（道德型领导概论）和第 10 章（道德型领导的七个思辨性问题）外，其余 8 章分为 3 篇。第一篇为道德型领导与绩效，包括第 2 章（道德型领导与团队及关系绩效）和第 3 章（道德型领导与下属的角色外绩效）。第二篇为道德型领导与创新，包括第 4 章（道德型领导与员工创新工作行为）和第 5 章（道德型领导与团队层面创造力）。第三篇为道德型领导与幸福感，包括第 6 章（道德型领导与下属的职业幸福感）、第 7 章（道德型领导与员工家庭和生活满意度）、第 8 章（道德型领导与员工工作满意度）和第 9 章（道德型领导与员工工作投入）。

## 参考文献

Antonakis, J., & Day, D. V. (eds.). (2017). *The nature of leadership*. Sage publications.

Avey, J. B., Wernsing, T. S., & Palanski, M. E. (2012). Exploring the process of ethical leadership: The mediating role of employee voice and psychological ownership. *Journal of Business Ethics*, 107 (1), 21 – 34.

Bandura, A. (1986). *Social foundations of thought and action*. Englewood Cliffs, NJ, 1986.

Bandura, A., & Walters, R. H. (1977). *Social learning theory* (*Vol.* 1). Prentice-hall Englewood Cliffs, NJ.

Bass, B. M., & Avolio, B. J. (1994). *Improving organizational effectiveness through transformational leadership*. Sage.

Bass, B. M., & Steidlmeier, P. (1999). Ethics, character, and authentic transformational leadership behavior. *Leadership Quarterly*, 10 (2), 181 – 218.

Bedi, A., Alpaslan, C. M., & Green, S. (2015). A meta-analytic review of ethical leadership outcomes and moderators. *Journal of Business Ethics*, 1 – 20.

Brown, M. E., & Treviño, L. K. (2006). Ethical leadership: A review and future directions. *The leadership quarterly*, 17 (6), 595 – 616.

Brown, M. E., Treviño, L. K., & Harrison, D. A. (2005). Ethical leadership: A social learning perspective for construct development and testing. *Organizational behavior and human decision processes*, 97 (2), 117 – 200.

Chen, A. S. -Y., & Hou, Y. -H. (2016). The effects of ethical leadership, voice behavior and climates for innovation on creativity: A moderated mediation examination. *The leadership quarterly*, 27 (1), 1 – 13.

Cropanzano, R., & Mitchell, M. S. (2005). Social exchange theory: An interdisciplinary review. *Journal of Management*, 31 (6), 874 – 900.

Den Hartog, D. N., & Belschak, F. D. (2012). Work engagement and Machiavellianism in the ethical leadership process. *Journal of Business Ethics*, 107 (1), 35 – 47.

Dhar, R. L. (2016). Ethical leadership and its impact on service innovative behavior: The role of LMX and job autonomy. *Tourism Management*, 57, 139 – 148.

Ehrhart, M. G. (2004). Leadership and procedural justice climate as antecedents of unit-level organizational citizenship behavior. *Personnel psychology*, 57 (1), 61 – 94.

Eisenbeiss, S. A., & Knippenberg, D. V. (2015). On ethical leadership impact: The role of follower mindfulness and moral emotions. *Journal of Organizational Behavior*, 36 (2), 182 – 195.

Gouldner, A. (1960). *The psychology of behavioral exchange.* Reading: Addison-Wesley.

Hoch, J. E., Bommer, W. H., Dulebohn, J. H., & Wu, D. (2018). Do ethical, authentic, and servant leadership explain variance above and beyond transformational leadership? A meta-analysis. *Journal of Management*, 44 (2), 501 – 529.

Jacobs, T., & Jaques, E. (1990). Military Executive Leadership. In E. Clark (eds.). *Measures of Leadership*, West Orange, NJ, Leadership Library of America, pp. 281 – 295.

Kacmar, K. M., Andrews, M. C., Harris, K. J., & Tepper, B. J. (2013). Ethical leadership and subordinate outcomes: The mediating role of organizational politics and the moderating role of political skill. *Journal of Business Ethics*, 115 (1), 33 – 44.

Kacmar, K. M., Bachrach, D. G., Harris, K. J., & Zivnuska, S. (2011). Fostering good citizenship through ethical leadership: Exploring the moderating role of gender and organizational politics. *Journal of Applied psychology*, 96 (3), 633.

Kalshoven, K., & Boon, C. T. (2012). Ethical leadership, employee well-being, and helping. *Journal of Personnel Psychology*, 11 (1), 60 – 68.

Kalshoven, K., Den Hartog, D. N., & De Hoogh, A. H. (2011). Ethical leader behavior and big five factors of personality. *Journal of Business Ethics*, 100 (2), 349 – 366.

Kim, W. G., & Brymer, R. A. (2011). The effects of ethical leadership on manager job satisfaction, commitment, behavioral outcomes, and firm performance. *International Journal of Hospitality Management*, 30 (4), 1020 – 1026.

Kolthoff, E., Erakovich, R., & Lasthuizen, K. (2010). Comparative analysis of ethical leadership and ethical culture in local government: The USA, The Netherlands, Montenegro and Serbia. *International Journal of Public Sector Management*, 23 (7), 596 – 612.

Lam, L. W., Loi, R., Chan, K. W., & Liu, Y. (2016). Voice more and stay longer: How ethical leaders influence employee voice and exit intentions. *Business Ethics Quarterly*, 26 (3), 277 – 300.

Lemoine, G. J., Hartnell, C. A., & Leroy, H. (2019). Taking Stock of Moral Approaches to Leadership: An Integrative Review of Ethical, Authentic, and Servant Leadership. *Academy of Management Annals*, 13 (1), 148 – 187.

Lin, S. -H. J., Ma, J., & Johnson, R. E. (2016). When ethical leader behavior breaks bad: How ethical leader behavior can turn abusive via ego depletion and moral licensing. *Journal of Applied psychology*, 101 (6), 815 – 830.

Loi, R., Lam, L. W., & Chan, K. W. (2012). Coping with job insecurity: The role of procedural justice, ethical leadership and power distance orientation. *Journal of Business Ethics*, 108 (3), 361 – 372.

Luthans, F., & Avolio, B. J. (2003). Authentic leadership development. *Positive organizational scholarship*, 241 – 258.

Mayer, D. M., Aquino, K., Greenbaum, R. L., & Kuenzi, M. (2012). Who displays ethical leadership, and why does it matter? An examination of antecedents and consequences of ethical leadership. *Academy of Management Journal*, 55 (1), 151 – 171.

Mayer, D. M., Kuenzi, M., Greenbaum, R., Bardes, M., & Salvador, R. B. (2009). How low does ethical leadership flow? Test of a trickle-down model. *Organizational behavior and human decision processes*, 108 (1), 1 – 13.

Moore, C., Mayer, D. M., Chiang, F. F., Crossley, C., Karlesky, M. J., & Birtch, T. A. (2018). Leaders matter morally: The role of ethical leadership in shaping employee moral cognition and misconduct. *Journal of Applied psychology*, 104 (1), 123.

Neubert, M. J., Carlson, D. S., Kacmar, K. M., Roberts, J. A., & Chonko, L. B. (2009). The virtuous influence of ethical leadership behavior: Evidence from the *field. Journal of Business Ethics*, 90 (2), 157 – 170.

Ng, T. W. , & Feldman, D. C. (2015) . Ethical leadership: Meta-analytic evidence of criteri-on-related and incremental validity. *Journal of Applied Psychology*, 100 (3), 948 – 965.

Ogunfowora, B. (2014). It's all a matter of consensus: Leader role modeling strength as a moderator of the links between ethical leadership and employee outcomes. *Human relations*, 67 (12), 1467 – 1490.

Qin, Q. , Wen, B. , Ling, Q. , Zhou, S. , & Tong, M. (2014). How and when the effect of ethical leadership occurs? A multilevel analysis in the Chinese hospitality indus-try. *International Journal of Contemporary Hospitality Management*, 26 (6), 974 – 1001.

Ren, S. , & Chadee, D. (2017). Ethical leadership, self-efficacy and job satisfaction in China: the moderating role of guanxi. *Personnel Review*, 46 (2), 371 – 388.

Ruiz, P. , Ruiz, C. , & Martínez, R. (2011). Improving the "leader-follower" relation-ship: Top manager or supervisor? The ethical leadership trickle-down effect on follower job response. *Journal of Business Ethics*, 99 (4), 587 – 608.

Schaubroeck, J. M. , Hannah, S. T. , Avolio, B. J. , Kozlowski, S. W. , Lord, R. G. , Treviño, L. K. , ... Peng, A. C. (2012) . Embedding ethical leadership within and across organization levels. *Academy of Management Journal*, 55 (5), 1053 – 1078.

Schwepker, C. H. , & Schultz, R. J. (2015). Influence of the ethical servant leader and eth-ical climate on customer value enhancing sales performance. *Journal of Personal Selling & Sales Management*, 35 (2), 93 – 107.

Thiel, C. E. , Hardy, J. H. , Peterson, D. R. , Welsh, D. T. , & Bonner, J. M. (2018) . Too many sheep in the flock? Span of control attenuates the influence of ethical leader-ship. *Journal of Applied psychology*, 103 (12), 1324.

Treviño, L. K. , Brown, M. E. , & Hartman, L. P. (2003). A qualitative investigation of perceived executive ethical leadership: Perceptions from inside and outside the executive suite. *Human Relations*, 56 (1), 5 – 37.

Treviño, L. K. , Hartman, L. P. , & Brown, M. (2000). Moral person and moral manager: How executives develop a reputation for ethical leadership. *California management review*, 42 (4), 128 – 142.

Tu, Y. , & Lu, X. (2013). How ethical leadership influence employees' innovative work behavior: A perspective of intrinsic motivation. *Journal of Business Ethics*, 116 (2), 441 –455.

Tu, Y., & Lu, X. (2016). Do ethical leaders give followers the confidence to go the extra mile? The moderating role of intrinsic motivation. *Journal of Business Ethics*, 135 (1), 129 – 144.

Tu, Y., Lu, X., & Yu, Y. (2017). Supervisors' ethical leadership and employee job satisfaction: a social cognitive perspective. *Journal of Happiness Studies*, 18 (1), 229 –245.

Tumasjan, A., Strobel, M., & Welpe, I. (2011). Ethical leadership evaluations after moral transgression: Social distance makes the difference. *Journal of Business Ethics*, 99 (4), 609 –622.

Van Gils, S., Van Quaquebeke, N., Van Knippenberg, D., Van Dijke, M., & De Cremer, D. (2015). Ethical leadership and follower organizational deviance: The moderating role of follower moral attentiveness. *The leadership quarterly*, 26 (2), 190 – 203.

Walumbwa, F. O., & Schaubroeck, J. (2009). Leader personality traits and employee voice behavior: mediating roles of ethical leadership and work group psychological safety. *Journal of Applied psychology*, 94 (5), 1275.

Wu, L. Z., Kwan, H., Yim, F. K., Chiu, R., & He, X. (2015). CEO ethical leadership and corporate social responsibility: A moderated mediation model. *Journal of Business Ethics*, 130 (4), 819 –831.

Yukl, G. (2006). *Leadership in Organizations* (6th ed.). Upper Saddle River, NJ: Pearson Education.

# 第一篇

# 道德型领导与绩效

# 第2章　道德型领导与团队及关系绩效[*]

　* 本章内容详见涂乙冬，陆欣欣，郭玮，王震．（2014）．道德型领导者得到了什么？道德型
领导、团队平均领导—部属交换及领导者的收益．心理学报，46（9），1378－1391。

导　读：道德型领导是新近提出的一种领导理论，大量研究证实这种领导方式会给员工和组织带来积极影响。然而，在领导过程中处于主体地位的领导者从中获得了什么收益却较少受到关注。以50个工作团队的248名员工为研究对象，本章基于社会交换理论考察了道德型领导与个体层次和团队层次上领导者收益的关系及其作用过程。跨层次分析结果表明：（1）道德型领导对个体层次的员工对领导的认知信任和情感信任，以及团队层次的团队绩效和领导者绩效均有显著正向作用；（2）团队平均领导—部属交换在道德型领导与下属对领导者的认知信任、情感信任以及团队绩效的关系间起中介作用，但在道德型领导与领导者绩效关系间无显著中介作用。本章揭示了道德型领导者在领导过程中获得的"收益"以及团队层次社会交换的中介作用。

关键词：道德型领导　团队平均领导—部属交换　对领导的认知信任　对领导的情感信任　团队绩效　领导者绩效

## 2.1　问题的提出

随着公众对企业社会责任日益关注，组织中各层级领导者在决策、经营和管理活动中的道德问题逐渐成为学术界和实践界的一个热点话题，其中就包括领导方式的道德性，或者说道德型领导（ethical leadership）（Brown，Treviño，and Harrison，2005）。道德型领导是指"通过表率行为和人际互动来表明在组织中什么是合乎规范、恰当的行为，并通过双向沟通、强化和决策来激励下属道德行为"（Brown et al.，2005：200）的领导方式。作为一种积极的、符合伦理规范的领导方式，它能带来员工积极的工作态度和行为，并减少员工不利于组织的态度和行为。例如，研究发现道德型领导与员工工作满意度（Avey，Wernsing，and Palanski，2012）、心理安全感（Walumbwa and Schaubroeck，2009）、工作绩效（Walumbwa et al.，2011）、组织公民行为（Avey，Palanski，and Walumbwa，2011；Kacmar，Bachrach，Harris，and Zivnuska，2011；王震，孙健敏，张瑞娟，2012）、建言行为（梁建，2014）、创新行为（Tu and Lu，2013）以及个人幸福感（Avey et al.，2012；Li，Xu，Tu，and Lu，2014）显著正相关，与反生产力行为和工作越轨行为负相关（Avey et al.，2011；De Hoogh and Den Hartog，2008；Mayer，Aquino，Greenbaum，and Kuenzi，2012；Kalshoven，Den Hartog，and De Hoogh，2011）。

梳理现有文献后不难发现，在社会交换视角下，以往研究考察了员工和组织从道德型领导过程中得到了什么，却忽略了道德型领导者从这种互惠的社会交换中得到了什么。互惠作为一种相互依赖的交换，是一种相互依赖的人与人之间（例如领导者和下属之间）共赢的人际交易和安排（Cropanzano and Mitchell，2005）。既然是共赢的人际交易和安排，那么在互惠的社会交换中，领导者和下属都应得到他们的效用。从前文的结果变量来看，这些积极的结果基本可以被归类为"员工收益"和"组织收益"，即这些研究关注了道德型领导给员工带来了什么心理、态度和行为上的产出以及对组织效能的提升作用，但没有关注作为领导过程主体的道德型领导者在社会交换过程中获得了什么收益。一些学者指出现有领导学研究大多关注领导行为给员工和组织带来了什么，却忽略了领导行为给领导者带来了什么（Wilson，Sin，and Conlon，2010）。Rubin、Dierdorff 和 Brown（2010）也指出以往研究主要关注道德型领导对员工产出的影响，缺乏对领导者产出的考察。在互惠的社会交换理论框架下，领导者积极的领导行为一定会带来指向领导者的收益。"领导者收益"可以被看作在领导过程中指向领导者的积极产出或者回报，它会增加领导者的效用和福利，但不会减少其他人（组织）的效用和损害其他人（组织）的福利。从反面来说，如果道德型领导者不能够从领导过程中获得收益，那么他和下属的互惠交换关系就会被割裂，这就与目前道德型领导的社会交换理论框架相矛盾。因此，应该探索道德型领导者在社会交换中获得了什么收益，这能够补充道德型领导的社会交换理论框架的解释力，更全面地解释在社会交换理论框架下道德型领导如何使员工、领导者和组织达成互惠的多赢关系。

本章研究道德型领导过程对领导者收益的影响及其潜在机制。近年来研究者在"领导力在本质上是一种团队过程"上已达成共识（Braun，Peus，Weisweiler，and Frey，2013）。本章将道德型领导作为团队层面的构念，以反映下属关于领导道德方面的共同认知以及团队领导过程（Tu and Lu，2013）。在领导者的收益方面，借鉴领导风格"任务"和"关系"导向的划分以及中国文化下"关系主义"的特点（Chen，Eberly，Chiang，Farh，and Cheng，2014），我们将领导者的收益聚焦在"任务"和"关系"产出上。在领导者的"任务"收益上，本章借鉴 Douglas 和 Ammeter（2004）的框架，将道德型领导在领导过程中获得的绩效产出分为领导者绩效和团队绩效。其中，领导者绩效是指领导者个人的工作绩效表现，而团队绩效是指在领导者带领下团队的工作绩效表现。由于领导者在组织中具有独特的个人、行使管理职能的组织代理人的双重身份（Eisenberger et al.，2010），因此，对领导者的绩效评价应该包括领导者作为独特个人的领导者绩效，以及作为组织代理人而获得的团队绩效。在领导者的"关系"收益上，本章引用 Yang、Mossholder 和 Peng（2009）的框架，将下属对领导者的认知信任和情感信任作为重要的人际关系产出，对领导者的信任是对领导者忠诚的重要因素（Chen，Tsui，and Farh，2002），而对领导者的忠诚和承诺是员工提供给领导者的重要收益（Wilson et al.，2010）。本章将个体层次的下属对领导者的认知信任和情感信任、团队层次的团队绩效和领导者绩效作为道德型领导者在领导过程中"任务"和"关系"方面的回报，探索道德型领导与它们之间的关系及中间机理。

社会交换理论是解释道德型领导及其产出的理论框架之一（Brown and Treviño，2006）。道德型领导者在领导过程中表现出来的公平以及人性化关怀行为等，会使员工产生回报义务感，员工会表现出相应的工作态度、行为和绩效来回报领导者的积极行为（Brown and Treviño，2006；Walumbwa et al.，2011）。Walumbwa 等人（2011）的研究也证实，领导—部属交换（LMX）在道德型领导与下属工作绩效关系中有显著中介作用，表明 LMX 是分析道德型领导和结果变量关系的重要机理。LMX 作为下属与直接领导者之间的垂直对偶交换关系（Schriesheim，Neider，and Scandura，1998），其核心是领导者会与不同下属建立不同质量的交换关系（Graen and Uhl-Bien，1995）。然而研究表明，LMX 作为个人与领导者的交换关系并不是孤立存在的，而是与团队中其他成员的 LMX 共同存在的（Liden，Erdogan，Wayne，and Sparrowe，2006），考察团队中 LMX 对领导者收益的影响应当从团队整体的 LMX 特征来进行。LMX Mean 是领导者与团队内所有下属进行社会交换的群体变量（Nishii and Mayer，2009），反映了团队领导与团队内所有员工的整体社会交换水平。事实上，道德型领导强调领导者针对所有下属的道德表率和人际互动，并在与下属的交换关系中注重公平和道德规范。本章认为道德型领导是通过促进团队平均领导—部属交换（leader-member exchange mean，LMX Mean）来实现领导者收益的。

综上所述，本章将从三个方面推进现有研究：（1）采用"领导者收益"的视角，将个体层次的信任和团队层次的绩效作为道德型领导者在社会交换过程中关于"任务"和"关系"两个方面的收益，考察道德型领导方式对领导者收益的作用；（2）通过探索 LMX Mean 在道德型领导与结果变量关系间的中介作用，进一步拓展道德型领导对领导者收益的社会交换过程；（3）将道德型领导的社会交换过程从个体层次上升到团队层次，有利于深化群体社会交换理论，揭示道德型领导的团队层次和跨层次的社会交换过程。

## 2.2　理论与假设

虽然其他的领导理论（如转换型、真实型和精神型领导等）都指出了领导的道德成分（Brown and Treviño，2006），但道德型领导理论强调有效的领导者应该同时是"道德的人"和"道德的管理者"（Brown et al.，2005；Treviño，Brown，and Hartman，2003）。"道德的人"是指道德型领导者本身具备诚实、可信赖和较高的道德标准等品质；"道德的管理者"是指道德型领导者在职位和工作中表现出合乎道德规范的行为，以引导下属合乎道德规范的行为。例如，在组织中倡导道德行为；身先士卒地履行道德规范；综合考虑各个方面的利益和需要后做决策；给予下属一定的自主性，鼓励下属参与决策；对员工表现出真挚的尊重和关怀等（Brown et al., 2005；De Hoogh and Den Hartog, 2008；Detert and Burris, 2007；Kalshoven et al., 2011；Walumbwa and Schaubroeck, 2009；Walumbwa et al., 2011；Walumbwa, Morrison, and Christensen, 2012）。在这个过程中，员工一方面通过社会学习过程，对领导者的角色表率进行观察、模仿和内化，并借助领导者的奖惩反馈获得对道德标准的认知（Brown et al., 2005）；另一方面，基于社会交换理论，当员工认为道德型领导者公平地对待、关心和爱护他们时，他们就会有回报道德型领导者这些积极行为的义务感，在互惠原则下，员工会以积极的工作态度和行为来回馈领导者（Avey et al., 2012；Brown and Treviño, 2006；Walumbwa et al., 2012）。与以往采用"员工收益"和"组织收益"视角来研究道德型领导的产出不同，本章将从"领导者收益"的视角探索道德型领导给领导者带来了什么收益，分析其对个体层次员工对领导的信任和团队层次的绩效产出的作用及其中间机理。

### 2.2.1  道德型领导与员工对领导者的信任

信任作为人际交往的重要方面，对领导者与下属建立良好关系（Yang et al., 2009）以及实现领导有效性都有重要意义。信任被定义为"一方愿意承担另一方行为风险的程度"（Mayer, Davis, and Schoorman, 1995：712）。McAllister（1995）进一步将信任划分为情感信任和认知信任两个层面：认知信任是基于被信任者的表现而产生的，包括能力、责任、可信性和可依赖性等；情感信任是个人感知到被信任者表现出真挚的关怀和对其利益的关心时产生的一种强烈的情感连带，强调被信任者对施与信任者的关怀、共情、亲密和依赖。由此可见，认知信任是最基本的信任，情感信任则是更高层次的信任（Schaubroeck, Lam, and Peng, 2011）。Dirks 和 Ferrin（2002）的元分析表明认知信任和情感信任具有显著差异，其前因变量和产生的心理机制不同（Yang and Mossholder, 2010）。下属对领导者的信任是领导者在领导过程中获得的下属指向他个人的认知和情感产出。

Brown 和 Treviño（2006）在分析道德型领导的理论框架时，提出道德型领导能够正向预测员工对领导者的信任，尤其是对领导者的情感信任有显著作用。Mayer 等人（2012）的研究也在一定程度上支持了道德型领导与员工对领导者信任的正相关关系。本章将进一步探究道德型领导者是如何通过群体层次的社会交换来获得员工对他们的认知信任和情感信任的。

Mayer 等（1995）指出个人的信任来源于被信任者的能力、正直及仁慈。认知信任主要基于对方的正直和能力，而情感信任与仁慈关系更为密切。道德型领导能够提升下属对领导者的认知信任。首先，道德型领导者的典型特点包括诚实、正直和可信赖（Brown and Treviño，2006），他们在工作中始终践行自身的道德标准，并努力使下属做出与道德规范相一致的行为，也会进一步增加员工对领导者基于正直判断的认知信任。其次，道德型领导与员工感知到的领导者的能力正相关。道德型领导者不仅在决策中强调集体的利益并平衡不同的需要（De Hoogh and Den Hartog，2008），还在工作中适时授权、为员工发展提供机会、增加员工自主性（Piccolo，Greenbaum，Den Hartog，and Folger，2010）以及将员工安排在合适的岗位上等，这些都会强化员工关于领导能力的认知，从而产生对领导者的能力的认知信任。因此，我们假设道德型领导对员工的认知信任有正向预测作用。

情感信任是个人对所信任的人表现出的具有强烈积极情感的信任（McAllister，1995），是一种超越工具性关系的、发自内心的信任（Chua，Ingram，and Morris，2008）。这种信任是以认知信任为基础的，但情感信任具有强烈的主观感知和情感成分。例如，个人可能通过领导者的道德声誉产生认知信任，但是其情感信任需要在长期的人际交往中产生。因此，道德型领导者所表现出的正直和能力，会增加员工依赖、信赖和亲近他们的意愿，在此基础上，领导者需要表现出仁慈和对员工真挚的关心以获得情感信任（Burke，Sims，Lazzara，and Salas，2007；Chen et al.，2014）。道德型领导者真诚关心员工的利益、强调"员工导向"、为员工的发展提供机会、鼓励员工参与决策以及主张公平对待下属（Yang et al.，2009）等行为，有利于增加下属对他们的情感信任。我们提出以下假设。

H1：道德型领导对下属对领导者的认知信任（H1a）和情感信任（H1b）有显著正向作用。

### 2.2.2　道德型领导与团队层次绩效

领导者的收益不仅体现在个人与下属良好的关系上，还表现在他获得的绩效上。由于领导者具有个人和组织代理人的双重身份，所以其绩效包括了领导者个人绩效和团队绩效（Douglas and Ammeter，2004）。以往研究为道德型领导与团队绩效的关系提供了一定的实证支持（Walumbwa et al.，2012）。一般而言，道德型领导始终强调行为的利他性以及团队利益和目标的重要性，说明决策对团队目标的贡献（De Hoogh and Den Hartog，2008），并切实维护这些准则和规范。依据社会交换理论，当道德型领导者从团队整体利益出发，追求团队利益的最优目标并照顾团队成员的利益时，所有团队成员也会回报道德型领导者的积极领导行为，促进团队绩效的提高。同时，道德型领导者注意在团队中奖励那些合乎规范的行为以及惩罚那些不合规范的行为（Brown and Treviño，2006），这种正向和负向的交换使团队中员工更多地做出合乎规范的积极产出、更少地做出违背道德的负面产出，从而提升团队绩效。因此，我们假设道德型领导对团队绩效有正向的预测作用。

道德型领导也与领导者绩效显著正相关。首先，道德型领导表现出来的德行品质、对员工的关怀以及行为约束和规范能力，都会使员工对领导者绩效做出较高的评价。其次，当道德型领导与员工进行高质量的社会交换时，员工会感受到来自领导者更多的支持、关心、尊重以及工作资源等，员工会有更强烈的回报义务感，他们更高地评价领导者的工作绩效（Gerstner and Day，1997）。我们提出以下假设。

H2：道德型领导对团队绩效（H2a）和领导者绩效（H2b）有显著正向影响。

### 2.2.3　道德型领导与 LMX Mean

Walumbwa 等人（2011）指出 LMX 能从社会交换视角有效解释道德型领导的作用过程。为回应 Liden 等（2006）关于多层次领导—部属交换研究的建议，本章将考察 LMX Mean 在道德型领导与领导者收益关系中的中介作用。LMX 是指领导者与下属之间基于情感支持以及有价值资源交换而形成的社会交换关系（Graen and Uhl-Bien，1995；Liden，Sparrowe，and Wayne，1997；Sparrowe and Liden，1997）。高 LMX 表明领导者与下属的关系超越了雇佣契约关系（Erdogan，Liden，and Kraimer，2006），包含了情感、尊重、忠诚、信任、义务和互惠等内容；低 LMX 意味着领导者与下属建立了单纯的雇佣关系和经济契约关系。目前，研究者开始从团队层面研究团队层次 LMX 的影响。LMX Mean 是团队层面领导—部属交换的核心特征之一，反映了团队领导与团队内所有员工的整体社会交换平均水平（王震，孙健敏，2013）。

我们认为道德型领导与 LMX Mean 有正相关关系。首先，以诚实、正直和可信赖为特征的道德型领导者在与下属的人际互动中也遵循高度的道德准则，道德型领导者给予下属信任、尊重和支持，这正是社会交换的核心内容。这表明道德型领导者会与团队内的下属发展高质量的团队社会交换。其次，道德型领导者会在领导过程中表现出对下属真正的关心，例如聆听下属的意见、为下属提供发展机会、提供有意义和挑战性的工作等（Piccolo et al.，2010），在与下属的关系中投入超出雇佣契约关系的支持、情感、尊重和信任，从而与下属建立超出经济交换的社会交换关系（Brown and Treviño，2006；Walumbwa and Schaubroeck，

2009），团队里的下属也会投入更多的情感、义务和信任等作为回报，这就会提高团队层次的 LMX Mean。最后，道德型领导者建立人际关系是以实现团队和组织目标为出发点的（Brown et al.，2005；Brown and Treviño，2006；Treviño et al.，2003），而不以实现个人利益为目的。因此，道德型领导更可能与团队成员建立高质量的 LMX Mean。因此，无论是从组织利益，还是从维护团队人际关系的角度出发，道德型领导都更加倾向于和团队所有成员建立较高的社会交换关系。我们提出以下假设。

H3：道德型领导对 LMX Mean 有显著正向影响。

### 2.2.4 LMX Mean 的跨层次中介作用

LMX Mean 能够提升下属对领导者的认知信任和情感信任。高 LMX Mean 表明领导者和团队内的员工都维持着高质量的社会交换，这种高质量的社会交换的核心内容是相互信任、支持和尊重。因此，LMX Mean 对员工对领导者的信任有显著作用。

LMX Mean 能够提升下属对领导者的认知信任。相对于整个团队而言，领导者与下属建立的普遍高质量的社会交换，会使下属感知到领导者以组织利益为目标的利他性以及遵循道德规范的正直性（Dunn，Ruedy，and Schweitzer，2012），从而有较高的认知信任。同时，高 LMX Mean 能够显著降低下属与领导者交换过程中的不确定性（Rosen，Harris，and Kacmar，2011），使员工认为领导者是真正为他们的利益考虑，因而产生对领导者的认知信任。

LMX Mean 能够提升下属对领导者的情感信任。首先，较高的 LMX Mean 向员工传达了道德型领导者对员工利益真实的关心、尊重和爱护，他们也会相应地回报对领导者的情感信任。其次，个人对领导者的情感信任不仅仅源于领导者与自身的关系，还受到领导者与其他成员关系的影响。高 LMX Mean 也表明道德型领导者对团队成员表现出高度的仁慈和爱护，从而使员工对领导者产生较深的依赖和较高的情感信任。相反，低 LMX Mean 会显著减少员工对领导者的情感信任（Hooper and Martin，2008）。结合上文假设 3，我们认为道德型领导通过提高 LMX Mean 来增强下属对领导者的认知和情感信任，由此提出以下假设。

H4：LMX Mean 在道德型领导与下属对领导者的认知信任（H4a）和情感信任（H4b）的关系中起中介作用。

### 2.2.5　LMX Mean 的团队层次中介作用

LMX Mean 也会在道德型领导与团队和领导者绩效关系中起中介作用。根据社会交换理论，当员工受到领导的良好对待时，他们会做出更多的团队绩效作为回报。首先，与领导有高质量交换关系的员工会感知到较多的义务，愿意在工作中为领导付出更多的努力，有更多表现高工作绩效的动机（Chen and Kanfer，2006）。Graen 和 Uhl-Bien（1995）指出，当领导和团队的大多数成员都建立高质量交换关系时，团队成员会增加自身的投入以提高团队绩效。其次，高 LMX Mean 意味着双方富有更深层次的互惠义务，团队中的下属会有更高的群体层面的回报义务感，下属们的回报义务除了指向员工的个人绩效，还指向团队绩效（王震，孙健敏，2013）。最后，高 LMX Mean 条件下，领导会给团队中所有下属提供更多的资源和支持，团队中的员工将有更多资源来更好地完成更高的绩效，客观上也会提高团队产出的数量和质量。因此，LMX Mean 与团队绩效正相关（王震，孙健敏，2013）。结合前述道德型领导显著提升 LMX Mean 以及团队绩效，我们假设 LMX Mean 在道德型领导与团队绩效的关系中起中介作用。

LMX Mean 与领导者绩效显著正相关。LMX Mean 越高，领导和团队内的下属建立的工作内和工作外的联系越紧密，这些联系使领导能够更好地与下属合作完成领导者的绩效目标。同时，LMX Mean 越高，下属就有更高的对领导的信任、情感和回报义务，他们也更加倾向于给领导更高的绩效评价（Gerstner and Day，1997）。因此，LMX Mean 与领导者绩效正相关。结合前述道德型领导显著提升 LMX Mean 以及领导者绩效，我们提出以下假设。

H5：LMX Mean 在道德型领导与团队绩效（H5a）、领导者绩效（H5b）的关系中起中介作用。

## 2.3　研究方法

### 2.3.1　研究样本

本章在武汉、北京、上海、深圳、南京等 15 个城市，选取了以知识型员工为主的工作团队为研究对象。研究采用自我报告问卷来进行调查。研究者通过每个团队中的一名指定"联络人"协助收集数据。在发放问卷前，研究者对"联络人"进行了规范、统一的培训，向其详细介绍了研究目的、发放与回收问卷的具体方法及注意事项。"联络人"在本单位寻找 1～2 个愿意参与此次问卷的工作团队。在问卷发放过程中，为保证员工问卷填写的真实性，我们为每名员工提供了胶带和待密封的信封，待其填写完毕后可自行密封。最后，请"联络人"回收问卷并邮寄给研究者。

本次调查共发放 58 份团队问卷和 350 份成员问卷。以团队成员数大于 3 个和团队成立时间大于 6 个月为标准，我们对回收问卷进行了筛选。最终的有效问卷来自 45 家企业、事业单位的 50 个工作团队（有效回收率 86.2%）的 248 名员工（有效回收率 70.9%）。在团队样本中，团队规模为 4.96（$S.D. = 1.185$）；在员工样本中，男性员工 127 人（占 51.2%），平均年龄 31.47 岁（$S.D. = 8.297$），拥有大学及以上学历的员工 132 人（占 53.2%），在团队中平均任期为 3.2 年（$S.D. = 1.506$）。

### 2.3.2　测量工具

我们采用 Brislin（1980）的"翻译—回译"程序将英文量表翻译成

相对应的中文版本。首先，我们邀请了 3 名管理学博士生将英文量表翻译成中文量表，再请另外 3 名管理学在读博士生将中文量表回译成英文量表。其次，请 2 名组织行为学的副教授对比原始英文问卷、翻译后的中文版本和回译后的英文版本。最后，我们还邀请了 3 名具有 5 年以上知识团队管理工作经验的领导者及 4 名平均工作年限超过 3 年的员工，对量表进行了语义和措辞上的修改，力求减少对测量问卷的理解差异。本章中所有的问卷测量均采用李克特五点量表进行测量，范围从 "1" "非常不同意" 到 5 "非常同意"。

（1）道德型领导的测量采用 Brown 等人（2005）开发的 10 条目量表。举例条目为 "我的领导会按照道德准则规范个人生活"。我们用同一团队中成员们对领导者评价的组均值聚合得到团队道德型领导分值。该量表在本章中的信度为 0.932。

（2）LMX 的测量采用 Wayne、Shore 和 Liden（1997）使用的 7 条目量表。举例条目为 "我所做的决定能够得到领导的充分信任和肯定"。我们将个体层次的 LMX 以组均值聚合得到 LMX Mean。该量表在本章中的信度为 0.899。

（3）下属对领导者的认知信任的测量采用 Yang 等（2009）开发的 3 条目量表。举例条目为 "领导能够与我共同面对工作中的困难"。该量表在本章中的信度为 0.884。

（4）下属对领导者的情感信任的测量采用 Ng 和 Chua（2006）开发的 2 条目量表。举例条目为 "我能够与领导自由地谈论自己"。该量表在本章中的信度为 0.818。

（5）团队绩效的测量采用 Douglas 和 Ammeter（2004）开发的量表，我们使用 3 个题项来测量。举例条目为 "我们部门经常达到或超过预期业绩"。该量表在本章中的信度为 0.681。

（6）领导者绩效的测量采用 Douglas 和 Ammeter（2004）开发的 3 条目量表。举例条目为 "我的领导能有效整合部门成员共同完成工作"。该量表在本章中的信度为 0.907。

由于员工和领导者的年龄和性别差异对员工的信任感知和绩效评价有一定影响，所以我们选择员工和领导者的性别、年龄作为本章的控制变量。其中，1 代表男性，2 代表女性，年龄则直接以阿拉伯数字表示。

### 2.3.3 分析技术

本章有团队层次以及跨层次的中介效应研究假设，因此采用 Baron 和 Kenny（1986）推荐的程序来检验所有中介效应。我们使用多层线性模型检验跨层次假设（HLM）（Bryk and Raudenbush，1992），采用多元回归来检验团队层次假设。具体地，对于假设 4a 和假设 4b（跨层次 2 – 2 – 1 中介模型），我们在 HLM 中采用最大似然法来估计系数，团队层次上的变量全部采用总均值中心化（Zhang，Zyphur，and Preacher，2009）。对于假设 5a 和假设 5b（团队层次中介模型），我们采用总均值中心化的数据来进行回归检验。考虑到团队层样本量较小（$n = 50$），我们采用 Bootstrap 方法进行回归，抽样的样本为 1000 个，并运用 Stata 10.0 进行 Bootstrap 运算。

### 2.3.4 数据聚合检验

由于团队层次的变量是团队内个体评价的聚合，因此，在聚合前需要检验个体层次的数据是否满足聚合数据的指标，本章主要采用 ICC1、ICC2（Bliese，2000）、$r_{wg}$（James，Demaree，and Wolf，1984）3 个指标来检验个体层次的道德型领导、LMX、员工对团队绩效和领导者绩效的评价是否满足聚合到团队层次的要求。上述 4 个变量的 ICC1 的值分别为 0.478、0.499、0.510、0.456，高于 0.12 的阈值；4 个变量的 ICC2 的值分别为 0.979、0.980、0.981、0.977，高于 0.70 的阈值（James，Demaree，and Wolf，1993）；4 个变量的 $r_{wg}$ 均值为 0.949、0.945、0.855、0.856，高于 0.70 的阈值。上述结果表明，个体层次的道德型领导、

LMX、员工对团队绩效和领导者绩效的评价可以聚合为团队层次的变量。

## 2.4  结果

### 2.4.1  同源误差检验

由于本章采用同源数据，所以共同方法误差可能会成为干扰研究结果的重要因素。根据 Podsakoff、MacKenzie、Lee 和 Podsakoff（2003）的建议，我们采用了两种广泛使用的方法对本章的共同方法误差进行检验，即 Harman 单因子检验和不可测量潜在方法因子检验。Dulac、Coyle-Shapiro、Henderson 和 Wayne（2008）的研究也表明，这两种方法能够有效地检测共同方法误差是否影响研究结果。

本章将道德型领导、LMX 的条目进行因子打包，根据 Mathieu 和 Farr（1991）的建议将每个变量的条目分别打包为 2 个显变量，其他变量均是 1 个条目作为一个显变量。单因子模型到六因子模型是 Harman 单因子检验的结果，七因子模型是 "不可测量潜在方法因子检验" 的结果。表 2－1 中 Harman 单因子检验结果表明，六因子模型具有高的拟合优度（$\chi^2 = 115.986$，$df = 62$，CFI = 0.980，GFI = 0.941，IFI = 0.981，RMR = 0.051，RMSEA = 0.059，AIC = 201.986），而单因子模型到五因子模型的拟合优度都不满足阈值。这也表明各变量是独立变量，具有较好的区分效度，同源误差因子并不严重。比较六因子模型和七因子模型，七因子模型表现出稍好的拟合优度（$\chi^2 = 60.881$，$df = 48$，CFI = 0.995，GFI = 0.967，IFI = 0.995，RMR = 0.016，RMSEA = 0.033，AIC = 174.956）。然而，七因子模型改善六因子模型的幅度过小（李锐，凌文辁，柳士顺，2012），我们计算了七因子模型中同源误差作为一个潜变量的平均方差抽取量，在本章中为 0.395，低于判别共同方法误差是否可以被视作一个潜变量的判定标准的阈值（0.500）（Du-

lac et al.，2008），这表明共同方法误差并不能成为影响本章理论变量
的一个潜变量。同时，本章的自变量和中介变量均是组均值聚合而来
的，这在一定程度上也降低了共同方法误差的作用（Du and Choi，
2010），因此，我们认为共同方法误差并不会干扰统计推断结果。

表 2-1　个体层次的变量的验证性因子分析

| Model | $\chi^2$ | $df$ | CFI | GFI | IFI | RMR | RMSEA | AIC |
|---|---|---|---|---|---|---|---|---|
| 七因子模型 | 60.881 | 48 | 0.995 | 0.967 | 0.995 | 0.016 | 0.033 | 174.956 |
| 六因子模型 | 115.986 | 62 | 0.980 | 0.941 | 0.981 | 0.051 | 0.059 | 201.986 |
| 五因子模型 | 391.887 | 67 | 0.882 | 0.796 | 0.883 | 0.062 | 0.140 | 467.887 |
| 四因子模型 | 491.754 | 71 | 0.847 | 0.758 | 0.848 | 0.065 | 0.155 | 559.754 |
| 三因子模型 | 550.871 | 74 | 0.827 | 0.741 | 0.828 | 0.069 | 0.162 | 612.871 |
| 二因子模型 | 761.038 | 76 | 0.751 | 0.615 | 0.752 | 0.076 | 0.191 | 819.038 |
| 单因子模型 | 823.413 | 77 | 0.729 | 0.607 | 0.730 | 0.071 | 0.198 | 879.413 |

注：$n_{个体}=248$；$n_{团队}=50$。

七因子模型：道德型领导，LMX，下属对领导者的认知信任，下属对领导者的情感信任，团队绩效，领导者绩效，共同方法误差。

六因子模型：道德型领导，LMX，下属对领导者的认知信任，下属对领导者的情感信任，团队绩效，领导者绩效。

五因子模型：道德型领导+LMX，下属对领导者的认知信任，下属对领导者的情感信任，团队绩效，领导者绩效。

四因子模型：道德型领导+LMX+下属对领导者的认知信任，下属对领导者的情感信任，团队绩效，领导者绩效。

三因子模型：道德型领导+LMX+下属对领导者的认知信任+下属对领导者的情感信任，团队绩效，领导者绩效。

二因子模型：道德型领导+LMX+下属对领导者的认知信任+下属对领导者的情感信任+团队绩效，领导者绩效。

单因子模型：道德型领导+LMX+下属对领导者的认知信任+下属对领导者的情感信任+团队绩效+领导者绩效。

### 2.4.2　描述性统计与相关分析结果

表 2-2 列出了变量的均值、标准差及相关系数矩阵。结果表明，
道德型领导与 LMX Mean 显著正相关（$r=0.860$，$p<0.001$）。同时，
道德型领导与团队绩效（$r=0.638$，$p<0.001$）、领导者绩效显著正相

关（$r = 0.839$，$p < 0.001$）；LMX Mean 与团队绩效（$r = 0.753$，$p < 0.001$）、领导者绩效显著正相关（$r = 0.727$，$p < 0.001$）。各项相关和假设相符合。

表 2 – 2　变量的均值、标准差及相关系数矩阵

| 变量 | 均值 | 标准差 | 1 | 2 | 3 | 4 | 5 |
|---|---|---|---|---|---|---|---|
| 个体层次（$n = 248$） | | | | | | | |
| 下属性别 | 1.490 | 0.501 | 1 | | | | |
| 下属年龄 | 31.470 | 8.297 | − 0.008 | 1 | | | |
| 下属对领导者的认知信任 | 3.581 | 0.739 | 0.019 | 0.189 ** | 1 | | |
| 下属对领导者的情感信任 | 3.538 | 0.822 | 0.004 | 0.201 *** | 0.659 ** | 1 | |
| 团队层次（$n = 50$） | | | | | | | |
| 领导者性别 | 1.200 | 0.404 | 1 | | | | |
| 领导者年龄 | 40.800 | 10.156 | − 0.239 + | 1 | | | |
| 道德型领导 | 3.721 | 0.540 | 0.041 | 0.148 | 1 | | |
| LMX Mean | 3.604 | 0.517 | 0.010 | 0.166 | 0.860 *** | 1 | |
| 团队绩效 | 3.674 | 0.558 | 0.010 | 0.166 | 0.638 *** | 0.753 *** | 1 |
| 领导者绩效 | 3.782 | 0.608 | − 0.008 | 0.081 | 0.839 *** | 0.727 *** | 0.668 *** |

注：$n_{个体} = 248$；$n_{团队} = 50$。$^+ p < 0.1$，$^{**} p < 0.01$，$^{***} p < 0.001$，双尾检验。

### 2.4.3　假设检验结果

假设 1 认为道德型领导显著影响下属对领导者的认知信任（H1a）及情感信任（H1b）。如表 2 – 3 中模型 1 和模型 3 所示，道德型领导显著正向影响下属对领导者的认知信任（$\gamma = 0.775$，$p < 0.001$）和情感信任（$\gamma = 0.600$，$p < 0.001$），支持了假设 1a 和假设 1b。假设 4 指出 LMX Mean 在道德型领导与下属对领导者的认知信任（假设 4a）及情感信任（假设 4b）的关系中起中介作用。结果发现，道德型领导对 LMX Mean 有显著正向作用（$\gamma = 0.819$，$p < 0.001$），支持了假设 3。在表 2 – 3 模型 2 中，当加入 LMX Mean 后，道德型领导对下属对领导者的认

知信任没有显著影响（$\gamma = 0.129$，*n. s.*），LMX Mean 对下属对领导者的认知信任有显著正向影响（$\gamma = 0.790$，$p < 0.001$），这表明 LMX Mean 在道德型领导与下属对领导者的认知信任间起完全中介作用，假设 4a 得到支持。在表 2-3 模型 4 中，当加入 LMX Mean 后，道德型领导与下属对领导者的情感信任没有显著影响（$\gamma = -0.187$，*n. s.*），LMX Mean 与下属对领导者的情感信任有显著正向作用（$\gamma = 0.998$，$p < 0.001$），LMX Mean 在道德型领导与下属对领导者的情感信任间起完全中介作用，假设 4b 得到支持。

表 2-3　HLM 检验跨层次的中介效应模型

| 变量 | 下属对领导者的认知信任 | | | 下属对领导者的情感信任 | | |
|---|---|---|---|---|---|---|
| | 虚模型 | 模型 1 | 模型 2 | 虚模型 | 模型 3 | 模型 4 |
| 个体层次 | | | | | | |
| 下属性别 | | -0.044 | -0.013 | | -0.021 | 0.002 |
| 下属年龄 | | 0.010 | 0.005 | | 0.013 * | 0.008 |
| 团队层次 | | | | | | |
| 截距 | 3.571 *** | 3.561 *** | 3.565 *** | 3.534 *** | 3.524 *** | 3.523 *** |
| 领导者性别 | | -0.114 | 0.003 | | -0.218 + | -0.061 |
| 领导者年龄 | | -0.005 | -0.003 | | -0.004 | -0.004 |
| 道德型领导 | | 0.775 *** | 0.129 | | 0.600 *** | -0.187 |
| LMX Mean | | | 0.790 *** | | | 0.998 *** |
| $\sigma^2$ | 0.365 | 0.299 | 0.300 | 0.712 | 0.495 | 0.477 |
| $\tau$ | 0.188 | 0.031 | 0.005 | 0.410 | 0.047 | 0.004 |
| $R^2$ | | 0.835 | 0.839 | | 0.885 | 0.915 |

注：$n_{个体} = 248$；$n_{团队} = 50$。$^+ p < 0.1$，$^* p < 0.05$，$^{***} p < 0.001$，双尾检验。

假设 2 认为道德型领导对团队绩效及领导者绩效有显著影响。如表 2-4 模型 1 和模型 3 所示，道德型领导对团队绩效有显著影响（$b = 0.649$，$p < 0.001$），道德型领导对领导者绩效有显著影响（$b = 0.958$，$p < 0.001$），由此证明了假设 2a 和假设 2b 成立。假设 5 认为 LMX Mean 在道德型领导与团队绩效（假设 5a）及领导者绩效（假设 5b）中起中

介作用。前述已经支持了道德型领导对 LMX Mean 的作用，如表 2 - 4 模型 2 所示，当加入 LMX Mean 作为中介变量后，道德型领导对团队绩效的作用变得不显著（$b = -0.037$，$n.s.$），此时 LMX Mean 与团队绩效显著正相关（$b = 0.838$，$p < 0.001$），LMX Mean 在道德型领导与团队绩效之间起完全中介作用，由此证明了假设 5a 成立。如表 2 - 4 模型 4 所示，当加入 LMX Mean 作为中介变量后，道德型领导对领导者绩效仍然显著（$b = 0.934$，$p < 0.001$），LMX Mean 与领导者绩效没有显著相关（$b = 0.029$，$n.s.$），这表明 LMX Mean 在道德型领导与领导者绩效之间的中介作用不成立，假设 5b 不成立。

表 2 - 4　STATA 检验团队层次的中介效应模型

| 变量 | 团队绩效 | | | 领导者绩效 | | |
|---|---|---|---|---|---|---|
| | 虚模型 | 模型 1 | 模型 2 | 虚模型 | 模型 3 | 模型 4 |
| 截距 | 3.186*** | 1.092 | 0.665 | 3.556*** | 0.465 | 0.450 |
| 领导者性别 | 0.073 | -0.002 | 0.020 | 0.017 | 0.087 | -0.086 |
| 领导者年龄 | 0.010 | 0.004 | 0.003 | 0.005 | 0.003 | -0.003 |
| 道德型领导 | | 0.649*** | -0.037 | | 0.958*** | 0.934*** |
| LMX Mean | | | 0.838*** | | | 0.029 |
| $R^2$ | 0.030 | 0.413 | 0.569 | 0.007 | 0.709 | 0.709 |

注：$n_{个体} = 248$；$n_{团队} = 50$。*** $p < 0.001$，双尾检验。

为了检验跨层次和团队层次中介模型中的间接效应，本章采用 Sobel 检验和 MCMAM 检验来检测间接效应（Kirkman, Chen, Farh, Chen, and Lowe, 2009；Tu and Lu, 2013）。表 2 - 5 的 Sobel 检验结果表明，道德型领导→LMX Mean→下属对领导者的认知信任的间接效应为 0.647（$p < 0.001$），道德型领导→LMX Mean→下属对领导者的情感信任的间接效应为 0.817（$p < 0.001$），道德型领导→LMX Mean→团队绩效的间接效应为 0.686（$p < 0.001$）。根据 MCMAM 法计算的结果，3 个中介模型在 $p < 0.05$ 的水平下，间接效应的区间分布依次为 [0.405, 0.917]，[0.535, 1.141]，[0.360, 1.044]，表明中介效应是存在的。

上述结果进一步支持了假设 4a、假设 4b 和假设 5a。

表 2 - 5　间接效应的 Sobel 和 MCMAM 检验

| 模型 | $r_a$ | $r_b$ | $s_a$ | $s_b$ | $ab$ | $t$ | $p - value$ | 95% CI | |
|---|---|---|---|---|---|---|---|---|---|
| | | | | | | | | lower | upper |
| 道德型领导→LMX Mean→下属对领导者的认知信任 | 0.819 | 0.790 | 0.089 | 0.131 | 0.647 | 5.043 | $p < 0.001$ | 0.405 | 0.917 |
| 道德型领导→LMX Mean→下属对领导者的情感信任 | 0.819 | 0.998 | 0.089 | 0.153 | 0.817 | 5.322 | $p < 0.001$ | 0.535 | 1.141 |
| 道德型领导→LMX Mean→团队绩效 | 0.819 | 0.838 | 0.089 | 0.191 | 0.686 | 3.960 | $p < 0.001$ | 0.360 | 1.044 |

## 2.5　讨论

### 2.5.1　研究发现

本章从社会交换的视角出发，探索了道德型领导对领导者收益的影响，以及 LMX Mean 作为团队社会交换过程的中介作用。研究结果表明，道德型领导对个体层次的认知信任和情感信任，以及团队层次的团队绩效和领导者绩效均有正向预测作用。研究还发现 LMX Mean 在道德型领导与认知信任、情感信任和团队绩效的关系中起完全中介作用。

首先，以往关于道德型领导产出的研究主要采用"员工收益"和"组织收益"视角，考察道德型领导对员工和组织的影响。本章则从"领导者收益"角度出发，研究道德型领导者在上下级的社会交换中获得了什么收益以及这一作用机制。本章将员工对领导的信任以及领导相关的绩效界定为领导在"任务"和"关系"两个方面的"收益"，这就弥补了道德型领导的社会交换理论框架。道德型领导的收益并不等于领导者出于"道德风险"而增加的个人效用。从委托—代理理论出发，领导者（代理人）的道德风险是一个普遍关注的问题，本章定义的道德型领导的收益是指向道德型领导的积极产出的，这种产出并不等于领导者实现自身效用最大化的自私行为，而是建立在社会交换基础上的合理回报。由于领导者的个人和组织代理人身份，指向领导者的这些收益也会间接有利于组织，因此，领导者个人的收益并没有损害组织和其他人的福利和效用。

其次，本章发现道德型领导对员工的认知信任和情感信任有正向影响。道德型领导者的诚实和正直的人格特质，以及关怀下属、公平对待下属和授权等道德型领导方式，会使员工对领导者表现出更多信任。道德型领导对下属指向领导者的认知信任和情感信任的影响也是不同的：道德型领导表现出来的人格特质以及与道德规范一致的行为对下属的认知信任有更为显著的作用；道德型领导对下属福祉真挚的关心、利他的仁慈行为对下属情感信任的影响更为显著。但是，本章发现道德型领导对认知信任的影响更大，这与 Brown 和 Treviño（2006）提出的道德型领导能够更显著影响下属的情感承诺不同。本章认为这与认知形成过程相关，即道德型领导会先影响最基本的认知信任，情感信任所包含的强烈的情感则需要经过更长时间的发展（Vidyarthi, Liden, Anand, Erdogan, and Ghosh, 2010）。

再次，本章发现道德型领导对团队绩效和领导者绩效有正向作用，这在一定程度上支持了道德型领导对团队绩效（Walumbwa et al., 2012）的积极作用。因此，道德型领导在领导过程中与团队成员进行高水平社会交换，出于对道德型领导情感上的信赖、亲密和支持，员工整体也更加倾向于提高团队绩效和领导者绩效以回报领导。道德型领导与领导者绩效的回归系数远远高于团队绩效的系数。一般而言，员工对团队绩效的评价更为客观，而对领导的评价具有更多主观情感成分。

进一步地，本章发现道德型领导是通过提高 LMX Mean 来增加员工的认知信任和情感信任的。尽管 Walumbwa 等人（2011）的研究验证了

LMX 在道德型领导与员工工作绩效之间起中介作用，然而员工与领导者的社会交换关系在团队中存在于个体和团队等多个层次。当整体交换水平较低时，下属对领导者的信任会降低；当整体交换水平较高时，下属对领导者的正直和能力评价会提高，这就会增加下属的认知信任。领导者对下属表现出仁慈会使下属表现出更多的情感信任。这在一定程度上补充了以往的研究，即道德型领导不仅在与特定员工的关系中投入更多的支持和关怀，还注重公平对待下属，与下属建立普遍高质量的交换关系，从而获得下属的信任。

同时，LMX Mean 对道德型领导与团队绩效的关系也起完全中介作用。当道德型领导在领导过程中与下属建立普遍高质量的 LMX Mean 时，员工会有更多的资源用于提高团队绩效，也会表现出更多的工作努力和利于团队目标的行为，促进团队绩效的提高。这也在团队责任心和团队建言行为以外（Walumbwa et al.，2012），提供了一个新的解释道德型领导影响团队绩效的机理。本章的研究表明，以道德、正直和公平为特征的道德型领导通过建立高 LMX Mean 来影响团队绩效。而与假设不一致的是，LMX Mean 对道德型领导影响员工评价的领导者绩效过程的中介作用并不显著。这可能有两种解释：一是道德型领导会直接影响员工对领导者个人产出的评价，而不需要经过群体的社会交换，道德型领导者作为一个"道德的人"，他的个人绩效是可以被团队内的员工观察的；二是员工对领导者绩效的评价与员工对团队绩效的评价的心理机制是不同的，员工对领导者的绩效评价可能包含了更多情感成分，因此它们之间的中介变量可能不同，未来研究需要验证道德型领导与领导者绩效间的中介变量。

## 2.5.2 理论和实践意义

本章主要有两个方面的理论贡献。首先，本章考察了道德型领导者的收益，这与原来关注道德型领导与"员工收益"和"组织收益"的研究不同，以往研究关注道德型领导的产出都以员工的工作绩效、组织承诺等有利于组织和员工个体的结果变量为主。本章研究表明，道德型领导的社会交换过程也是有利于领导者的。本章的领导者收益包括下属对领导的认知信任和情感信任、团队及领导者的绩效。本章的研究填补了道德型领导与领导者收益之间的理论空白。其次，本章从团队层次的社会交换过程出发解释了 LMX Mean 在道德型领导与个体层次和团队层次的产出之间的作用机制，这将个体层次的 LMX 作为道德型领导与员工绩效的中介机制过程（Walumbwa and Schaubroeck，2009）拓展到团队层次的社会交换过程，能够更好地解释道德型领导者是如何与下属进行群体社会交换并且促进个体和团队层次上的产出的。

本章也具有显著的实践意义。首先，道德型领导及其过程对"领导者收益"有显著正向影响，表明领导采用道德型领导风格，能够实现个人、团队和自身的"三赢"。这有利于激励领导在团队中更多地采用道德型领导方式，减少领导为实现个人利益的机会主义行为（涂乙冬，李燕萍，2012），从而实现道德型领导与员工、领导和组织绩效的良性循环。其次，道德型领导应该在团队内以公平、正直和仁慈的方式与所有成员建立较高的交换关系，这样能够更好地获得下属的认知信任和情感信任，并促进团队绩效的提高。最后，组织应当在团队内鼓励道德型的领导方式。一方面，组织应该为培养和发展道德型领导提供相应的管理机制，为领导提供相应培训，并在晋升、奖励中对道德型领导予以优先考虑。而在强调领导德行垂范的中国文化中，应当增加德行在领导绩效考核中的比重，鼓励领导更多采取道德型领导方式。另一方面，组织应当鼓励道德型领导建立相应的团队机制，以提高团队绩效和改善团队关系。

### 2.5.3　研究局限和未来研究方向

尽管本章在一定程度上丰富了现有研究，并提供了一定的理论和实践启示，但本章仍存在一定的局限需要完善。

第一，未来研究应采用非同源数据和纵向研究设计以更准确地厘清变量间的因果关系。首先，本章使用员工自我报告数据，变量间的关系可能会受到共同方法误差的影响，这在一定程度上限制了研究结论的解释力。尽管事后检验表明共同方法误差并未影响到数据分析结果，未来研究也应采用不同来源收集数据，以尽量减少共同方法误差对研究结果的影响。其次，由于本章采用横截面研究设计，因而无法推导出变量之间的因果关系。本章变量之间的因果关系需要未来运用纵向研究设计进行检验。

第二，未来的研究需要进一步研究道德型领导及领导者收益之间的其他中介机理。首先，由于领导对团队结果的影响机制更为复杂，未来应当增加对道德型领导对集体结果的影响的研究（Morgeson，DeRue，and Karam，2010）。其次，Walumbwa 等（2012）指出道德型领导对团队绩效的影响，主要基于他们建立的有效的团队规范。因此，未来还应当深入研究团队共享的认知和认知模式、集体归因和共有的行为等过程对集体结果的影响，并对特定团队机制的作用进行深入的理论研究（Mathieu，Maynard，Rapp，and Gilson，2008）。

第三，本章对道德型领导的研究集中于个体和团队层次，未来的研究需要进一步考察领导作用的组织情境。由于领导本身是一个团队过程，在这个过程中必定会受到来自组织因素的影响。Morgeson 等人（2010）研究发现，领导在团队中的作用受到组织氛围和组织结构的影响。Schaubroeck 等人（2012）发现较高层次的道德型领导能够通过影响团队的道德文化以及下一层的道德型领导来影响基层员工的道德行为。因此，未来的研究需要考虑组织文化和组织结构对道德型领导作用效果的影响。

第四，道德型领导在中国情境下的作用机制需要进一步探索。领导的德行是中国传统领导的重要构成（郭玮，李燕萍，杜旌，陶厚永，

2012），研究道德型领导对企业管理也有重要的意义，中国已成为研究道德型领导产生和作用的重要情境。未来的研究应扎根于中国文化和管理实践，在相关研究中考察中国文化和中国企业组织结构特征等独特因素在道德型领导作用机制中的作用。

## 参考文献

郭玮，李燕萍，杜旌，陶厚永．（2012）．多层次导向的真实型领导对员工与团队创新的影响机制研究．南开管理评论，15（3），51 – 60.

李锐，凌文辁，柳士顺．（2012）．传统价值观，上下属关系与员工沉默行为——一项本土文化情境下的实证探索．管理世界，（3），127 – 140.

梁建．（2014）．道德领导与员工建言：一个调节—中介模型的构建与检验．心理学报，46（2），252 – 264.

涂乙冬，李燕萍．（2012）．领导—部属交换、双重认同与员工行为探析．武汉大学学报（哲学社会科学版），（6），128 – 132.

王震，孙健敏．（2013）．领导—成员交换关系质量和差异化对团队的影响．管理学报，10（2），219 – 224.

王震，孙健敏，张瑞娟．（2012）．管理者核心自我评价对下属组织公民行为的影响：道德式领导和集体主义导向的作用．心理学报，44（9），1231 – 1243.

Avey, J. B., Palanski, M. E., & Walumbwa, F. O. (2011). When leadership goes unnoticed: The moderating role of follower self-esteem on the relationship between ethical leadership and follower behavior. *Journal of Business Ethics*, 98 (4), 573 – 582.

Avey, J. B., Wernsing, T. S., & Palanski, M. E. (2012). Exploring the process of ethical leadership: The mediating role of employee voice and psychological ownership. *Journal of Business Ethics*, 107 (1), 21 – 34.

Baron, R. M., & Kenny, D. A. (1986). The moderator-mediator variable distinction in social psychological research: Conceptual, strategic, and statistical considerations. *Journal of Personality and Social Psychology*, 51 (6), 1173 – 1182.

Bliese, P. D. (2000). Within-group agreement, non-independence, and reliability: Implications for data aggregation and analyses. In K. J. Klein & S. W. J. Kozlowski (eds.). *Multilevel theory, research, and methods in organizations: Foundations, extensions, and new directions* (pp. 349 – 381). San Francisco: Jossey-Bass.

Braun, S., Peus, C., Weisweiler, S., & Frey, D. (2013). Transformational leadership, job satisfaction, and team performance: A multilevel mediation model of trust. *The Leadership Quarterly*, 24 (1), 270 – 283.

Brislin, R. W. (1980). Translation and content analysis of oral and written materials. In H. C. Triandis, & J. W. Berry (eds.). *Handbook of cross-cultural psychology* (pp. 389 – 444). Boston, MA: Allyn and Bacon.

Brown, M. E., & Treviño, L. K. (2006). Ethical leadership: A review and future directions. *The Leadership Quarterly*, 17, 595 – 616.

Brown, M. E., Treviño, L. K., & Harrison, D. A. (2005). Ethical leadership: A social learning perspective for construct development and testing. *Organizational Behavior and Human Decision Processes*, 97 (2), 117 – 200.

Bryk, A. S., & Raudenbush, S. W. (1992). *Hierarchical linear models: Applications and data analysis*. Newbury Park, CA: Sage.

Burke, C. S., Sims, D. E., Lazzara, E. H., & Salas, E. (2007). Trust in leadership: A multi-level review and integration. *The Leadership Quarterly*, 18 (6), 606 – 632.

Chen, G., & Kanfer, R. (2006). Toward a systems theory of motivated behavior in work teams. *Research in Organizational Behavior*, 27, 223 – 267.

Chen, X. P., Eberly, M. B., Chiang, T. J., Farh, J. L., & Cheng, B. S. (2014). Affective trust in Chinese leaders: Linking paternalistic leadership to employee performance. *Journal of Management*, 40 (3), 796 – 819.

Chen, Z. X., Tsui, A. S., & Farh, J. L. (2002). Loyalty to supervisor vs. organizational commitment: Relationships to employee performance in China. *Journal of Occupational and Organizational Psychology*, 75 (3), 339 – 356.

Chua, R. Y. J., Ingram, P., & Morris, M. W. (2008). From the head and the heart: Locating cognition-and affect-based trust in managers' professional networks. *Academy of Management Journal*, 51 (3), 436 – 452.

Cropanzano, R., & Mitchell, M. S. (2005). Social exchange theory: An interdisciplinary review. *Journal of Management*, 31（6），874 – 900.

De Hoogh, A. H. B., & Den Hartog, D. N.（2008）. Ethical and despotic leadership, rela-tionships with leader's social responsibility, top management team effectiveness and subordinates' optimism: A multi-method study. *The Leadership Quarterly*, 19（3），297 – 311.

Detert, J. R., & Burris, E. R.（2007）. Leadership behavior and employee voice: Is the door really open? *Academy of Management Journal*, 50（4），869 – 884.

Dirks, K. T., & Ferrin, D. L.（2002）. Trust in leadership: Meta-analytic findings and im-plications for organizational research. *Journal of Applied Psychology*, 87（4），611 – 628.

Douglas, C., & Ammeter. A. P.（2004）. An examination of leader political skill and its effect on ratings of leader effectiveness. *The Leadership Quarterly*, 15（4），537 – 550.

Du, J., & Choi, J. N.（2010）. Pay for performance in emerging markets: Insights from China. *Journal of International Business Studies*, 41（4），671 – 689.

Dulac, T., Coyle-Shapiro, J. A., Henderson, D. J., & Wayne, S. J.（2008）. Not all responses to breach are the same: The interconnection of social exchange and psycholog-ical contract processes in organizations. *Academy of Management Journal*, 51（6），1079 – 1098.

Dunn, J., Ruedy, N. E., & Schweitzer, M. E.（2012）. It hurts both ways: How social comparisons harm affective and cognitive trust. *Organizational Behavior and Human Deci-sion Processes*, 117（1），2 – 14.

Eisenberger, R., Karagonlar, G., Stinglhamber, F., Neves, P., Becker, T. E., Gonzalez-Morales, M. G., & Steiger-Mueller, M.（2010）. Leader-member exchange and affective organizational commitment: The contribution of supervisor's organizational embodiment. *Journal of Applied Psychology*, 95（6），1085 – 1103.

Erdogan, B., Liden, R. C., & Kraimer, M. L.（2006）. Justice and leader-member ex-change: The moderating role of organizational culture. *Academy of Management Journal*, 49（2），395 – 406.

Gerstner, C. R., & Day, D. V.（1997）. Meta-analytic review of leader-member exchange the-ory: Correlates and construct issues. *Journal of Applied Psychology*, 82（6），827 – 843.

Graen, G. B., & Uhl-Bien, M.（1995）. Relationship-based approach to leadership: Devel-opment of leader-member exchange（LMX）theory of leadership over 25 years: Applying a multi-level multi-domain perspective. *The Leadership Quarterly*, 6 (2), 219 – 247.

Hooper, D. T. , & Martin, R. (2008). Beyond personal Leader-Member Exchange (LMX) quality: The effects of perceived LMX variability on employee reactions. *The Leadership Quarterly*, 19 (1), 20 – 30.

James, L. R. , Demaree, R. G. , & Wolf, G. (1984). Estimating within-group interrater reliability with and without response bias. *Journal of Applied Psychology*, 69 (1), 85 – 98.

James, L. R. , Demaree, R. G. , & Wolf, G. (1993). Rwg: An assessment of within-group interrater agreement. *Journal of Applied Psychology*, 78 (2), 306 – 309.

Kacmar, K. M. , Bachrach, D. G. , Harris, K. J. , & Zivnuska, S. (2011). Fostering good citizenship through ethical leadership: Exploring the moderating role of gender and organizational politics. *Journal of Applied Psychology*, 96 (3), 633 – 642.

Kalshoven, K. , Den Hartog, D. N. , & De Hoogh, A. H. B. (2011). Ethical leadership at work questionnaire (ELW): Development and validation of a multidimensional measure. *The Leadership Quarterly*, 22 (1), 51 – 69.

Kirkman, B. L. , Chen, G. , Farh, J. L. , Chen, Z. X. , & Lowe, K. B. (2009). Individual power distance orientation and follower reactions to transformational leaders: A cross-level, cross-cultural examination. *Academy of Management Journal*, 52 (4), 744 – 764.

Li, Y. P. , Xu, J. , Tu, Y. D. , & Lu, X. X. (2014). Ethical leadership and subordinates' occupational Well-being: A Multi-level examination in China. *Social Indicators Research*, 116 (3), 823 – 842.

Liden, R. C. , Erdogan, B. , Wayne, S. J. , & Sparrowe, R. T. (2006). Leader-member exchange, differentiation, and task interdependence: Implications for individual and group performance. *Journal of Organizational Behavior*, 27 (6), 723 – 746.

Liden, R. C. , Sparrowe, R. T. , & Wayne, S. J. (1997). Leader-member exchange theory: The past and potential for the future. *Research in Personnel and Human Resources Management*, 15, 47 – 119.

Mathieu, J. E. , & Farr, J. L. (1991). Further evidence for the discriminant validity of measures of organizational commitment, job involvement, and job satisfaction. *Journal of Applied Psychology*, 76, 127 – 133.

Mathieu, J. , Maynard, M. T. , Rapp, T. , & Gilson, L. (2008). Team effectiveness

1997 – 2007: A review of recent advancements and a glimpse into the future. *Journal of Management*, 34 (3), 410 – 476.

Mayer, D. M., Aquino, K., Greenbaum, R. L., & Kuenzi, M. (2012). Who displays ethical leadership, and why does it matter? An examination of antecedents and consequences of ethical leadership. *Academy of Management Journal*, 55 (1), 151 – 171.

Mayer, R. C., Davis, J. H., & Schoorman, F. D. (1995). An integrative model of organizational trust. *Academy of Management Review*, 20 (3), 709 – 734.

McAllister, D. J. (1995). Affect-based and cognition-based trust as foundations for interpersonal cooperation in organizations. *Academy of Management Journal*, 38 (1), 24 – 59.

Morgeson, F. P., DeRue, D. S., & Karam, E. P. (2010). Leadership in teams: A functional approach to understanding leadership structures and processes. *Journal of Management*, 36 (1), 5 – 39.

Ng, K. -Y., & Chua, R. Y. J. (2006). Do I contribute more when I trust more? Differential effects of cognition-and affect-based trust. *Management and Organization Review*, 13 (3), 43 – 66.

Nishii, L. H., & Mayer, D. M. (2009). Do inclusive leaders help to reduce turnover in diverse groups? The moderating role of leader-member exchange in the diversity to turnover relationship. *Journal of Applied Psychology*, 94 (6), 1412 – 1426.

Piccolo, R. F., Greenbaum, R., den Hartog, D. N., & Folger, R. (2010). The relationship between ethical leadership and core job characteristics. *Journal of Organizational Behavior*, 31 (2), 259 – 278.

Podsakoff, P. M., MacKenzie, S. B., Lee, J. Y., & Podsakoff, N. P. (2003). Common method biases in behavioral research: A critical review of the literature and recommended remedies. *Journal of Applied Psychology*, 88 (5), 879 – 903.

Rosen, C. C., Harris, K. J., & Kacmar, K. M. (2011). LMX, context perceptions, and performance: An uncertainty management perspective. *Journal of Management*, 37 (3), 819 – 838.

Rubin, R. S., Dierdorff, E. C., & Brown, M. E. (2010). Do ethical leaders get ahead? *Business Ethics Quarterly*, 20 (2), 215 – 236.

Schaubroeck, J., Hannah, S. T., Avolio, B. J., Kozlowski, S. W. J., Lord, R. L.,

Treviño, L. K. , ... Dimotakas N. （2012）. Embedding ethical leadership within and across organization levels. *Academy of Management Journal*, 55 （5）, 1053 – 1078.

Schaubroeck, J. , Lam, S. S. K. , & Peng, A. C. （2011）. Cognition-based and affect-based trust as mediators of leader behavior influences on team performance. *Journal of Applied Psychology*, 96 （4）, 863 – 871.

Schriesheim, C. A. , Neider, L. L. , & Scandura, T. A. （1998）. Delegation and Leader-Member exchange: Main effects, moderators, and measurement issues. *Academy of Management Journal*, 41 （3）, 298 – 318.

Sparrowe, R. T. , & Liden, R. C. （1997）. Process and structure in leader-member exchange. *Academy of Management Review*, 22 （2）, 522 – 552.

Treviño, L. K. , Brown, M. , & Hartman, L. P. （2003）. A qualitative investigation of perceived executive ethical leadership: Perceptions from inside and outside the executive suite. *Human Relations*, 55 （1）, 5 – 37.

Tu, Y. D. , & Lu, X. X. （2013）. How ethical leadership influence employees' innovative behavior: A perspective of intrinsic motivation. *Journal of Business Ethics*, 116 （2）, 441 – 455.

Vidyarthi, P. R. , Liden, R. C. , Anand, S. , Erdogan, B. , & Ghosh, S. （2010）. Where do I stand? Examining the effects of leader-member exchange social comparison on employee work behaviors. *Journal of Applied Psychology*, 95 （5）, 849 – 861.

Walumbwa, F. O. , Mayer, D. M. , Wang, P. , Wang, H. , Workman, K. , & Christensen, A. L. （2011）. Linking ethical leadership to employee performance: The rules of leader-member exchange, self-efficacy, and organizational identification. *Organizational Behavior and Human Decision Processes*, 115 （2）, 204 – 213.

Walumbwa, F. O. , Morrison, E. W. , & Christensen, A. L. （2012）. Ethical leadership and group in-role performance: The mediating role of group conscientiousness and group voice. *The Leadership Quarterly*, 23 （5）, 953 – 964.

Walumbwa, F. O. , & Schaubroeck, J. （2009）. Leader personality traits and employee voice behavior: Mediating roles of ethical leadership and work group psychological safety. *Journal of Applied Psychology*, 94 （5）, 1275 – 1286.

Wayne, S. J. , Shore, L. M. , & Liden, R. C. （1997）. Perceived organizational support and leader-member exchange a social exchange perspective. *Academy of Management Journal*, 40 (1), 82 – 111.

Wilson, K. S. , Sin, H. , & Conlon, D. E. (2010). What about the leader in leader-member exchange? The impact of resource exchanges and substitutability on the leader. *Academy of Management Review*, 35 (3), 358 – 372.

Yang, J. , Mossholder, K. W. , & Peng, T. K. (2009). Supervisory procedural justice effects: The mediating roles of cognitive and affective trust. *The Leadership Quarterly*, 20 (2), 143 – 154.

Yang, J. X. , & Mossholder, K. W. (2010). Examining the effects of trust in leaders: A bases-and-foci approach. *The Leadership Quarterly*, 21 (1), 50 – 63.

Zhang, Z. , Zyphur, M. J. , & Preacher, K. J. (2009). Testing multilevel mediation using hierarchical linear models: Problems and solutions. *Organizational Research Methods*, 12 (4), 695 – 719.

# 第3章　道德型领导与下属的角色外绩效*

　　* 本章内容详见 Tu，Y.，Lu，X.（2016）. Do ethical leaders give followers the confidence to go the extra mile? The moderating role of intrinsic motivation. *Journal of Business Ethics*，135（1），129 – 144。

导　读：本章基于社会认知理论，考察道德型领导和员工角色外绩效之间的认知机制。本章验证了一个被调节的中介模型：一般自我效能在道德型领导和员工角色外绩效的关系中起中介作用，内在动机调节道德型领导和员工一般自我效能之间的关系。根据208份两轮时点的配对样本，研究结果支持道德型领导对个体角色外绩效的时滞效应以及一般自我效能的中介作用。此外，研究发现内在动机正向调节道德型领导对一般自我效能的影响。同时，内在动机也调节道德型领导通过一般自我效能对角色外绩效产生的间接影响。我们对本章的理论和实践意义进行了进一步讨论。

关键词：道德型领导　角色外绩效　一般自我效能　内在动机社会认知理论

## 3.1　问题的提出

　　经历安然事件后，随着众多商业丑闻的曝光，社会各界期望公司不仅要纠正自身的道德违规行为，还应该承担更多的社会责任，展现道德行为（Treviño et al.，2006）。相应地，公司员工也需要履行更多的道德职责，比如坚守商业道德、监督同事的违规行为、提升公司的道德形象等。在这个过程中，领导者作为公司内部的榜样和合法的权威人物，在提供道德指导、传达道德标准以及使下属遵守这些标准方面发挥着重要作用（Brown et al.，2005）。实证研究表明，道德型领导能够有效激发员工令人满意的工作态度（Brown et al.，2005；Demirtas and Akdogan，2014）、提高工作绩效（Walumbwa et al.，2011），并阻止他们的违规和不道德行为（Mayer et al.，2013）。

　　特别是，道德型领导与员工角色外绩效之间的关系已被证明。角色外绩效，如组织公民行为（OCB），其定义中包括道德内涵（例如利他主义和公民道德）（Baker et al.，2006），并且通常会带来社会福利（Organ et al.，2006）。强调领导力道德方面的道德型领导可以被视为各类角色外绩效的显著前因。为了支持这一观点，至少有 18 项实证研究（见表 3 - 1）发现道德型领导与多层次组织公民行为（Avey et al.，2011；Kacmar et al.，2011；Mayer et al.，2009；Newman et al.，2014；Piccolo et al.，2010；Resick et al.，2013；Sharif and Scandura，2013；Shin et al.，2014a；Stouten et al.，2013）、建言行为（Avey et al.，2012；Walumbwa and Schaubroeck，2009；Walumbwa et al.，2012）和帮助行为（Kalshoven et al.，2013a，2013b）存在正相关关系。尽管已经

有许多研究聚焦于道德型领导和角色外绩效的关系上，但这一领域仍然存在"一个很大程度上未被探索的主题"（Kacmar et al.，2011：633）。

首先，迄今大多数研究在探索道德型领导对角色外产出的心理作用机制时主要依据社会学习理论和社会交换理论（Brown and Treviño，2006；Mayer et al.，2009），忽略了其中的认知过程。社会学习理论作为道德型领导这一构念的起源，为理解道德型领导提供了一个总体框架，该理论表明员工展现角色外绩效是对领导者榜样行为的模仿，以此实现领导者的道德期望，并避免受到惩罚（Brown et al.，2005）。在与下属的互动过程中，道德型领导也通过社会交换发挥自身影响力。社会交换理论认为，当下属从道德型领导那里获得好的待遇时，例如尊重、真诚的关心和公平，他们将通过提高角色外绩效进行回报（Newman et al.，2014）。其他研究提供了替代解释，揭示道德型领导通过塑造工作特征和伴随的内在动机（Piccolo et al.，2010；Ruiz-Palomino et al.，2013）、突出领导者的制度影响（Shin et al.，2014a）来促进员工角色外绩效。虽然社会认知理论长期以来被认为是道德型领导的理论基础（Brown et al.，2005；Piccolo et al.，2010；Walumbwa et al.，2011），但相关研究相对较少。例外的，Resick 等（2013）证实了道德平等在道德型领导与角色外绩效关系中的中介作用。他们强调社会认知在道德型领导中的作用，并倡导从不同的角度对道德型领导展开研究。

其次，缺乏对道德型领导与角色外绩效之间的边界条件的研究（Mayer et al.，2012）。在现有研究中，只有五项研究探讨了道德型领导与角色外绩效之间的边界情况：Avey 等（2011）研究发现下属的自尊在道德型领导与组织公民行为之间起调节作用；Kacmar 等（2011）在道德型领导与组织公民行为之间的关系中考察了性别和政治观念的作用；Kalshoven 等（2013a）发现员工的道德意识和共情关怀可以替代领导者来预测组织中的帮助行为和礼貌；Kalshoven 等（2013b）探究了工作自主性在道德型领导与帮助行为和主动行为之间的调节作用；Sharif

和 Scandura（2013）在组织变革背景下探讨了道德型领导和组织公民行为之间的关系。特别是，研究发现角色外绩效在很大程度上依赖于情境因素（Shin et al.，2014b），这表明应该更多地关注道德型领导与角色外绩效之间的边界条件。

最后，绝大多数关于道德型领导和角色外绩效的研究都是横向研究，这可能无法证明变量间的真实关系。在现有研究中，大多数研究采用的是横截面数据甚至单一来源数据探索道德型领导与角色外绩效之间的关系，只有五项研究使用时滞设计检验道德型领导与组织公民行为、建言行为之间的关系（Avey et al.，2011；Newman et al.，2014；Stouten et al.，2013；Walumbwa and Schaubroeck，2009；Walumbwa et al.，2012）。横向设计是现有研究中的一个重要限制，进一步研究需要利用时滞设计。

表 3 - 1　道德型领导与角色外绩效的近期研究回顾

| 文章 | 因变量 | 中介变量 | 调节变量 | 理论 | 多源 | 时间间隔 |
|---|---|---|---|---|---|---|
| Avey et al.，2011 | 组织公民行为 | 无 | 下属自尊 | 行为可塑性假说 | 否 | 7～14 天 |
| Avey et al.，2012 | 建言行为 | 无 | 无 | 社会学习和社会交换理论 | 否 | 否 |
| Kacmar et al.，2011 | 以人为中心的组织公民行为，以任务为中心的组织公民行为 | 无 | 性别，政治观念 | 社会角色理论 | 是 | 否 |
| Kacmar et al.，2013 | 帮助行为 | 感知到的组织政治 | 无 | 社会学习和社会交换理论 | 是 | 否 |
| Kalshoven et al.，2013a | 帮助行为，礼貌行为 | 无 | 道德意识，共情关怀 | 领导替代理论 | 是 | 否 |
| Kalshoven et al.，2013b | 帮助行为，主动行为 | 展现出的责任感 | 工作自主性 | 社会学习和社会交换理论 | 是 | 否 |

续表

| 文章 | 因变量 | 中介变量 | 调节变量 | 理论 | 多源 | 时间间隔 |
|---|---|---|---|---|---|---|
| Lu, 2014 | 人际导向组织公民行为，组织导向组织公民行为 | 认知信任和情感信任 | 无 | 社会交换理论 | 是 | 否 |
| Mayer et al., 2009 | 群体组织公民行为 | 主管的道德型领导 | 无 | 社会学习和社会交换理论 | 是 | 否 |
| Newman et al., 2014 | 人际导向组织公民行为，组织导向组织公民行为 | 认知信任和情感信任 | 无 | 社会交换理论 | 是 | 共3轮，每轮间隔1个月 |
| Piccolo et al., 2010 | 组织公民行为 | 工作重要性，自主性，工作努力 | 无 | 工作特征模型 | 是 | 否 |
| Resick et al., 2013 | 组织公民行为 | 道德公平判断 | 无 | 社会认知理论 | 是 | 否 |
| Ruiz-Palomino et al., 2011 | 组织公民行为 | 工作满意度，情感承诺 | 无 | 社会交换理论 | 否 | 否 |
| Sharif and Scandura, 2013 | 组织公民行为 | 无 | 参与变革，组织变革 | 没有提及 | 是 | 否 |
| Shin et al., 2014 | 组织导向组织公民行为 | 道德氛围，程序公平氛围 | 无 | 制度理论 | 是 | 否 |
| Stouten et al., 2013 | 组织公民行为 | 无 | 无 | 社会学习理论 | 是 | 3个月 |
| Walumbwa et al., 2012 | 群体责任感，群体建言行为 | 无 | 无 | 社会学习和社会交换理论 | 是 | 1个月 |
| Walumbwa and Schaubroeck, 2009 | 建言行为 | 心理安全感 | 无 | 社会学习理论 | 是 | 5周 |
| Zoghbi-Manrique and Suárez-Acosta, 2014 | 人际导向组织公民行为 | 无 | 无 | 内隐领导理论 | 否 | 否 |

为了解决这些问题，本章依据社会认知理论探究道德型领导对角色

外绩效的心理作用机制。根据社会认知理论（Bandura，1986），员工是否展现角色外绩效是通过收集和解读领导者的道德信息来确定自身的决策和行动的。在这个过程中，员工对其控制环境及自身行为的能力的一般信念最为突出（Bandura，2001）。因此，本章假设一般自我效能在道德型领导与角色外绩效间中起中介作用。Walumbwa 等（2011）提出自我效能在道德型领导与工作绩效间起中介作用。然而，在他们的研究中，自我效能是一种个体对特定任务的感知，将个体的认知资源引向任务绩效。Gist 和 Mitchell（1992）提出自我效能是角色外绩效的潜在先导。考虑到角色外绩效的自由决定特点，本章认为从社会认知角度研究一般自我效能在道德型领导与角色外绩效之间的中介作用是必要的并且有吸引力的。

此外，作为对 Mayer 等（2012）提出的道德型领导的影响取决于情境因素的倡议的回应，最近一些研究已经开始探索道德型领导的边界情况（Kacmar et al.，2011；Kalshoven et al.，2013a，2013b）。正如 Resick 等（2013）认为，边界条件通过各种途径强化或削弱道德型领导的有效性。在社会认知理论的框架下，个体行为受到环境和个体因素的影响（Bandura，2001）。Piccolo 等（2010）推测个体认知倾向可能会调节道德型领导与员工感知到的工作特征之间的关系，这种关系对关注道德信息的员工而言会更强。在实证研究中，Grant 和 Berry（2011）发现内在动机会将个体注意力转向某些特定信息，因此内在驱动的员工更可能关注亲社会线索并采取相应行动。Dysvik 和 Kuvaas（2011）认为，内在动机使人们倾向于吸收自主性信息并更多地参与到与工作相关的活动中。沿着 Kuvaas（2006）的研究，本章将内在动机定义为塑造员工如何处理信息的倾向性变量（Grant and Berry，2011），并提出内在动机调节道德型领导对一般自我效能的影响。由于一般自我效能传递了道德型领导对角色外绩效的影响，我们进一步推断内在动机调节一般自我效能在道德型领导和角色外绩效之间的中介作用。

总之，本章试图从三个方面丰富道德型领导的研究。首先，本章力图揭示道德型领导与角色外绩效之间的认知机制。在社会认知理论的基础上，我们打算研究一般自我效能的中介作用，以阐释道德型领导如何提高下属的角色外绩效，使他们更加努力。其次，本章将内在动机概念化为个体的认知模式，以研究内在动机是否以及如何调节道德型领导对一般自我效能的影响和对角色外绩效的间接影响。这样做是为了描绘假设关系的边界条件。此外，为了克服横截面研究设计的缺点（Walumbwa et al.，2012），研究使用两轮数据来检验道德型领导与角色外绩效的时间滞后关系。本章的研究模型见图 3 - 1。

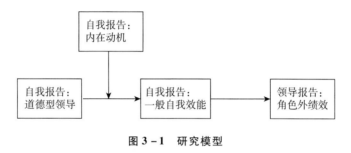

图 3 - 1　研究模型

## 3.2　理论与假设

### 3.2.1　道德型领导与角色外绩效

Brown 等（2005）引入了道德型领导的概念，将其定义为"在个人行为和人际互动中展现出规范的、适当的行为，并通过双向沟通、强化和决策在下属间促进这种行为规范"（Brown et al.，2005：120）。为了具有规范性的道德，道德型领导必须具备利他、诚实、正直和可信赖等品质，即成为道德的人需要的特征（Kalshoven et al.，2011；Resick et al.，2011）。道德型领导被期望做出公平和平衡各方利益的决策，他们表达与组织目标一致的角色期望，并表现出对下属真诚的关怀（De Hoogh and Den Hartog，2008；Treviño et al.，2003），因此也是道德的管理者（Brown and Treviño，2006）。Treviño 及其同事强调，领导者的道德性是道德的人和道德的管理者的结合（Brown et al.，2005；Brown and Treviño，2006；Treviño et al.，2003），从而将道德型领导与转换型领导、魅力型领导（Brown et al.，2005）和真实型领导区分开来（Brown and Treviño，2006）。

尽管道德型领导深深扎根于社会认知理论，社会学习理论建立在其基础上，但很少有研究探讨道德型领导的认知机制（Resick et al.，2013）。社会认知理论指出，人们依据环境和个人经验解释社会信息，以理解自身和他人、指导个体的决策和行动（Fiske and Taylor，1991）。Bandura（2001）认为，个体能动性是社会认知理论的核心原则，因为个体不是被动地对环境做出反应，而是有意识地、主动地确定他们的目标和行动，从而塑造环境。在社会认知和意识形成的过程中，个体能动性通过一系列特征表现出来，包括意向性、远见、自我调节和自我反思。继而，人们有意识地设定理想的目标，想象场景来实现这些目标，并预测可能的后果，调节自身行为以符合规定的标准，并且内省地评估他们的表现和价值（Bandura，1986）。与社会学习理论相比，社会认知理论涵盖面更广泛，包括认知机制（如自我调节）、人类思想和行为的社会起源与认知过程，以及强调个体在决定目标和行为方面的影响力。

根据 Eisenberger 等（2010）的观点，角色外绩效被定义为为提高组织效率而自愿进行的活动，包括提出建设性建议、增强自身知识和技能、保护组织免受潜在问题的影响，以及帮助同事。由于道德型领导始终关心集体利益，他们期望下属能够超越工作要求，为组织利益服务（De Hoogh and Den Hartog，2008）。在组织中，主管通常是提供道德适当性信息的近端来源（Brown and Treviño，2006）。道德型领导具备道德特质和评估绩效、进行奖励的权威，因此他们通常被视为合法、可信和有吸引力的榜样（Brown et al.，2005；De Hoogh and Den Hartog，2008）。当道德型领导和下属沟通道德规范并向下属强调他们的决策和行为将如何影响他人和组织时，下属可能被灌输道德动机（Guillén et al.，2014）并展现角色外绩效。例如，Baker 等（2006）发现道德价值观与组织公民行为正相关。个体将角色期望内化为他们的绩效标准，并努力实现既定目标（Brown et al.，2005；Chiaburu and Lim，2008；Mayer et al.，2009）。通过观察领导者做出道德决策、制定道德标准以及让员工对自己的行为负责，下属会事先制订计划以实现角色外绩效，并预测其行为的后果。为了实现角色期望，下属会主动帮助同事并通过提出建设性建议和执行额外任务为组织服务。当道德型领导以奖惩的形式提供反馈时，下属会了解自身的表现与规定标准之间的差异（Bandura，1986）。在自我调整和自我反应的推动下（Hmieleski and Baron，2009），他们将进一步调整行为以减少差异，直到最终达到绩效标准。因此，我们提出以下假设。

假设 1：道德型领导和角色外绩效正相关。

### 3.2.2　一般自我效能的中介作用

Bandura（1986）提出，自我效能在环境对个体行为的影响过程中起关键作用。这描述了人们关于调动自身动机、认知资源和行动以成功完成特定任务的能力的信念（Stajkovic and Luthans，1998）。几十年来，自我效能和任务绩效之间的关系已在各种环境中得到证实（Walumbwa et al.，2008，2009）。然而，Bandura（2012）对自我效能的相关文献一直受到特定任务概念化的困扰而感到遗憾，因此鼓励对超出情境边界的一般自我效能进行更多研究。作为回应，本章采用一般自我效能，并将其定义为人们对产生预期成就的能力的总体信念（Bandura，2006）。一般自我效能本质上是一种易受环境刺激影响的整体自我评价，而不是稳定的特征（Tierney and Farmer，2011）。

Bandura（1977，1986）指出，口头说服、过去的成功经验、替代榜样和唤醒可以解释自我效能的产生。本章认为道德型领导通过四种心理机制增强个体的一般自我效能。首先，通过和下属沟通道德原则并讨论道德问题，道德型领导将自身道德和个人标准传达给下属。在日常工作中，道德型领导强调规范的、适当的行为会如何影响他人、组织甚至整个社会（De Hoogh and Den Hartog，2008）。Piccolo 等（2010）指出，这些方式会塑造个体对工作重要性的看法，使员工感知到自身的价值和意义，道德型领导的下属很可能会在社会说服的基础上形成积极的自我认知。其次，以人为本的道德型领导尊重下属，对下属表现出真诚的关心，并为他们提供发展机会（Zhu et al.，2004）。因此，道德型领导的下属具备为组织服务所必需的知识、技能和能力。当道德型领导赋予下属权力并将他们置于正确的位置时（Zhu et al.，2004），他们可以完成任务并获得经验，从而获得更多的一般自我效能。再次，通过亲近同事、共享目标和资源以及完成相互依赖的任务（Tse et al.，2008），员工还可以间接地从同事的经验中学习（Liao et al.，2010）。通过见证同事因其合规、理想的行为而受到道德型领导的奖励，员工将坚信这种行为会带来积极结果。这种影响行为结果的信念将提高他们的一般自我效能。最后，在身心状态唤醒方面，诚实、公平、正直的道德型领导不仅在组织中创造出了道德氛围，而且保持了下属间和谐的人际关系。因此，下属会在团队中感受到更多的心理安全感和舒适感，更少地体验到会降低自我效能的焦虑、不安全感和不确定性（Liao et al.，2010）。因此，我们认为道德型领导与一般自我效能正相关。

根据 Bandura（1997）的观点，自我效能通过情感、认知、动机和选择过程调节个体行为。首先，高自我效能的员工会做出积极的自我评价，并以积极的态度看待世界。这种积极的情感为他们提供了更多的应对资源，并引导他们帮助他人、为组织做好事。其次，由于角色外绩效没有得到正式认可或奖励，需要个体投入超出基本工作要求的时间和精力，所以对于自我效能较低的员工而言，角色外绩效是费力的并且会消耗他们有限的工作资源（Bolino et al.，2013）。为了保存资源以完成其角色内职责，他们更倾向于专注任务绩效并避免付出额外努力。相比之下，高自我效能的员工对自身能力充满信心（Xanthopoulou et al.，2009），并表现出更强的认知能力和灵活性（Bouffard-Bouchard，1990）。他们对于花费多少努力以及可能面临的挑战有清晰的认识。因此，他们可以充分调动资源完成角色外绩效。再次，具有较高自我效能的个体通常会预测其行为的后果并据此做出决定。在多数情况下，角色外绩效对绩效评估（Whiting et al.，2008）、人际和谐和职业成功有很大帮助（Hui et al.，2000）。因此，高自我效能的员工能够高度地自我驱动来展现角色外绩效以获得积极成果，特别是当他们认为这些行为并不会危及自身资源时。最后，自我效能的特征之一是它影响个体在目标和资源分配方面的选择。高自我效能的员工经常设定具有挑战性的目标，并表现出对目标的高度承诺。当这些目标包含角色外绩效时，员工倾向于投入更多的时间和精力。之前的研究也表明自我效能与自我发展、自主创造力和角色外绩效中的建言行为（Walumbwa et al.，2009）正相关（Van Dyne and Lepine，1998）。综上所述，我们做出以下假设。

假设 2：一般自我效能在道德型领导和角色外绩效之间起中介作用。

### 3.2.3　内在动机的调节作用

内在动机指个体从事某项活动是基于他们对活动本身的兴趣，而不是因为外部奖励（Amabile，1993；Gagne and Deci，2005）。这种享乐评价法强调了快乐和享受在驱动个人行为中所起的作用（Grant，2008）。虽然内在动机被概念化为特质和状态，但其更多地被认为是一种暂时的状态或体验，将情境的影响传递到个体行为中。例如，Tu 和 Lu（2013）发现内在动机在道德型领导与创新工作行为之间起中介作用。相反地，本章依据 Grant 和 Berry（2011）的观点，将内在动机概念化为引导个体注意力和行为的一种稳定倾向。

Simon（1967）认为，内在动机反映个体注意力的焦点。在道德型领导的影响下，对道德信息敏感的员工会感知到更多的工作重要性（Piccolo et al.，2010）。具有较高内在动机的个体倾向于找寻工作的目标和意义，并注意到这些线索。当道德型领导讨论决策制定和任务对他人和组织的道德影响时，内在驱动的员工会感受到更多的工作意义。因此，他们更容易受到社会说服的影响，并具有较高的自我效能。根据自我决定理论，个体对能力、自主性和关联性的心理需求是内在动机产生的原因（Gagne and Deci，2005）。一般而言，对能力的需求促使个人不断锻炼自己的能力，寻求挑战，并在遇到障碍时坚持下去。Gagne 和 Deci（2005）提出，和内在动机较低的同事相比，具有高内在动机的个体表现出更多的工作投入和目标达成。内在驱动的员工具有高度的学习导向（Kuvaas，2006；Ryan and Deci，2000），他们利用道德型领导提供的发展机会提高自身的知识、技能和能力。他们主动请求有挑战性的任务，致力于完成设定的目标，并展现出更多的努力。另外，对自主性的需求意味着内在驱动的员工有一种在工作中进行自我决定的渴望。Grant（2008）认为内在动机代表最纯粹意义上的自主自律。当道德型领导在决策和工作中给予下属决策权和自由裁量权时，内在驱动的员工将抓住这些机会（Dysvik and Kuvaas，2011）完成任务，因此他们会有更多的直接经验。特别是，他们倾向于将能够完成任务归因于自己的努力和能力（Deci and Ryan，2002），这反过来又促使他们更加相信自己的能力。此外，对关联性的需要体现了一种对他人和社区的归属感，这种归属感是内在驱动的个体与生俱来的（Deci and Ryan，2002）。这表明具有较高内在动机的员工希望与其同事和领导建立密切的关系，并内化组织中的规范和规则。在与同事频繁的互动中，他们有更多机会通过间接学习认识到行为的道德后果。同样，他们更可能在与道德型领导的关系中体验到积极情绪，包括心理安全感、舒适和信任，这反过来又会增强个体的自我效能。总之，内在动机会增强道德型领导对一般自我效能的影响。因此，我们提出以下假设。

假设3：内在动机调节道德型领导与一般自我效能之间的关系，当内在动机更高时，这种积极关系更强。

之前的研究表明，内在驱动的个体在帮助他人时会获得自我价值感和目标达成感（Grant，2008），并且愿意接受广泛的职责和角色期望（Dysvik and Kuvaas，2011）。Grant（2008）发现，受到亲社会动机内在驱动的个体会展现出更多的毅力、绩效和生产力。同理，当领导者展现出引发道德和精神动机的道德领导力时，内在驱动的员工会展现更多的角色外绩效。因此，内在动机放大了道德型领导对角色外绩效的影响。在假设2中，我们指出更高的一般自我效能会产生更多的角色外绩效。对于内在激励的员工而言，道德型领导对他们的自我效能有更显著的影响。从而，道德型领导导致的更高的一般自我效能将增加个体的角色外绩效。也就是说，内在动机调节道德型领导通过一般自我效能对角色外绩效产生间接影响。因此，我们提出以下假设。

假设4：内在动机调节道德型领导通过一般自我效能对角色外绩效产生间接影响，当内在动机更高时，这种间接效应更强。

## 3.3 方法

### 3.3.1 样本和程序

为了消除共同方法误差，我们收集了两轮的多源数据（Podsakoff et al.，2003），间隔时间大约为八周。该调查是在中国的三家公司进行的。在中国，私营企业和国有企业占整个经济总资产的70%以上（World Bank，2014）。为了确保样本的代表性和研究结果的普适性，我们从MBA课堂上联系了在私营企业和国有企业工作的三位人力资源经理，他们都同意参与调查。这三位人力资源经理分别来自一家全国性的私营银行（A 公司）和两家国有电信企业（B 公司和 C 公司）的分支机构。然后，在人力资源经理的帮助下获得了自愿参与调查的主管和配对下属的姓名与工号，并使用特殊编码方式确保两者匹配。

在第一轮数据收集过程中，我们向每位自愿参与调查的下属发放了一个可密封的信封，其中包含一封说明信和一份问卷。说明信解释了研究目的，提供了完成问卷调查的指南，并向参与者保证研究结果的保密性。参与者需要完成对道德型领导、一般自我效能和内在动机的问卷填写。完成后，他们被要求将问卷装入信封并进行密封，然后直接返回给研究人员。在第一轮中，我们共发放了 250 份员工问卷，最终回收了 230 份有效问卷，回收率为 92%。

在第二轮数据收集过程中（大约八周后），我们邀请参与第一轮问卷调查的员工的主管为下属的角色外绩效进行评分。他们每人都收到一个包含说明信和几份测量角色外绩效的问卷的信封。在完成调查问卷后，他们被要求对信封进行密封并直接将信封提交给研究人员。最后，在 230 份主管问卷中，匹配且有效的问卷共 208 份（在公司 A、B 和 C 中分别为 65、69 和 74 份），总的回收率为 90.43%（在公司 A、B 和 C 中，回收率分别为 95%、92.5% 和 88.89%）。

在 208 名员工中，58.7% 为男性，91.9% 的员工至少拥有学士学位。员工的平均年龄为 27.28 岁（标准差为 2.916），平均任期为 4.12 年（标准差为 3.042）。79.3% 的主管是男性。在主管—下属双方的匹配中，73.1% 的下属和对应主管的性别不同。

### 3.3.2　测量工具

本章中的量表最初是用英语开发的，为了确保语义等价，我们使用"翻译—回译"程序（Brislin，1980）将量表翻译成中文。邀请了两位精通双语的研究人员进行翻译。所有的测量都采用李克特五点量表，范围从 1"非常不同意"到 5"非常同意"。

道德型领导。本章使用 Brown 等（2005）开发的包含 10 个条目的道德型领导量表（ELS）。举例条目是"我的领导为下属树立在坚持道德原则情况下做对的事的榜样"，信度系数为 0.899。

一般自我效能。在本章中，一般自我效能被概念化为个体关于自身成功执行某项活动的能力的整体信念。因此，我们没有测量特定任务或状态的自我效能，而是使用 Judge 等（2003）核心自我评估工具中的 3 个条目对一般自我效能进行评价。举例条目是"当我尝试去做时，通常都会成功"，信度系数为 0.609。尽管 0.70 通常被认为是可接受的信度临界值（Nunnally，1970），但一些研究人员已经提出可接受的临界值可以是 0.60（Hair et al.，1992；Murphy and Davidshofer，1988）。在Cortina（1993）对 1960 年至 1992 年顶级期刊中 4286 个信度系数的元分析中，大约有 25% 的系数低于 0.70 的标准。总之，本章中一般自我效能的信度系数虽然并不令人满意，但可以接受。

内在动机。本章采用 Zhang 和 Bartol（2010）的 3 条目量表测量内在动机。举例条目是"我喜欢为工作任务建立新的流程"，信度系数为 0.705。

角色外绩效。本章采用 Eisenberger 等（2010）改编的包含 7 个条目的量表对下属的角色外绩效进行评价。举例条目是"这名员工正在学习对公司有益的知识、技能和能力"，信度系数为 0.823。

控制变量。与之前研究一致，本章控制员工和主管的人口统计学特征：例如员工性别、年龄、任期、受教育水平和主管的性别。在性别方面，1 代表男性，0 代表女性。年龄、任期和受教育水平均用数值表示。此外，因为行业部门是影响工作场所中角色外绩效的潜在因素（Hofmann et al.，2003）。我们对行业部门进行编码，其中 1 代表私营银行，0 代表国有电信企业。

### 3.3.3 分析策略

鉴于本章中采用的是被调节的中介模型，依照 Edwards 和 Lambert

（2007）的分析方法，我们使用 Preacher、Rucker 和 Hayes（2007）的 PROCESS 程序对本章中的假设模型进行检验。这个程序遵循 Baron 和 Kenny（1986）的步骤检验中介和调节作用。如果出现以下情况则证明中介作用存在：（1）自变量与中介变量显著相关；（2）自变量与因变量显著相关；（3）中介变量与因变量显著相关；（4）当自变量和中介变量同时对因变量进行回归时，自变量对因变量的影响减小或变得不显著。调节作用必须满足两个条件：（1）自变量与因变量显著相关；（2）加入自变量和调节变量后，自变量和调节变量的交互项与因变量显著相关。

PROCESS 程序还使用 bootstrapping 来计算统计显著性。它不仅估计了回归的系数，而且在 1000 个可重复抽样数据集中估计了采用蒙特卡洛置信区间的显著性（Loi et al.，2014）。具体而言，如果参数的置信区间不包含零，则表明回归是显著的。为了减少多重共线性，所有变量都进行了中心化的操作（Aiken and West，1991）。

## 3.4　结果

### 3.4.1　共同方法误差

尽管研究数据是从多个来源收集的且具有时间间隔，但是共同方法误差（CMB）仍然可能存在。我们采用了两种广泛使用的方法检测变量中的共同方法误差，即 Harman 单因子检验和控制未测量的潜在因子（Dulac et al.，2008；Podsakoff et al.，2003；Tu and Lu，2013）。这两种方法都是使用验证性因子分析（CFA）进行的，因为验证性因子分析是检查共同方法误差更为全面的方法（Podsakoff et al.，2003）。在进行验证性因子分析之前，遵循 Mathiu 和 Farr（1991）的建议，我们将道德型领导和角色外绩效的条目分别打包为 2 个因子。

对于 Harman 单因子检验，我们逐步合并四个变量，并比较模型的拟合优度（Malhotra et al.，2006；Podsakoff et al.，2003）。如果变量合并后模型拟合优度指数明显变得更差，则表明共同方法误差不是一个严重的问题。否则，共同方法误差可能会干扰到假设的关系。表 3 - 2 中的模型 b 到模型 e 显示 Harman 单因子检验的结果；我们发现四因子模型的拟合优度最好（$\chi^2 = 80.746$，$df = 29$，$\chi^2/df = 2.784$，CFI = 0.921，GFI = 0.930，IFI = 0.923，RMR = 0.030，RMSEA = 0.093，AIC = 132.746），而单因子模型的拟合优度明显变差（$\chi^2 = 357.692$，$df = 35$，$\chi^2/df = 10.220$，CFI = 0.506，GFI = 0.750，IFI = 0.514，RMR = 0.074，RMSEA = 0.211，AIC = 397.692）；Harman 单因子检验结果表明，共同方法误差没有影响到假设关系的检验。

控制未测量的潜在因子，我们添加了一个名为"潜在 CMB"的潜变量，它载入了四个变量的所有指标。该方法通过判定 CMB 是否作为潜变量的存在来检查 CMB 的影响（Dulac et al.，2008）。如果 CMB 被判定为潜变量，则意味着 CMB 是一个严重的问题，干扰了变量之间的关系。否则，表明 CMB 只有轻微影响。表 3 - 2 中的模型 a 和模型 b 显示了控制未测量的潜在因子的影响的结果。结果表明，模型 a 中的 CFI、GFI 和 IFI 指数高于模型 b，而模型 a 的 RMSEA（= 0.106）超出了可接受的临界值（0.10），表明模型 a 应该被拒绝（Browne and Cudeck，1993）。此外，我们计算了由"潜在 CMB"提取的平均方差只有 0.133，远低于表明潜变量存在的临界值标准（0.50）（Dulac et al.，2008）。总之，模型 b 比模型 a 具有更好的拟合优度，并且潜在的 CMB 不是本章中的潜变量，对假设关系只具有轻微影响。

表 3 - 2　验证性因子分析结果

| 模型 | $\chi^2$ | $df$ | $\chi^2/df$ | CFI | GFI | IFI | RMR | RMSEA | AIC |
|---|---|---|---|---|---|---|---|---|---|
| 五因子模型 [a] | 63.289 | 19 | 3.331 | 0.932 | 0.942 | 0.935 | 0.027 | 0.106 | 135.289 |
| 四因子模型 [b] | 80.746 | 29 | 2.784 | 0.921 | 0.930 | 0.923 | 0.030 | 0.093 | 132.746 |

续表

| 模型 | $\chi^2$ | $df$ | $\chi^2/df$ | CFI | GFI | IFI | RMR | RMSEA | AIC |
|---|---|---|---|---|---|---|---|---|---|
| 三因子模型[c] | 137.989 | 32 | 4.312 | 0.838 | 0.884 | 0.841 | 0.043 | 0.126 | 183.989 |
| 二因子模型[d] | 239.705 | 34 | 7.050 | 0.685 | 0.802 | 0.691 | 0.071 | 0.171 | 281.705 |
| 单因子模型[e] | 357.692 | 35 | 10.220 | 0.506 | 0.750 | 0.514 | 0.074 | 0.211 | 397.692 |

注：$df$，自由度。CFI，比较拟合指数。GFI，拟合优度指数。IFI，增量拟合指数。RMR，残差均方根。RMSEA 近似误差均方根。AIC，赤池信息量准则。

a，五个理论构念，道德型领导，一般自我效能，内在动机，角色外绩效，潜在 CMB。

b，四个理论构念，道德型领导，一般自我效能，内在动机，角色外绩效。

c，在模型 b 的基础上合并道德型领导和一般自我效能。

d，在模型 b 的基础上合并道德型领导、一般自我效能和内在动机。

e，在模型 b 的基础上合并道德型领导、一般自我效能、内在动机和角色外绩效。

### 3.4.2　假设检验

均值、标准差和变量的相关性如表 3-3 所示。结果表明，道德型领导与一般自我效能（$r = 0.364$，$p < 0.001$）和角色外绩效（$r = 0.187$，$p < 0.01$）正相关，一般自我效能与角色外绩效正相关（$r = 0.142$，$p < 0.05$）。

假设 1 提出道德型领导与角色外绩效正相关。表 3-4 中模型 1 的结果表明，道德型领导与角色外绩效显著正相关（$\beta = 0.154$，$p < 0.01$，95% CI [0.037，0.263]）。因此，假设 1 被证实。

假设 2 提出一般自我效能在道德型领导与角色外绩效之间起中介作用。表 3-5 中模型 1 的结果表明，道德型领导与一般自我效能正相关（$\beta = 0.304$，$p < 0.001$，95% CI [0.139，0.465]）。此外，一般自我效能与角色外绩效正相关（$\beta = 0.166$，$p < 0.01$，95% CI [0.053，0.265]）。然而，如表 3-4 中的模型 2 所示，当同时放入道德型领导和一般自我效能时，道德型领导与角色外绩效的关系不再显著（$\beta = 0.115$，$n.s$，95% CI [-0.007，0.236]），而一般自我效能仍然与角色外绩效正相关（$\beta = 0.129$，$p < 0.05$，95% CI [0.002，0.256]）。根据 Baron 和 Kenny（1986），一般自我效能在道德型领导与角色外绩效之间起完全中介作用，为假设 2 提供了支持。Sobel 测试和蒙特卡洛评估法（MCMAM）

表 3 - 3  均值、标准差和变量相关性

| 变量 | 均值 | 标准差 | 1 | 2 | 3 | 4 | 5 | 6 | 7 | 8 | 9 |
|---|---|---|---|---|---|---|---|---|---|---|---|
| 员工性别 | 0.590 | 0.494 | | | | | | | | | |
| 员工年龄 | 27.279 | 2.916 | -0.040 | | | | | | | | |
| 员工工作年限 | 4.120 | 3.042 | -0.168* | 0.782*** | | | | | | | |
| 员工受教育水平 | 16.697 | 1.393 | 0.077 | 0.215** | -0.233** | | | | | | |
| 领导性别 | 0.793 | 0.406 | 0.246*** | -0.082 | -0.106 | 0.025 | | | | | |
| 行业领域 | 0.563 | 0.497 | 0.125 | 0.005 | -0.072 | 0.156* | 0.148* | | | | |
| 道德型领导 | 3.800 | 0.588 | -0.322*** | 0.050 | 0.260*** | -0.220** | -0.209** | -0.219** | | | |
| 一般自我效能 | 3.952 | 0.515 | -0.155* | 0.057 | 0.187** | -0.164* | 0.037 | -0.001 | 0.364*** | | |
| 内在动机 | 3.811 | 0.631 | -0.045 | -0.053 | -0.003 | -0.150* | -0.135* | -0.075 | 0.249*** | 0.278*** | |
| 角色外绩效 | 4.117 | 0.472 | -0.159* | 0.153* | 0.042 | 0.199** | -0.280*** | -0.019 | 0.187** | 0.142* | -0.007 |

注：$n = 208$，* $p < 0.05$，** $p < 0.01$，*** $p < 0.001$。2 - tail。

表 3 - 4　一般自我效能在道德型领导和角色外绩效之间的中介效应

| 变量 | 角色外绩效（模型1） | | | | | 角色外绩效（模型2） | | | | |
|---|---|---|---|---|---|---|---|---|---|---|
| | $\beta$ | S.E | t | LLCI | ULCI | $\beta$ | S.E | t | LLCI | ULCI |
| 截距 | 0.242*** | 0.077 | 3.083 | 0.084 | 0.385 | 2.004*** | 0.529 | 3.788 | 0.961 | 3.048 |
| 员工性别 | -0.076 | 0.062 | -1.131 | -0.205 | 0.049 | -0.068 | 0.067 | -1.013 | -0.199 | 0.064 |
| 员工年龄 | 0.040 | 0.022 | 1.759 | -0.003 | 0.084 | 0.040 | 0.023 | 1.790 | -0.004 | 0.085 |
| 员工工作年限 | -0.031 | 0.022 | -1.396 | -0.072 | 0.010 | -0.034 | 0.022 | -1.505 | -0.077 | 0.010 |
| 员工受教育水平 | 0.050 | 0.029 | 1.680 | -0.008 | 0.109 | 0.054 | 0.030 | 1.804 | -0.005 | 0.113 |
| 领导性别 | -0.267*** | 0.073 | -3.396 | -0.418 | -0.127 | -0.287*** | 0.079 | -3.651 | -0.443 | -0.132 |
| 行业领域 | 0.026 | 0.065 | 0.413 | -0.105 | 0.160 | 0.015 | 0.063 | 0.239 | -0.110 | 0.140 |
| 道德型领导 | 0.154** | 0.056 | 2.621 | 0.037 | 0.263 | 0.115 | 0.062 | 1.866 | -0.007 | 0.236 |
| 一般自我效能 | | | | | | 0.129* | 0.064 | 2.006 | 0.002 | 0.256 |
| $R^2$ | $R=0.414, R^2=0.171, F=5.896, p<0.001$ | | | | | $R=0.433, R^2=0.188, \Delta R^2=0.017, F=5.740, p<0.001$ | | | | |

注：$n=208$，bootstrap $n=1000$。* $p<0.05$，** $p<0.01$，*** $p<0.001$。

表3-5 内在动机在道德型领导和一般自我效能之间的调节效应

| 变量 | 一般自我效能（模型1） | | | | | 一般自我效能（模型2） | | | | |
|---|---|---|---|---|---|---|---|---|---|---|
| | $\beta$ | $S.E$ | $t$ | LLCI | ULCI | $\beta$ | $S.E$ | $t$ | LLCI | ULCI |
| 截距 | -0.135 | 0.097 | -1.578 | -0.315 | 0.075 | 3.775*** | 0.478 | 7.906 | 2.833 | 4.716 |
| 员工性别 | -0.065 | 0.071 | -0.882 | -0.206 | 0.069 | -0.088 | 0.069 | -1.272 | -0.224 | 0.048 |
| 员工年龄 | -0.003 | 0.022 | -0.125 | -0.044 | 0.042 | -0.012 | 0.023 | -0.532 | -0.059 | 0.034 |
| 员工工作年限 | 0.017 | 0.023 | 0.709 | -0.029 | 0.060 | 0.046 | 0.024 | 1.927 | -0.001 | 0.092 |
| 员工受教育水平 | -0.026 | 0.029 | -0.807 | -0.079 | 0.035 | 0.009 | 0.032 | 0.282 | -0.053 | 0.071 |
| 领导性别 | 0.157 | 0.098 | 1.827 | -0.047 | 0.349 | 0.211** | 0.081 | 2.591 | 0.050 | 0.371 |
| 行业领域 | 0.086 | 0.070 | 1.243 | -0.063 | 0.230 | 0.049 | 0.066 | 0.748 | -0.081 | 0.179 |
| 道德型领导 | 0.304*** | 0.081 | 4.740 | 0.139 | 0.465 | 0.188** | 0.064 | 2.923 | 0.061 | 0.314 |
| 内在动机 | | | | | | 0.232*** | 0.054 | 4.327 | 0.126 | 0.337 |
| 道德型领导 × 内在动机 | | | | | | 0.413*** | 0.103 | 4.005 | 0.210 | 0.616 |
| $R^2$ | $R=0.413, R^2=0.170, F=5.859, p<0.001$ | | | | | $R=0.523, R^2=0.273, \Delta R^2=0.103, F=8.274, p<0.001$ | | | | |

注：$n=208$，bootstrap $n=1000$。* $p<0.05$，** $p<0.01$，*** $p<0.001$。

用于测量间接效应及其显著性。Sobel 检测使用第一阶段及第二阶段的系数和标准误差（$a = 0.304$，$sa = 0.081$；$b = 0.129$，$sb = 0.064$），计算出间接影响为 0.039（$t = 1.776$，$p < 0.10$）。对于 MCMAM，我们根据 Selig 和 Preacher（2008）的方式计算了间接影响，95% 置信区间为 0.001 至 0.089。结果为一般自我效能在道德型领导与角色外绩效之间起中介作用提供了进一步支持。

假设 3 预测内在动机调节道德型领导与一般自我效能之间的关系。表 3 - 5 中模型 2 的结果显示，交互项"道德型领导 × 内在动机"与一般自我效能正相关（$\beta = 0.413$，$p < 0.001$，95% CI [0.210, 0.616]）。根据 Baron 和 Kenny（1986）证明调节作用的标准，我们认为内在动机正向调节了道德型领导与一般自我效能之间的关系。因此，假设 3 被证实。

此外，我们根据 Aiken 和 West（1991）的建议绘制了内在动机的调节效应。分别在内在动机高水平和低水平（高于/低于一个标准差）的情况下让一般自我效能对道德型领导进行回归。如图 3 - 2 所示，当内在动机水平较高时，道德型领导与一般自我效能显著正相关，而当内在动机水平较低时，这种关系变得不显著。因此，假设 3 获得了进一步的支持。

假设 4 提出内在动机调节道德型领导通过一般自我效能对角色外绩效产生间接影响。表 3 - 6 中的结果根据 PROCESS 程序得出，道德型领导对角色外绩效的直接影响并不显著（$\beta = 0.115$，$n. s.$），道德型领导对角色外绩效的有条件的间接影响在不同内在动机水平上也存在显著差异。具体而言，当内在动机处于高水平（$\beta = 0.058$，95% CI [0.012, 0.121]）和中等水平（$\beta = 0.024$，95% CI [0.002, 0.075]）时，道德型领导通过一般自我效能对角色外绩效产生的间接影响是显著的。但当内在动机较低时，这种间接影响则不显著（$\beta = -0.009$，$n. s.$），从而证实了假设 4。

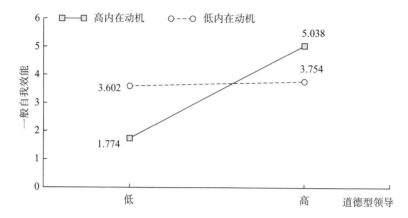

图 3 - 2　内在动机在道德型领导与员工一般自我效能之间的调节效应

表 3 - 6　道德型领导对角色外绩效的直接和间接效应

| 中介效应 | $\beta$ | $S.E$ | LLCI | ULCI |
|---|---|---|---|---|
| 道德型领导对角色外绩效的直接效应 | | | | |
| EL-ERP | 0.115 | 0.062 | - 0.007 | 0.236 |
| 道德型领导通过一般自我效能对角色外绩效的间接效应 | | | | |
| 低 IM，EL-GSE-ERP | - 0.009 | 0.018 | - 0.060 | 0.019 |
| 中 IM，EL-SE-ERP | 0.024 | 0.017 | 0.002 | 0.075 |
| 高 IM，EL-SE-ERP | 0.058 | 0.028 | 0.012 | 0.121 |

　　注：$n = 208$，bootstrap $n = 1000$。EL，道德型领导。GSE，一般自我效能。IM，内在动机。ERP，角色外绩效。LLCI，95% 置信区间下限。ULCI，95% 置信区间上限。

# 3.5　讨论

## 3.5.1　研究结论和理论贡献

　　该研究以社会认知理论为基础，探讨了道德型领导对角色外绩效的认知作用机制以及相关的边界条件。与假设一致，研究结果支持一般自我效能在道德型领导与角色外绩效之间起中介作用，并证实内在动机增强了道德型领导对一般自我效能的影响，以及道德型领导通过一般自我效能对角色外绩效产生的间接影响。本章在以下几个方面对现有文献做出贡献。

首先，社会认知理论是理解道德型领导对角色外绩效影响的另一种理论框架。迄今许多研究已经证明道德型领导与角色外绩效之间存在正相关关系（见表 3 - 1）。然而，他们的论证都基于社会学习理论和社会交换理论（Brown and Treviño，2006；Mayer et al.，2009）。关于道德型领导的社会认知过程被忽视了（Brown and Treviño，2006；Mayer et al.，2009）。本章结果与 Resick 等（2013）的研究发现一致，即社会认知解释了道德型领导对自发行为的影响。与 Resick 等（2013）的论证逻辑相似，我们认为道德动机和精神动力在解释道德型领导的效力方面至关重要（Guillén et al.，2014），因为角色外绩效确实包括道德含义（Baker et al.，2006；Turnipseed，2002）。更进一步，本章通过揭示道德型领导如何激励下属将角色外绩效纳入工作目标、将道德规范内化为绩效标准、有意识地计划行动以实现期望的绩效以及自觉调整行为以达到绩效标准，强调了个体能动性在社会认知过程中的作用。从这个角度看，我们的研究为道德型领导对角色外绩效的影响提供了新的见解。

其次，一般自我效能可以预测角色外绩效，并且在道德型领导与角色外绩效的关系中起中介作用。在研究道德型领导与任务绩效的联系时，Walumbwa 等（2011）认为自我效能是体现社会学习过程的特定任务构念。在本章中，一般自我效能表示整体的自我评价，而不是个体对自己完成特定任务的能力的信念。我们认为道德型领导既是任务导向也是关系导向，它可能会影响个体某些方面的自我观点，如超越任务领域的道德品质、人际关系以及个人生活。相比之下，一般自我效能可更全面地捕捉到道德型领导的效力。通过证明一般自我效能解释了道德型领导与绩效之间的关系，本章支持了 Gist 和 Mitchell（1992）的观点，即自我效能是组织自发行为的先兆。此外，它表明领导者的道德价值观和行为会塑造个体对自身能力的整体信念，并且可以激励下属的角色外行为。特别是，我们认为自我效能对于角色外绩效具有重要影响，因为后者需要额外的努力和投入。在这方面，本章也证实了自我效能在个体应对繁重费力情况下的显著作用（Bandura，2001）。尽管如此，未来仍需进一步研究不受情境限制的一般自我效能（Walumbwa et al.，2012）。

再次，内在动机调节道德型领导通过一般自我效能对角色外绩效产生间接影响。从本质上讲，内在动机反映了个体注意力的焦点，受到个体对工作的兴趣以及对能力、自主性和关联性的心理需求的引导（Gagne and Deci，2005）。具有较高内在动机的个体对道德线索和工作重要性等信息较为敏感，并努力利用道德型领导提供的发展机会以及赋予的权力（Dysvik and Kuvaas，2011）。因此，内在动机通过引导员工的认知资源和行为，增强道德型领导对一般自我效能的影响。类似于Grant 和 Berry（2011）的研究，本章进一步阐明内在动机的认知层面以及它作为一种认知图式是如何过滤和解释信息的。从这个意义上说，研究结果证实了 Piccolo 等（2010）的推测，即认知倾向限制了道德型领导与下属的感知之间的关系，以及环境和个体因素共同塑造社会背景下个体的认知（Bandura，1986）。

最后，本章使用多源、时滞数据研究道德型领导对角色外绩效的作用机制。现存研究大多使用横截面数据甚至单一来源数据探讨道德型领导与角色外绩效之间的关系（Kim and Brymer，2011；Zoghbi-Manrique and Suárez-Acosta，2014）。这种研究设计的缺陷影响到研究的有效性。在本章中，我们使用时滞数据检验了道德型领导与角色外绩效之间的关系，增强研究结论的可信度。

### 3.5.2 管理启示

本章具有重要的实践意义。首先，研究证明道德型领导能够增强下属的角色外绩效，这有助于提高组织的运作效率，因此我们建议组织选择具有道德特质和道德管理风格的领导者。另外，组织也应该提供精心设计的培训项目，以培养发展管理者的道德领导力和沟通技巧。其次，管理者应该意识到一般自我效能是提高员工角色外绩效的关键，他们应该主动与下属讨论道德问题、强调其任务的影响、提供给下属参与决策的机会、授权下属实施任务并对下属表示真诚的关心，这样下属才会展现更多的角色外行为。最后，道德型领导对自我效能的影响以及由此产生的角色外绩效会因具有不同内在动机水平的下属而表现出差异。具体而言，发挥道德领导力的有利条件是员工为享受和兴趣而工作，表现出更高的学习取向，并对自主、能力和关联性产生需求。

### 3.5.3 局限和未来展望

本章也存在一些局限性。首先，CMB 仍然存在，因为道德型领导、一般自我效能和内在动机是在同一时点评估的。尽管如此，Evans（1985）提出 CMB 实际上弱化变量间的相互作用关系，增强了我们对本章结果的信心。考虑到其中三个变量是感知变量，我们建议未来研究分开测量变量以减少潜在 CMB。

其次，本章使用便利抽样选择了收集数据的三家公司，即使在每家公司都是随机选择样本，便利抽样法也可能降低研究的有效性。未来研究应采用随机抽样克服这一问题。

再次，值得注意的是，本章中一般自我效能的内部一致性仅为0.609，低于 Nunnally（1970）提出的 0.70 的临界值，这引起了对研究结果可靠性的担忧。我们认为一般自我效能的内部一致性虽然不令人满意，但在可以接受的限度内。尽管如此，未来研究仍然应该使用更可靠的测量来验证我们的研究结果。

最后，研究样本仅来源于中国，这可能会在一定程度上限制研究结论的普适性。在中国，集体主义倾向的员工常常将帮助、建言和加班视为角色内职责（Moorman and Blakely，1995）。另外，Blakely 等（2005）发现，中国管理者也更倾向于将组织公民行为确定为角色内职责。平均而言，中国员工可能会参与更多的角色外绩效。因此，在其他文化背景下复制我们的研究时需要注意到这点。

总之，本章探索了道德型领导与角色外绩效之间的社会认知过程以及相关的边界条件。它为道德型领导影响自发行为的心理机制提供了新的见解。研究结果通过强调一般自我效能在传递道德型领导对角色外绩效的影响及其自身对角色外绩效的预测作用，丰富了现有研究。此外，作为一种特质倾向，内在动机可以增强道德型领导对一般自我效能及其最终对角色外绩效的影响。本章表明，道德型领导能够增强下属信心，鼓励他们加倍努力，特别是对于那些内在驱动的个体。我们希望本章能够吸引未来更多学者关注道德型领导的认知过程。

## 参考文献

Aiken, L. S., & West, S. G. (1991). *Multiple regression：Testing and interpreting interactions*. Newbury Park：Sage.

Amabile, T. M. (1993). Motivational synergy：Toward new conceptualizations of intrinsic and extrinsic motivation in the workplace. *Human Resource Management Review*, 3 (3), 185 – 201.

Avey, J. B., Palanski, M. E., & Walumbwa, F. O. (2011). When leadership goes unnoticed：The moderating role of follower self-esteem on the relationship between ethical leadership and follower behavior. *Journal of Business Ethics*, 98 (4), 573 – 582.

Avey, J. B., Wernsing, T. S., & Palanski, M. E. (2012). Exploring the process of ethical leadership：The mediating role of employee voice and psychological ownership. *Journal of Business Ethics*, 107 (1), 21 – 34.

Baker, T. L., Hunt, T. G., & Andrews, M. C. (2006). Promoting ethical behavior and organizational citizenship behaviors：The influence of corporate ethical values. *Journal of Business Research*, 59 (7), 849 – 857.

Bandura, A. (1977). Self-efficacy：toward a unifying theory of behavioral change. *Psychological Review*, 84 (2), 191 – 215.

Bandura, A. (1986). *Social foundations of thought and action: A social cognitive theory*. Englewood Cliffs, NJ: Prentice-Hall.

Bandura, A. (1997). *Self-efficacy: The exercise of control*. New York: W. H. Freeman.

Bandura, A. (2001). Social cognitive theory: An agentic perspective. *Annual Review of Psychology*, 52, 1 – 26.

Bandura, A. (2006). Guide for constructing self-efficacy scales. In F. Pajares & T. Urdan (eds.). *Self-efficacy beliefs of adolescents*, (Vol. 5, pp. 307 – 337). Greenwich, CT: Information Age Publishing.

Bandura, A. (2012). On the functional properties of perceived self-efficacy revisited. *Journal of Management*, 38 (1), 9 – 44.

Baron, R. M., & Kenny, D. A. (1986). The moderator-mediator variable distinction in social psychological research: Conceptual, strategic, and statistical considerations. *Journal of Personality and Social Psychology*, 51 (6), 1173 – 1182.

Baron, R. M., & Kenny, D. A. (1986). The moderator-mediator variable distinction in social psychological research: Conceptual, strategic, and statistical considerations. *Journal of Personality and Social Psychology*, 51 (6), 1173 – 1182.

Blakely, G. L., Srivastava, A., & Moorman, R. H. (2005). The effects of nationality work role centrality, and work locus of control on role definitions of OCB. *Journal of Leadership & Organizational Studies*, 12 (1), 103 – 117.

Bolino, M. C., Klotz, A. C., Turnley, W. H., & Harvey, J. (2013). Exploring the dark side of organizational citizenship behavior. *Journal of Organizational Behavior*, 34 (4), 542 – 559.

Bouffard-Bouchard, T. (1990). Influence of self-efficacy on performance in a cognitive task. *The Journal of Cognitive Psychology*, 130 (3), 353 – 363.

Brislin, R. W. (1980). Translation and content analysis of oral and written materials. In H. C. Triandis, & J. W. Berry (eds.), *Handbook of cross-cultural psychology* (pp. 389 – 444). Boston, MA: Allyn and Bacon.

Brown, M. E., & Treviño, L. K. (2006). Ethical leadership: A review and future directions. *The Leadership Quarterly*, 17 (6), 595 – 616.

Brown, M. E., Treviño, L. K., & Harrison, D. A. (2005). Ethical leadership: A social learning perspective for construct development and testing. *Organizational Behavior and Human Decision Processes*, 97 (2), 117 – 120.

Browne, M. W., & Cudeck, R. (1993). Alternative ways of assessing model fit. In K. A. Bollen & JS Long (eds.). *Testing structural equation models* (pp. 136 – 162). Newbury Park, CA: Sage.

Chiaburu, D. S., & Lim, A. S. (2008). Manager trustworthiness or interactional justice? Predicting organizational citizenship behaviors. *Journal of Business Ethics*, 83 (3), 453 – 467.

Cortina, J. M. (1993) What is coefficient alpha? An examination of theory and applications. *Journal of Applied Psychology*, 78 (1), 98 – 104.

Deci, E. L., & Ryan, R. M. (eds.). (2002). *Handbook of self-determination research*. Rochester, NY: University of Rochester Press.

De Hoogh, A. H. B., & Den Hartog, D. N. (2008). Ethical and despotic leadership, relationships with leader's social responsibility, top management team effectiveness and subordinates' optimism: A multi-method study. *The Leadership Quarterly*, 19 (3), 297 – 311.

Demirtas, O., & Akdogan, A. A. (2014). The effect of ethical leadership behavior on ethical climate, turnover intention, and affective commitment. *Journal of Business Ethics*. doi: 10.1007/s10551 – 014 – 2196 – 6.

Dulac, T., Coyle-Shapiro, J. A., Henderson, D. J., & Wayne, S. J. (2008). Not all responses to breach are the same: The interconnection of social exchange and psychological contract processes in organizations. *Academy of Management Journal*, 51 (6), 1079 – 1098.

Dysvik, A., & Kuvaas, B. (2011). Intrinsic motivation as a moderator on the relationship between perceived job autonomy and work performance. European *Journal of Work and Organizational Psychology*, 20 (3), 367 – 387.

Edwards, J. R., & Lambert, L. S. (2007). Methods for integrating moderation and mediation: A general analytical framework using moderated path analysis. *Psychological Methods*, 12 (1), 1 – 22.

Eisenberger, R., Karagonlar, G., Stinglhamber, F., Neves, P., Becker, T. E.,

Gonzalez-Morales, M. G., & Steiger-Mueller, M. (2010). Leader-member exchange and affective organizational commitment: The contribution of supervisor's organizational embodiment. *Journal of Applied Psychology*, 95 (6), 1085 – 1103.

Evans, M. G. (1985). A Monte Carlo study of the effects of correlated method variance in moderated multiple regression analysis. *Organizational Behavior and Human Decision Processes*, 36 (3), 305 – 323.

Fiske, S. T., & Taylor, S. E. (1991). *Social cognition* (2nd ed.). New York: McGraw-Hill.

Gagne, M., & Deci, E. L. (2005). Self-determination theory and work motivation. *Journal of Organizational Behavior*, 26 (4), 331 – 362.

Gist, M. E., & Mitchell, T. R. (1992). Self-efficacy: A theoretical analysis of its determinants and malleability. *Academy of Management Review*, 17 (2), 183 – 211.

Grant, A. M. (2008). Does intrinsic motivation fuel the prosocial fire? Motivational synergy in predicting persistence, performance, and productivity. *Journal of Applied Psychology*, 93 (1), 48 – 58.

Grant, A. M., & Berry, J. W. (2011). The necessity of others is the mother of invention: Intrinsic and prosocial motivations, perspective taking, and creativity. *Academy of Management Journal*, 54 (1), 73 – 96.

Guillén, M., Ferrero, I., & Hoffman, W. M. (2014). The neglected ethical and spiritual motivations in the workplace. *Journal of Business Ethics*. doi: 10. 1007/s10551 – 013 – 1985 – 7.

Hair, J. F., Anderson, R. E., Tatham, R. L., & Black, W. C. (1992). *Multivariate data analysis* (3rd ed.). New York: Macmillan.

Hmieleski, K. M., & Baron, R. A. (2009). Entrepreneurs' optimism and new venture performance: A social cognitive perspective. *Academy of Management Journal*, 52 (3), 473 – 488.

Hofmann, D. A., Morgeson, F. P., & Gerras, S. J. (2003). Climate as a moderator of the relationship between leader-member exchange and content specific citizenship: safety climate as an exemplar. *Journal of Applied Psychology*, 88 (1), 170 – 178.

Hui, C., Lam, S. S., & Law, K. K. (2000). Instrumental values of organizational citizenship behavior for promotion: a field quasi-experiment. *Journal of Applied Psychology*, 85 (5), 822 – 828.

Judge, T. A., Erez, A., Bono, J. E., & Thoresen, C. J. (2003). The Core Self-Evaluations Scale (CSES): Development of a measure. *Personnel Psychology*, 56 (2), 303 – 331.

Kacmar, K. M., Andrews, M. C., Harris, K. J., & Tepper, B. J. (2013). Ethical leadership and subordinate outcomes: The mediating role of organizational politics and the moderating role of political skill. *Journal of Business Ethics*, 115 (1), 33 – 44.

Kacmar, K. M., Bachrach, D. G., Harris, K. J., & Zivnuska, S. (2011). Fostering good citizenship through ethical leadership: Exploring the moderating role of gender and organizational politics. *Journal of Applied Psychology*, 96 (3), 633 – 642.

Kalshoven, K., Den Hartog, D. N., & De Hoogh, A. H. B. (2011). Ethical leadership at work questionnaire (ELW): Development and validation of a multidimensional measure. *The Leadership Quarterly*, 22 (1), 51 – 69.

Kalshoven, K., Den Hartog, D. N., & De Hoogh, A. H. B. (2013a). Ethical leadership and follower helping and courtesy: moral awareness and empathic concern as moderators. *Applied Psychology: An International Review*, 62 (2), 211 – 235.

Kalshoven, K., Den Hartog, D. N., & De Hoogh, A. H. B. (2013b). Ethical leadership and followers' helping and initiative: The role of demonstrated responsibility and job autonomy. *European Journal of Work and Organizational Psychology*, 22 (2), 165 – 181.

Kim, W. G., & Brymer, R. A. (2011). The effects of ethical leadership on manager job satisfaction, commitment, behavioral outcomes, and firm performance. *International Journal of Hospitality Management*, 30 (4), 1020 – 1026.

Kuvaas, B. (2006). Performance appraisal satisfaction and employee outcomes: mediating and moderating roles of work motivation. *The International Journal of Human Resource Management*, 17 (3), 504 – 522.

Liao, H., Liu, D., & Loi, R. (2010). Looking at both sides of the social exchange coin: A social cognitive perspective on the joint effects of relationship quality and differentiation on creativity. *Academy of Management Journal*, 53 (5), 1090 – 1109.

Loi, R., Chan, K. W., & Lam, L. W. (2014). Leader-member exchange, organizational identification, and job satisfaction: A social identity perspective. *Journal of Occupational and Organizational psychology*, 87 (1), 42 – 61.

Lu, X. (2014). Ethical leadership and organizational citizenship behavior: The mediating roles of cognitive and affective trust. *Social Behavior and Personality: an International Journal*, 42 (3), 379 – 389.

Malhotra, N. K., Kim, S. S., & Patil, A. (2006). Common method variance in IS research: A comparison of alternative approaches and a reanalysis of past research. *Management Science*, 52 (12), 1865 – 1883.

Mathieu, J. E., & Farr, J. L. (1991). Further evidence for the discriminant validity of measures of organizational commitment, job involvement, and job satisfaction. *Journal of Applied Psychology*, 76 (1), 127 – 133.

Mayer, D. M., Aquino, K., Greenbaum, R. L., & Kuenzi, M. (2012). Who displays ethical leadership, and why does it matter? An examination of antecedents and consequences of ethical leadership. *Academy of Management Journal*, 55 (1), 151 – 171.

Mayer, D. M., Kuenzi, M., Greenbaum, R., Bardes, M., & Salvador, R. (2009). How low does ethical leadership flow? Test of a trickle-down model. *Organizational Behavior and Human Decision Processes*, 108 (1), 1 – 13.

Mayer, D. M., Nurmohamed, S., Treviño, L. K., Shapiro, D. L., & Schminke, M. (2013). Encouraging employees to report unethical conduct internally: It takes a village. *Organizational Behavior and Human Decision Processes*, 121 (1), 89 – 103.

Moorman, R. H., & Blakely, G. L. (1995). Individualism-collectivism as an individual difference predictor of organizational citizenship behavior. *Journal of Organizational Behavior*, 16 (2), 127 – 142.

Murphy, K. R., & Davidshofer, C. O. (1988). *Psychological testing*. New Jersey: Prentice Hall.

Newman, A., Kiazad, K., Miao, Q., & Cooper, B. (2014). Examining the cognitive and affective trust-based mechanisms underlying the relationship between ethical leadership and organisational citizenship: a case of the head leading the heart? . *Journal of Business Ethics*, 123 (1), 113 – 123.

Nunnally, J. C. (1970). *Introduction to psychological measurement*. New York: McGraw-Hill.

Organ, D. W. , Podsakoff, P. M. , & MacKenzie, S. B. （2006）. *Organizational citizenship behavior*: *its nature. antecedents, and consequences.* Thousand Oaks, CA: Sage.

Piccolo, R. F. , Greenbaum, R. , Den Hartog, D. N. , & Folger, R. （2010）. The relationship between ethical leadership and core job characteristics. *Journal of Organizational Behavior*, 31 （2 – 3）, 259 – 278.

Podsakoff, P. M. , MacKenzie, S. M. , Lee, J. , & Podsakoff, N. P. （2003）. Common method variance in behavioral research: A critical review of the literature and recommended remedies. *Journal of Applied Psychology*, 88 （5）, 879 – 903.

Preacher, K. J. , Rucker, D. D. , & Hayes, A. F. （2007）. Assessing moderated mediation hypotheses: Theory, method, and prescriptions. *Multivariate Behavioral Research*, 42 （1）, 185 – 227.

Resick, C. J. , Hargis, M. B. , Shao, P. , & Dust, S. B. （2013）. Ethical leadership, moral equity judgments, and discretionary workplace behavior. *Human Relations*, 66 （7） 951 – 972.

Resick, C. J. , Martin, G. S. , Keating, M. A. , Dickson, M. W. , Kwan, H. K. , & Peng, C. （2011）. What ethical leadership means to me: Asian, American, and European perspectives. *Journal of Business Ethics*, 101 （3）, 435 – 457.

Ruiz-Palomino, P. , Ruiz-Amaya, C. , & Knörr, H. （2011）. Employee organizational citizenship behaviour: the direct and indirect impact of ethical leadership. *Canadian Journal of Administrative Sciences*, 28 （3）, 244 – 258.

Ruiz-Palomino, P. , Sáez-Martínez, F. J. , & Martínez-Cañas, R. （2013）. Understanding pay satisfaction: effects of supervisor ethical leadership on job motivating potential influence. *Journal of Business Ethics*, 118 （1）, 31 – 43.

Ryan, R. M. , & Deci, E. L. （2000）. Self-determination theory and the facilitation of intrinsic motivation, social development, and well-being. *American psychologist*, 55 （1）, 68 – 78.

Selig, J. P. , & Preacher, K. J. （2008）. Monte Carlo method for assessing mediation: An interactive tool for creating confidence intervals for indirect effects. *Computer Software*. Retrieved from http://www. quantpsy. org.

Sharif, M. M. , & Scandura, T. A. （2013）. Do perceptions of ethical conduct matter during organizational change? Ethical leadership and employee involvement. *Journal of Business*

Ethics. doi: 10. 1007/s10551 – 013 – 1869 – x.

Shin, Y. , Kim, M. S. , Choi, J. N. , Kim, M. , & Oh, W. (2014a). Does leader-follower regulatory fit matter? The role of regulatory fit in followers' organizational citizenship behavior. *Journal of Management*. doi: 10. 1177/ 01492063145468 67.

Shin, Y. H. , Sung, S. Y. , Choi, J. N. , & Kim, M. S. (2014b). Top management ethical leadership and firm performance: Mediating role of ethical and procedural justice climate. *Journal of Business Ethics*, doi: 10. 1007/s10551 – 014 – 2144 – 5.

Simon, H. A. (1967). Motivational and emotional controls of cognition. *Psychological Review*, 74 (1), 29 – 39.

Stajkovic, A. D. , & Luthans, F. (1998). Self-efficacy and work-related performance: A meta-analysis. *Psychological Bulletin*, 124 (2), 240 – 261.

Stouten, J. , Van Dijke, M. , Mayer, D. M. , De Cremer, D. , & Euwema, M. C. (2013). Can a leader be seen as too ethical? The curvilinear effects of ethical leadership. *The Leadership Quarterly*, 24 (5), 680 – 695.

Tierney, P. , & Farmer, S. M. (2011). Creative self-efficacy development and creative performance over time. *Journal of Applied Psychology*, 96 (2), 277 – 293.

Treviño, L. K. , Brown, M. , & Hartman, L. P. (2003). A qualitative investigation of perceived executive ethical leadership: Perceptions from inside and outside the executive suite. *Human Relations*, 56 (1), 5 – 37.

Treviño, L. K. , Weaver, G. R. , & Reynolds, S. J. (2006). Behavioral ethics in organizations: A review. *Journal of management*, 32 (6), 951 – 990.

Tu, Y. D, Lu, X. X. (2013). How ethical leadership influence employees' innovative behavior: A perspective of intrinsic motivation. *Journal of Business Ethics*, 116 (2), 441 – 455.

Turnipseed, D. L. (2002). Are good soldiers good?: Exploring the link between organization citizenship behavior and personal ethics. *Journal of Business Research*, 55 (1), 1 – 15.

Tse, H. H. , Dasborough, M. T. , & Ashkanasy, N. M. (2008). A multi-level analysis of team climate and interpersonal exchange relationships at work. *The Leadership Quarterly*, 19 (2), 195 – 211.

Van Dyne, L. , & LePine, J. A. (1998). Helping and voice extra-role behaviors: Evidence of construct and predictive validity. *Academy of Management Journal*, 41 (1), 108 – 119.

Walumbwa, F. O. , Avolio, B. J. , & Zhu, W. （2008）. How transformational leadership weaves its influence on individual job performance：The role of identification and efficacy beliefs. *Personnel Psychology*, 61 （4）, 793 – 825.

Walumbwa, F. O. , Mayer, D. M. , Wang, P. , Wang, H. , Workman, K. , & Christensen, A. L. （2011）. Linking ethical leadership to employee performance：The rules of leader-member exchange, self-efficacy, and organizational identification. *Organizational Behavior and Human Decision Processes*, 115 （2）, 204 – 213.

Walumbwa, F. O. , Morrison, E. W. , & Christensen, A. L. （2012）. Ethical leadership and group in-role performance：The mediating role of group conscientiousness and group voice. *The Leadership Quarterly*, 23 （5）, 953 – 964.

Walumbwa, F. O. , & Schaubroeck, J. （2009）. Leader personality traits and employee voice behavior：Mediating roles of ethical leadership and work group psychological safety. *Journal of Applied Psychology*, 94 （5）, 1275 – 1286.

Whiting, S. W. , Podsakoff, P. M. , & Pierce, J. R. （2008）. Effects of task performance, helping, voice, and organizational loyalty on performance appraisal ratings. *Journal of Applied Psychology*, 93 （1）, 125 – 139.

World Bank （2014）. *East Asia and Pacific Economic Update April* 2014. Washington, DC：World Bank. doi：10. 1596/978 – 1 – 4648 – 0296 – 6.

Xanthopoulou, D. , Bakker, A. B. , Demerouti, E. , & Schaufeli, W. B. （2009）. Reciprocal relationships between job resources, personal resources, and work engagement. *Journal of Vocational Behavior*, 74 （3）, 235 – 244.

Zhang, X. , & Bartol, K. M. （2010）. Linking empowering leadership and employee creativity：The influence of psychological empowerment, intrinsic motivation, and creative process engagement. *Academy of Management Journal*, 53 （1）, 107 – 128.

Zhu, W. , May, D. R. , & Avolio, B. J. （2004）. The impact of ethical leadership behavior on employee outcomes：The roles of psychological empowerment and authenticity. *Journal of Leadership & Organizational Studies*, 11 （1）, 16 – 26.

Zoghbi-Manrique-de-Lara, P. , & Suárez-Acosta, M. A. （2014）. Employees'reactions to peers' unfair treatment by supervisors：The role of ethical leadership. *Journal of Business Ethics*, 122 （4）, 537 – 549.

# 第二篇

# 道德型领导与创新

# 第4章　道德型领导与员工创新工作行为<sup>*</sup>

---

　＊　本章内容详见 Tu，Y.，Lu，X.（2013）．How ethical leadership influence employees' innova-
tive work behavior：a perspective of intrinsic motivation. *Journal of Business Ethics*，116（2），441 –
455。

**导　读**：根据认知评价理论，本章提出了一个同源多层次模型来探索道德型领导如何通过个体层面和团队层面的内在动机的中介作用影响员工的创新工作行为。通过由来自中国两家公司34个工作单位的302名员工填写的问卷，本章进行了多层分析以检验本章的假设。结果表明，个体创新工作行为与个体感知的道德型领导、团队道德型领导正相关，而个体内在动机在这两种关系中起中介作用。此外，团队内在动机在团队道德型领导与创新工作行为的关系中起中介作用。理论与实际意义也被进一步地讨论。

**关键词**：道德型领导　创新工作行为　内在动机　多层分析

## 4.1 问题的提出

由于企业社会责任和商业道德越来越受到重视，领导者行为比以往任何时候都更强烈地受到道德的约束。因此，道德型领导在过去十年中一直是学者和从业者的关注对象（Walumbwa and Schaubroeck，2009；Kalshoven et al.，2011）。在现存的文献中，许多学者在理论上和实证上都研究了其对员工工作态度和行为的影响，发现道德型领导是工作满意度、组织承诺、道德认同、建言行为和组织公民行为的有效预测指标（Brown et al.，2005；Brown and Treviño，2006）。

总体来说，先前的研究侧重于道德型领导的道德方面，并将道德型领导与追随者的道德行为（如组织公民行为、道德认同、道德决策）和不道德行为（如反生产行为、偏差行为）联系起来。例如，Mayer 等人（2009）发现个体对道德型领导的感知与他们组织偏差行为的减少和公民行为的增加呈正相关，而 Walumbwa 和 Schaubroeck（2009）证实道德型领导能够增强追随者的建言行为。然而，道德型领导对员工任务相关绩效的影响较少受到关注，特别是需要更多创造力并为组织创新、有效性、发展和生存做出贡献的创新工作行为（Amabile et al.，1996；Tushman and Nelson，1990；Ireland and Hitt，2005）。在产生、促进和实施新思想的过程或程序中，个体将面临如此多的风险、困难、冲突甚至道德困境，这表明强调道德、社会责任、自治和以人为本（Brown and Treviño，2006）的道德型领导可能是创新工作行为的潜在预测指标。因此，本章打算探讨道德型领导是否以及如何影响员工的创新工作行为及其潜在机制。

此外，绝大多数现有的道德型领导文献经常将道德型领导的影响描述为社会学习或社会交换过程中的结果性产出（Brown and Treviño，2006；Brown et al.，2005）。当然也有例外，Piccolo 及其同事（2010）探索了道德型领导如何从内在动机的角度促进员工的工作绩效，因为道德型领导可以通过构建客观和主观的工作特征来增强追随者的内在动机，揭示了道德型领导的动机方面及其对追随者内在动机的潜在影响。跟随他们的脚步，本章旨在通过探讨内在动机的中介机制，研究道德型领导对员工创新工作行为的影响。因此，本章依据认知评价理论（CET）来解释道德型领导与创新工作行为之间的心理机制，其原则是外部因素可以通过增加自主性和能力来增强内在动机。

在现存的研究中，道德型领导和内在动机主要被认为是个体层面的构念。然而，随着多层分析技术的发展，学者将注意力转移到多层次构念的探索和检验上。关于道德型领导，越来越多的学者提出，领导不仅仅是个体认知，因为它可能是对领导者特质和行为形成集体信念的一种群体过程，并且他们建议在多个层面上检验领导的影响（Walumbwa et al.，2011；Walumbwa and Schaubroeck，2009）。同样，内在动机也可以汇总到群体层面，以表明整个群体为群体任务而不是外在奖励工作的集体信念。因此，本章提出了一个同质多层次模型，其中本章将道德型领导概念化为既是个体层面的个体感知又是团队层面的群体过程，以检验他们对追随者创新工作行为的不同影响，并且本章将内在动机操作化为个体内在动机和团队内在动机，与道德型领导的概念建构相对应。然后，本章可以从内在动机的角度更好地捕捉将个体层面和团队层面的道德型领导与创新工作行为联系起来的路径。

总之，本章提出了一个同质多层次模型，并试图通过以下几种方式为现存的道德型领导文献做出贡献：（1）本章强调了道德型领导的动机方面，并探讨了道德型领导如何促使追随者进行创新；（2）在本章的多层次模型中，通过将道德型领导概念化为个体感知的道德型领导和团队道德型领导的过程，来更好地掌握不同层面的道德型领导对员工创新工作行为的影响；（3）本章依靠 CET 来解释道德型领导如何通过内在动机的中介作用来影响员工的创新工作行为；（4）通过将个体层面和团队层面的内在动机理论化，本章的目标是更好地理解不同层面的道德型领导与员工创新工作行为相关的不同路径。假设的研究模型如图 4 – 1 所示。

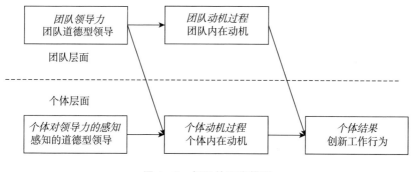

图 4 – 1　假设的研究模型

## 4.2　理论与假设

### 4.2.1　道德型领导

根据 Brown 等人（2005）的说法，道德型领导被定义为"通过个体行为和人际关系来展现出合乎规范的行为，并通过双向沟通、强化和决策来促进追随者的这些行为"。这个定义既反映了道德型领导作为道德的人的维度，其特征是诚实、正直、利他、可信赖、集体动机和公正等（Brown et al.，2005；Brown and Treviño，2006）；又反映了道德的管理者通过道德型领导行为来影响追随者的态度和行为（Treviño and Brown，2004）。

基于以往的研究，我们认为道德型领导行为（Zhu et al.，2004）

包括：（1）领导者的道德信念、价值观（Kanungo and Mendonca，1996）以及他们行为中反映的愿景，特别是他们的决策；（2）明确的绩效标准和有助于加强组织道德的奖励或惩罚（Treviño et al.，2003）；（3）总体的双向沟通，其特点是对道德标准的信任、开放和诚意（De Hoogh and Den Hartog，2008），奖励制度（Brown et al.，2005）以及角色期望（Brown and Treviño，2006）；（4）以人为本（Treviño et al.，2003；Resick et al.，2006）和组织中的慈爱行为，包括尊重追随者的人性（Zhu et al.，2004）、尊严（Brown et al.，2005）以及对其发展的各种支持（Mayer et al.，2009；Treviño et al.，2003）；（5）通过增加工作重要性和自主性改善追随者的客观工作特征（Piccolo et al.，2010）。

为了扩展现存将道德型领导视为个体观念的概念，并回应领导应该被视为一个群体过程的主张（Liao and Rupp，2005；Naumann and Bennett，2000），本章区分和整合了个体层面和团队层面的道德型领导。因此，本章将道德型领导理论理解为个体层面感知的道德型领导和团队层面的团队道德型领导，以调查他们对个体创新工作行为的不同影响以及关系背后的不同机制。感知的道德型领导是指个体在团队中所经历和感知的领导特质和行为，这是一种随员工变化的"自由裁量刺激"（Liao and Chuang，2007）。而团队道德型领导被定义为道德型领导向整个工作单位展示的领导行为整体模式，团队成员对他们的道德型领导风格持有集体信念，这可以被视为一种在工作单位中渗透的"环境刺激"（Liao and Chuang，2007）。在下一节中，本章提出感知的道德型领导通过个体内在动机的中介影响创新工作行为，而团队道德型领导通过个体内在动机和群体内在动机的中介作用来影响创新工作行为。

现有文献对道德型领导的道德方面给予了更多的关注，检验道德型领导的动机方面的研究却十分有限。在研究道德型领导的工作态度和行为与工作特征模型（JCM）（Hackman and Oldham，1976）之间的关系时，Piccolo 等人（2010）承认道德型领导可以通过构建工作的客观和主观特征塑造个体的内在动机，从而使工作绩效提高。道德型领导不仅可以通过个体特质和道德型领导行为改变个体对工作的看法，也可以改变个体对工作环境的看法和观点（Brown and Treviño，2006），以便他们的追随者更有可能有动力在工作中付出额外的努力和展现出更多的创新工作行为。因此，本章试图调查道德型领导的动机及其对个体创新工作行为的影响。

### 4.2.2 创新工作行为

De Jong（2006）将创新工作行为定义为"个体行为，旨在于工作角色、团体或组织内启动和有意引入新的有用的想法、流程、产品或程序"。这是一种复杂的工作行为，包括工作角色、团体或组织中旨在提高组织绩效的新想法的产生、推广和应用（Janssen，2000，2005）。创新工作行为的三个阶段在一个完整的过程中依次发生（Scott and Bruce，1994），并且个体可以在每个阶段的任何时间参与这些不同行为中的任何一个或组合。当人们提出关于现存工作相关问题的新想法时，他们需要寻求创意推广支持这些想法，并且还需要通过将这些支持应用于他们的工作角色、团体或整个组织来实现新颖的想法以完成整个工作创新过程（Van der Vegt and Janssen，2003）。一般来说，创新的工作行为包括思考现有工作方法中存在的问题、无法满足的需求或可能正在发生变化的迹象（De Jong and Den Hartog，2007），提出新的解决方案，与他人分享知识以及用新方式解决问题（Woodman et al.，1993）。与创造力不同的是，它不仅仅涉及主要构成创造力的创意激发，而且是新思想的产生、推广和应用的结合。因此，越来越多的商业公司试图在日益动荡和复杂的环境中促进员工的创新工作行为以求生存和发展。以往的研究已经探讨了组织背景下群体或组织氛围和领导力（Oldham and Cummings，1996）在预测创新工作行为中的作用，并且证明了支持性的、心理授权型和充满顺畅沟通的组织气氛以及领导力（James et al.，2008；Martins and Terblanche，2003）与创新工作行为正相关。与这些研究相呼应，本章打算检验个体层面和团队层面的道德型领导是否会通过不同的机制影响员工的创新工作行为。

### 4.2.3　内在动机

Scott 和 Bruce（1994）指出，创新工作行为研究的本质是促进个体创新工作行为的因素及其核心动机。一些学者已经证明了内在动机在领导与创新、创造力和创新工作行为之间的中介角色。为了探索道德型领导的动机以及将其与员工创新工作行为联系起来的机制，本章将内在动机视为中介。根据 Ryan 和 Deci（2000）的观点，内在动机是指参与某项活动是出于对工作本身的兴趣和享受（Amabile et al.，1994；Gagne and Deci，2005），而不是某些可分离的结果，如奖励或认可（Amabile，1993）。内在动机通常源于个体对任务本身的积极反应，例如兴趣、参与、好奇心、满足感或积极挑战（Amabile et al.，1996），将其作为工作的一种奖励。

在个体层面和团队层面概念化道德型领导的同时，本章也相应地理论化了个体内在动机和团队内在动机。个体内在动机表明个体为了工作本身而执行特定任务的程度，团队内在动机则被定义为无论外部奖励如何，团队成员为工作的内部兴趣、挑战和满足而工作的集体信念、感知以及体验。这两种结构确定了多层次的内在动机，并在多层次道德型领导与创新工作行为的关系中起中介作用。

根据流行观点（Deci，1975，1976；Deci and Porac，1978；Deci and Ryan，1985；Deci et al.，1975），本章借用 CET（Deci and Ryan，1985）来解释不同层面的道德型领导如何通过不同层次的内在动机行为影响创新工作行为。CET 指出外部因素如何影响内在动机，认为影响发生的程度是由外部因素影响了能力和自主权的感知导致的。该理论还表明，对能力和自主权的心理需求恰恰是内在动机的基础。能力是指个体具备在特定环境中成功完成任务所需技能的知识（Ryan and Deci，2000），自主权则反映了个体在决定工作方法、程序、节奏和努力方面的权力（Spreitzer，1995；Spreitzer et al.，1997）。CET 模型（Deci and Ryan，1985）还表明个体遵循因果序列发展内在动机，"自主权支持导致能力感知的变化，进而引起内在动机的变化"。因此，外部因素可以通过直接增加对能力的感知，或间接提供自主权，促进内在动机。

### 4.2.4 道德型领导与创新工作行为

根据道德型领导的定义和创新工作行为的产生，本章假设道德型领导与创新工作行为正相关。在个体层面，当道德型领导总是强调工作对他人、团队、组织乃至整个社会的影响并将意义嵌入工作时（Brown and Treviño，2006；De Hoogh and Den Hartog，2008），追随者会在工作中看到更多的工作重要性，并且更愿意为产生新的想法而努力，为组织目标做出贡献。由于道德型领导被认为具有诚实、正直、利他（Gardner et al.，2005）和组织承诺（De Hoogh and Den Hartog，2008）等特征，个体更有可能在心理上感到安全地说出自己挑战现状的新想法，更加致力于与同事分享知识（Janssen，2000，2003）。相反，当追随者认为他们的领导者是不道德的，是出于自身利益而远离标准原则时，他们可能会选择不提出可能与领导者相抵触的想法或不在团队中推广自己的想法。此外，道德型领导也通过在团队中倡导双向开放式沟通来区分自己，因为他们总是耐心地倾听下属心声，并鼓励下属表达自己的意见，这反过来又会刺激追随者提出新颖的想法以改进目前的工作步骤、方法和程序（Martins and Terblanche，2003）。以人为本的道德型领导尊重追随者的人权、尊严、人性和才能（Ciulla，2004），通过为追随者提供学习与工作相关的知识和技能的机会，将他们置于合适的岗位（Zhu et al.，2004）并鼓励他们将自己的才能转化为工作绩效。因此，员工将具备创新的知识、技能和能力，更有可能在工作中展现出创新行为。此外，道德型领导的追随者被赋予更大的自主权和对工作中的决策的影响力（Brown et al.，2005；De Hoogh and Den Hartog，2008；Oke et al.，2009），如自由、独立、对工作日程的决策，因此，他们将有更大的工作控制权（Piccolo et al.，2010），更少的可能会遇到妨碍他们提出、推广和实施新想法的工作限制。Le Pine 和 Van Dyne（1998）发现，工作自主权增加了员工为改善工作流程的建设性挑战行为。因此，本章期望个体感知的道德型领导与员工的创新工作行为正相关。

在团队层面，道德型领导包含不同的内涵，并与个体感知的道德型领导不同地预测员工的创新工作行为。Treviño 等（2003）指出，团队道德型领导集中关注团体的集体利益、组织的长期目标和利益相关者的利益，个体更有可能将团体的利益置于自己的前面（Bass and Steidlmeier，1999；Gini，1997；Kanungo and Mendonca，1996）并受到启发，参与创新以实现集体目标。当成员相信他们的领导者坚持尊重人性、重视才能和促进员工成长的以人为本导向时，他们更愿意培养、锻炼和利用自己的知识和能力来创新。因为道德型领导确实关心他们的最大利益，并希望看到他们表现良好，发挥他们的潜力（Brown et al.，2005），然后他们将执行更具创新性的工作行为（Mayer et al.，2009）。团队层面的道德型领导也可以是一种关系结构，可以增强团队内部成员之间的互动，因为整个团队成员都认为他们的领导者是道德的，他们会有集体认识，可以自由地交流彼此的看法，参与决策并且不必担心他们的观点或主张可能损害自身的地位、岗位等，这种心理安全的环境将使员工更多地提出、分享和应用他们的新颖想法（Walumbwa and Schaubroeck，2009）。所以本章提出以下假设。

H1：个体感知的道德型领导与创新工作行为正相关。

H2：团队道德型领导与员工的创新工作行为正相关。

### 4.2.5 个体内在动机的中介

在之前的研究中，个体内在动机作为连接情境因素和创造力的机制的作用已得到承认（Amabile et al.，1996），依据 CET，本章还研究了个体内在动机在道德型领导与创新工作行为之间的中介作用。根据 CET，工作的意义和影响将增加个体对工作的兴趣，而能力和自主的经验是内在动机的主要驱动力（Deci and Ryan，1985；Spreitzer et al.，1997），都会增强个体内在动机（Deci et al.，1999）。基于道德型领导的论证和定义，本章认为个体对道德型领导的感知和团队道德型领导能够激发个体内在动机。首先，道德型领导经常赋予工作意义，将道德标准嵌入工作，并强调任务对组织目标实现的影响（Zhu et al.，2004；Piccolo et al.，2010），追随者倾向于认为他们的工作更有意义、更重要、更具挑战性，这反过来大大增加了他们的内在动机（Amabile et al.，1996）。其次，当道德型领导的追随者有机会发展完成任务的能力以及发挥潜力时（Zhu et al.，2004），他们很可能会感受到更多的自我效能和能力，这体现了他们的内在动机得到增强。最后，道德型领导提供的在工作中的自主权（Piccolo et al.，2010）、影响以及控制等将显著提高员工的内在动机（Deci and Ryan，2000），因为提升了个体的自我决定水平（Spreitzer et al.，1997）。Jung 和 Sosik（2002）的研究也支持这种观点，即被授权的个体将发挥更多的内在动机。

同样，团队道德型领导也可以预测个体的内在动机，但本章认为团队道德型领导本质上以不同的方式激励个体，因为团队道德型领导极大地塑造了个体理解工作、同事、团队和工作环境的方式。团队成员对其道德型领导的共同信念将加强他们对工作的社会影响的理解，使他们更有可能认可自己的工作，并对工作产生更大的兴趣。团队道德型领导也改变了团队成员与同事关系的个体观点，道德型领导的诚实、正直和利他特征可以极大地改善团队中的人际关系，团队成员将更致力于帮助他人、更致力于合作、更自由地交换意见，因此他们可以更好地全神贯注于自己的工作而不考虑人际风险（Dutton，2003）和机会主义（Peters and Karren，2009），因此具有更高的内在动机。当道德型领导让团队成员感知到他们都受到公平的对待和关注，拥有自主权并有机会发挥才能时，将极大地激发成员在支持性团队氛围中所体验的自主性和能力。

就个体创新工作行为而言，内在动机一直被认为是员工创新的关键因素（Woodman et al.，1993）。Jung 等人（2003）指出，员工对任务的兴趣总是使他们能够寻找到新的更好的做事方式。当员工认为工作本身更有价值、更有意义和激励作用时，他们更有可能在工作中发挥创造力（Fuller et al.，2006），并且经历较少的压力或角色超载（Bolino and Turnley，2005）。具有内在动机的员工也更有可能将他们的动力转化为高水平的努力，从而获得更高的工作绩效，尤其是"需要创造力、认知灵活性和概念理解的任务"（Kehr，2004）。此外，有更多内在动机的员工在面对障碍时往往表现出更多的坚持（Deci and Ryan，2000；Grant，2008；Parker et al.，2006），他们被认为更专注于自己的任务（Deci and Ryan，2000），利用现有的知识（Parker et al.，1997）寻找解决问题的替代方法或非传统方法，以便他们进行更具创新性的工作行为。因此，本章认为内在动机在道德型领导和创新工作行为之间起中介作用。因此提出以下假设。

H3：个体内在动机在个体感知的道德型领导与创新工作行为的关系中起中介作用。

H4：个体内在动机在团队道德型领导与员工创新工作行为的关系中起中介作用。

### 4.2.6　团队内在动机的中介

为了捕捉团队道德型领导除了内在动机之外的其他影响个体创新工作行为的途径，本章还提出了团队内在动机的中介路径。由于团队内在动机在本章中被定义为成员为工作本身的利益而不是外在奖励工作的集体信念、取向和观点，本章认为团队道德型领导可能由于三个原因而增强团队内在动机。首先，团队道德型领导通过将工作影响和自主性纳入工作，极大地改变了团队成员对工作的客观和主观特征的看法；因此，整个团队将认为他们的工作具有重大社会影响并为组织目标做出很大贡献，其更有可能致力于工作并对工作感兴趣。其次，以高道德标准、正直、利他主义和诚实塑造整个团队的道德型领导将培养追随者的积极期望，提高其信任水平、促进帮助行为以及增强为组织的利益进行合作的意愿（Avolio et al.，2004）。因此，员工会撇开人际风险和对外部奖励的竞争，更加专注于团队的任务和合作，以完成团队目标（Kanungo and Conger，1993）。最后，团队道德型领导为团队设定了以人为本的基调，尊重下属的人格，并提供了发展和利用下属的才能来实现自己和组织目标的机会，追随者更有可能持有一种共同观点，即工作本身更具吸引力和回报，为工作的利益而更加努力。

团队内在动机可以被识别为促进个体创新工作行为的集体认知，并且在个体内在动机之外在团队道德型领导与创新工作行为的关系中起中介作用。当关于团队内在动机的一致性高时，个体被鼓励用新的方法来解决当前或即将发生的问题，挑战现有知识和既定假设（Carmeli and Gittell，2009），并将他们的想法应用于工作中以改进工作。创新本身被认为比团队中的薪水、职位和晋升等外部奖励更有价值。团队内在动机也为个体在团队中分享和推广新想法提供了条件，因为个体都有动力去理解工作和其挑战，他们更开放、更渴望接受新的想法，强烈的内在动机使他们在提出自己的想法或质疑他人的观点时减少了对声誉和地位可能受到潜在损害的恐惧（Jung et al.，2003；Zhou and Shalley，2003）。此外，团队内在动机还刺激个体学习和获得必需的与工作相关的知识、技能和能力。因此，具有较高团队内在动机的员工更有可能以创意生成和应用的形式表现出更多的创新工作行为。总而言之，本章预测团队内在动机中介团队道德型领导与创新工作行为之间的关系，并提出以下假设。

H5：团队内在动机在团队道德型领导与员工创新工作行为的关系中起中介作用。

# 4.3　方法

## 4.3.1　样本和程序

本章根据研究计划收集数据，该研究计划旨在调查两家跨国公司在中国的子公司的道德型领导，一家是中法合资汽车制造企业（A 公司），另一家是电信服务业中的私营企业（B 公司）。由于这两家公司规模庞大，我们可以更好地研究发达商业实体的道德型领导。虽然位于同一个城市，但两家公司没有业务联系，员工之间也是如此。由于本调查旨在调查所有员工的创新工作行为，我们选择了两个公司的行政部门（如人力资源管理部门、制造部门）和研发中心，这增强了解释力和研究发现的普适性。依据 George（1990）的做法，本章依据员工向同一主管报告来定义其工作组成员资格。在分发调查问卷之前，我们联系了两家公司的人力资源经理并获得了调查许可，然后，人力资源经理帮助我们打电话给两家公司的部门负责人，了解他们是否愿意参与调查并要求他们报告部门中愿意参与调查的团体数量。在确认之后，本章为每个领导者提供了未密封的信封，里面包括了给参与者提供的调查问卷，以及一封解释研究目的并提供保密性的说明信。领导者还被要求告知他们的下属何时进行纸质调查。本调查要求员工评估他们感知的道德型领导、内在动机和创新工作行为，并在完成后将问卷放入信封并密封，然后交给他们的领导。最后，工作单位领导将调查问卷返回给研究人员。

最初，我们向自愿参加的 40 个团队发送了 400 份员工问卷（平均每个单位 10 份员工问卷），向 A 公司的 26 个团队发送了 260 份员工问卷，向 B 公司的 14 个团队发送了 140 份员工问卷。回收过程结束后，我们从 A 公司的 22 个小组收集了 216 份员工问卷，从 B 公司的 12 个小组收集了 86 份员工问卷。这意味着，我们最终从 34 个小组获得了 302 份有效的员工问卷，总回复率为 75.5%。在数据集里的 302 名员工和 34 个团队中，200 名员工来自研发中心的 16 个团队，其他人来自行政部门。在员工中，63.9% 是男性，85% 的人拥有高等教育水平。员工的平均年龄为 31.7 岁（标准差为 7.32），平均组织任期为 7.32 年（标准差为 7.69）。

### 4.3.2 测量

该调查采用英文版翻译成的中文版量表。为了确保量表的可靠性和有效性，两名专业翻译人员被要求在"双盲原则"的指导下完成"翻译—回译"程序（Brislin，1980），然后是一位主管和四名员工受邀审查最初的中文调查表，并就修改提出建设性意见（Aryee and Chen，2006）。调查中的所有变量均采用李克特五点量表进行测量，得分范围为 1"非常不同意"至 5"非常同意"。

感知的道德型领导。本章采用了 Brown 等人（2005）量表中的 5 个条目来衡量员工感知的道德型领导。举例条目是"（我的领导者）为我们树立了如何以道德的方式做正确的事情"，量表的信度为 0.823。

个体内在动机。本章使用 Zhang 和 Bartol（2010）量表中的 3 个条目来衡量员工的内在动机。举例条目是"我喜欢为复杂问题找到解决方案"，量表的信度为 0.716。

创新工作行为。本章采用了 Scott 和 Bruce（1994）量表中的 3 个条目来评估员工的创新工作行为。举例条目是"我搜索新技术，流程，技巧和/或新产品创意"，量表的信度为 0.886。

我们将个体层面的道德型领导和个体内在动机的感知聚合到团队层

面的团队道德型领导和团队内在动机，因此团队道德型领导和团队内在
动机的测量与个体层面的测量相同。

控制变量。之前的研究发现，员工的性别和年龄对员工的创新工作
行为有一定的影响（Jung et al.，2003；Mumford et al.，2002），本章将
其确定为个体层面的控制变量。男性编码为 0，女性编码为 1，年龄用
阿拉伯数字编码。工作环境被认为是影响团队结果的合理因素（Hof-
mann et al.，2003），因此在团队层面作为控制变量。为了在团队层面
测量工作环境（job setting）的效果，我们对工作环境进行了编码，行
政部门的工作环境编码为 0，研发中心的工作环境编码为 1。

### 4.3.3　数据聚合

由于团队道德型领导和团队内在动机分别指团队成员对其团队的道
德型领导和内在动机的共同认知，本章将个体对道德型领导的看法和个
体内在动机进行聚合，以形成对团队道德型领导和团队内在动机的度量
（Edmondson，1999）。为了检验聚合的合理性，本章计算了组内一致性
（within-group agreement）（$r_{wg}$）（James et al.，1984）、组内相关性（ICC1）
和均值的信度（ICC2）（Bliese，2000）。在这项研究中，团队道德型领导
的 $r_{wg}$ 为 0.714，内在动机的 $r_{wg}$ 为 0.785，两者均高于 0.70 的临界值，
并且在团队内一致性方面表现良好（James et al.，1993）。对于团队道
德型领导，ICC1 值为 0.204、ICC2 值为 0.897（$p < 0.001$），而对于团队
内在动机，ICC1 值为 0.180、ICC2 值为 0.882（$p < 0.01$）。所有证据都表
明团队效应是显著的（$p < 0.01$）。总之，结果表明，在团队层面对团队
道德型领导和团队内在动机进行概念化和分析是具有统计学意义的。

### 4.3.4　分析策略

本章使用分层线性模型（HLM）（Bryk and Raudenbush，1992）检
验多层假设，并且多层中介分析程序遵循 Zhang 等人（2009）的建议。

本章采用完全最大似然估计参数，个体层面上的变量进行组均值中心化并且在团队层面上控制组均值，对团队层面上的变量进行总均值中心化。根据 Zhang 等人的说法（2009），个体内在动机对感知的道德型领导与创新工作行为之间关系的中介效应应该被划分为低层次中介模型（1-1-1 模型），团队道德型领导—个体内在动机—创新工作行为之间的关系应该被划分为跨层次中介效应低层次中介变量模型（2-1-1 模型），而团队内在动机对团队道德型领导与创新工作行为之间关系的中介作用被认为是跨层次中介效应高层次中介变量模型（2-2-1 模型）。所有的中介分析均按照 Baron 和 Kenny（1986）的建议进行，遵循以下四个条件：（1）自变量必须与因变量相关；（2）自变量必须与中介变量相关；（3）中介变量必须与因变量相关；（4）当包括自变量和中介变量时，自变量和因变量之间的直接关系应该变得更低（部分中介作用）或非显著（完全中介作用）。

## 4.4 结果

### 4.4.1 共同方法误差

由于本章中的数据全部来自员工，我们还应注意潜在的同源误差（CMB）可能会干扰变量之间的关系。因此，本章进行了三项测试来检查潜在的 CMB，即 Harman 单因子检验、控制未测量的潜在方法因子和校标变量。

在 Harman 单因子检验中，采用了验证性因子分析（CFA）来检验潜在的 CMB（Malhotra et al.，2006；Podsakoff et al.，2003），本章逐步将这些变量合并起来，并比较了模型之间的拟合优度来判断 CMB 是否在个体层面存在。结果表明，三因子模型（感知的道德型领导、个体内在动机和个体创新工作行为作为三个区分的变量）具有最佳拟合效果

（$\chi^2 = 86.48$，$df = 41$，CFI = 0.969，GFI = 0.949，RMR = 0.05，RMSEA = 0.061，AIC = 136.48）。它表明 CMB 不是一个严重的问题，三个构念也在统计学意义上是不同的。

对于"控制未测量的潜在方法因子"，本章也使用验证性因子分析来检查 CMB。基于三因子模型，本章添加了一个名为"CMB"的额外潜变量（四因子模型），它同时负载了三个个体层面构念的所有的条目。结果表明，四因子模型也拟合较好（$\chi^2 = 86.484$，$df = 41$，$\chi^2/df = 2.323$，CFI = 0.969，GFI = 0.957，RMR = 0.06，RMSEA = 0.066，AIC = 142.017）；然而，比较三因子模型和四因子模型，三因子模型具有更好的拟合优度，这表明 CMB 并不严重。

"校标变量"方法也被用于检查 CMB（Podsakoff et al.，2003；Lindell and Whitney，2001）。根据 Lindell 和 Whitney（2001）的建议，本章将中国人的传统性作为"校标变量"，然后，计算了部分相关性调整中 rs 的值及其显著性，创新工作行为与道德型领导（自变量）的零阶相关性为 0.283（$p < 0.001$），内在动机（中介）与创新工作行为的零阶相关性为 0.523（$p < 0.001$）。结果表明，尽管考虑了对潜在 CMB 的调整，但理论关系正如本章所假设的那样仍然是正面的，并且是显著的。

总而言之，本章认为 Harman 单因子检验、控制未测量的潜在方法因子和校标变量的结果表明，CMB 尽管在本章中有可能出现，但并不严重。

### 4.4.2　描述性统计

个体层面和团队层面的均值、标准差和相关系数如表 4 - 1 所示。在个体层面，创新工作行为与感知的道德型领导（$r = 0.286$，$p < 0.01$）和个体内在动机正相关（$r = 0.525$，$p < 0.01$），个体内在动机与感知的道德型领导呈正相关（$r = 0.243$，$p < 0.01$）。在团队层面，团队内在动机与团队道德型领导并不显著相关（$r = 0.275$，$n. s$）。

表 4 - 1　个体层面和团队层面的均值、标准差和相关系数

| 变量 | 均值 | 标准差 | 1 | 2 | 3 | 4 | 5 |
|---|---|---|---|---|---|---|---|
| 个体层面 | | | | | | | |
| 性别 | 1.290 | 0.457 | | | | | |
| 年龄 | 31.72 | 6.791 | 0.114* | | | | |
| 感知的道德型领导 | 3.442 | 0.788 | -0.040 | -0.112 | 1 (0.823) | | |
| 个体内在动机 | 3.665 | 0.663 | -0.045 | -0.071 | 0.243** | 1 (0.716) | |
| 创新工作行为 | 3.835 | 0.701 | -0.063 | 0.005 | 0.286** | 0.525** | 1 (0.886) |
| 团队层面 | | | | | | | |
| 工作环境（分类） | 0.471 | 0.506 | | | | | |
| 团队道德型领导 | 3.476 | 0.395 | 0.014 | | | | |
| 团队内在动机 | 3.670 | 0.330 | -0.005 | 0.275 | | | |

注：$n_{个体}$ = 302，$n_{团队}$ = 34，* $p < 0.05$，** $p < 0.01$，*** $p < 0.001$，构念的信度（Cronbach's alpha）在括号中。

### 4.4.3　假设检验

个体层面的 1 - 1 - 1 模型、2 - 1 - 1 模型和 2 - 2 - 1 模型的中介结果分别显示在表 4 - 2、表 4 - 3 和表 4 - 4 中。如表 4 - 2 所示，在控制了性别和年龄的影响后，员工感知的道德型领导与模型 1 中的创新工作行为正相关（$r = 0.236$，$p < 0.001$），因此支持假设 1。此外，员工感知的道德型领导与个体的内在动机正相关（$r = 0.211$，$p < 0.05$）。当我们将个体内在动机（中介变量）添加到模型 2 中时，员工对道德型领导的感知对员工创新工作行为的影响减小（$r = 0.153$，$p < 0.01$），而个体内在动机与创新工作行为正相关（$r = 0.484$，$p < 0.001$）。根据 Baron 和 Kenny（1986）的程序，部分中介作用成立，因此支持假设 3。

至于 2 - 1 - 1 模型，根据表 4 - 3 所示的结果，当我们控制团队层面的工作环境的影响时，团队道德型领导与模型 1 中的创新工作行为正相关（$r = 0.406$，$p < 0.01$），它为假设 2 提供了支持。本章还发现，团队道德型领导与个体内在动机呈正相关（$r = 0.330$，$p < 0.01$）。在加入

个体内在动机后，团队道德型领导与创新工作行为之间的关系变得不显著 ($r = 0.208$，$n.s.$)，而个体内在动机与员工的创新工作行为正相关 ($r = 0.642$，$p < 0.01$)，表明完全中介作用得到了证实并且支持假设 4。

最后，本章检验了表 4 - 4 中团队道德型领导与创新工作行为之间的团队内在动机的中介作用。当我们对团队内在动机和团队道德型领导进行回归时，结果表明团队道德型领导与团队内在动机之间的关系是边缘显著的 ($r = 0.230$，$p < 0.12$)。当我们加入团队内在动机时，团队道德型领导与创新工作行为之间的正向关系减弱 ($r = 0.235$，$p < 0.1$)，而团队内在动机与员工的创新工作行为正相关 ($r = 0.512$，$p < 0.01$)。这表明了团队内在动机的部分中介作用，并支持假设 5。

### 4.4.4 间接效应

继 Farh 等人（2007）之后，本章应用 Sobel 检验来计算多级中介模型中介效应的间接影响。如表 4 - 5 所示，1 - 1 - 1 模型的间接效应为 0.102 ($p < 0.01$)，2 - 1 - 1 模型的间接效应为 0.193 ($p < 0.05$)，而 2 - 2 - 1 模型的间接效应为 0.118 ($p < 0.1$)。结果表明，中介变量的间接效应是积极并显著的，为假设 3 到假设 5 提供了更多的证据。

表 4 - 2　HLM 预测创新工作行为：低层次中介（1 - 1 - 1 模型）

| 变量 | 零模型 | 模型 1 | 模型 2 |
|---|---|---|---|
| $\gamma_{00}$ | 3.849（0.054）*** | 3.851（0.050）*** | 3.845（0.039）*** |
| 性别 | | - 0.108（0.088） | - 0.066（0.078） |
| 年龄 | | 0.003（0.006） | 0.006（0.006） |
| 感知的道德型领导 | | 0.236（0.062）*** | 0.153（0.057）** |
| 个体内在动机 | | | 0.484（0.059）*** |
| 个体层面方差（$\sigma^2$） | 0.447 | 0.407 | 0.320 |
| 团队层面方差（$\tau$） | 0.043 | 0.031 | 0.012 |
| 解释方差比例 | | 0.089 | 0.214 |

续表

| 变量 | 零模型 | 模型 1 | 模型 2 |
|------|--------|--------|--------|
| 偏差（$df$） | 635.091（33） | 624.855（24） | 551.423（19） |

注：$n_{个体} = 302$，$n_{团队} = 34$，$^{**} p < 0.01$，$^{***} p < 0.001$，估计的标准差在括号中。

**表 4 - 3　HLM 预测创新工作行为：跨层次低层次中介（2 - 1 - 1 模型）**

| 变量 | 零模型 | 模型 1 | 模型 2 |
|------|--------|--------|--------|
| $\gamma_{00}$ | 3.849（0.054）$^{***}$ | 3.851（0.051）$^{***}$ | 3.841（0.043）$^{***}$ |
| 工作环境（分类） | | 0.009（0.101） | -0.030（0.084） |
| 团队道德型领导（$L_2$） | | 0.406（0.125）$^{**}$ | 0.208（0.125） |
| 个体内在动机（$L_1$） | | | 0.642（0.158）$^{**}$ |
| 个体层面方差（$\sigma^2$） | 0.447 | 0.445 | 0.441 |
| 团队层面方差（$\tau$） | 0.043 | 0.029 | 0.006 |
| 解释方差比例 | | 0.326 | 0.793 |
| 偏差（$df$） | 635.091（33） | 631.6156（31） | 621.612（30） |

注：$n_{个体} = 302$，$n_{团队} = 34$，$^{**} p < 0.01$，$^{***} p < 0.001$，估计的标准差在括号中。

**表 4 - 4　HLM 预测创新工作行为：跨层次高层次中介（2 - 2 - 1 模型）**

| 变量 | 零模型 | 模型 1 | 模型 2 |
|------|--------|--------|--------|
| $\gamma_{00}$ | 3.849（0.054）$^{***}$ | 3.851（0.051）$^{***}$ | 3.842（0.041）$^{***}$ |
| 工作环境（分类） | | 0.009（0.101） | -0.020（0.079） |
| 团队道德型领导（$L_2$） | | 0.406（0.125）$^{**}$ | 0.235（0.132）$^{+}$ |
| 团队内在动机（$L_2$） | | | 0.512（0.051）$^{**}$ |
| 个体层面方差（$\sigma^2$） | 0.447 | 0.445 | 0.442 |
| 团队层面方差（$\tau$） | 0.043 | 0.029 | 0.007 |
| 解释方差比例 | | 0.326 | 0.759 |
| 偏差（$df$） | 635.091（33） | 631.6156（31） | 620.698（29） |

注：$n_{个体} = 302$，$n_{团队} = 34$，$^{+} p < 0.1$，$^{**} p < 0.01$，$^{***} p < 0.001$，估计的标准差在括号中。

表 4 - 5　Sobel 检验间接效应

| | $r_a$ | $r_b$ | $s_a$ | $s_b$ | $ab$ | $t$ | 标准差 | $p$ - 值 |
|---|---|---|---|---|---|---|---|---|
| 1 - 1 - 1 模型 | 0.211 | 0.484 | 0.074 | 0.059 | 0.102 | 2.693 | 0.038 | $p < 0.01$ |
| 2 - 1 - 1 模型 | 0.330 | 0.642 | 0.115 | 0.158 | 0.193 | 2.344 | 0.090 | $p < 0.05$ |
| 2 - 2 - 1 模型 | 0.230 | 0.512 | 0.139 | 0.051 | 0.118 | 1.641 | 0.072 | $p < 0.1$ |

## 4.5　讨论

### 4.5.1　理论贡献

依据 CET，本章探讨个体层面感知的道德型领导和团队层面的道德型领导如何通过内在动机的中介影响个体创新工作行为，内在动机被概念化为个体内在动机和团队内在动机。结果表明，感知的道德型领导和团队道德型领导都与个体创新工作行为正相关，个体内在动机则在感知的道德型领导与创新工作行为的关系中起部分中介作用，并在团队道德型领导和创新工作行为的关系中起完全中介作用。此外，本章的研究还支持团队内在动机在团队道德型领导与个体创新工作行为之间起部分中介作用。

结果表明，个体层面感知的道德型领导和团队层面的道德型领导能够显著预测个体的创新工作行为。这与 Kalshoven 等人（2011）的观点一致，即道德型领导是个体工作绩效的有效前因，并证实道德型领导确实会影响员工在工作场所的态度和行为（Zhu et al.，2004；Brown et al.，2005；De Hoogh and Den Hartog，2008；Mayer et al.，2009）。道德型领导与个体创新工作行为之间的积极关系也表明，当道德型领导将其道德价值观纳入工作，强调工作对组织和社会的影响，鼓励团队中的开放式沟通，尊重每一位员工，刺激他们释放自己的潜力并为他们提供自主权和发声机会时（Brown and Treviño，2006），员工更有可能展现创新工作行为,不仅在他们单独感知到时,作为集体信念分享时也是如此。此外,结果还提供了关于两个层面的道德型领导对个体创新工作行为的不同影响的证据。由于团队道德型领导(r = 0.406)对个体创新工作行为的影响大于个体感知的道德型领导对创新工作行为的影响(r = 0.236),因此它回应了领导力本质上是一个团队过程,并且未来应该在团队层面进行概念化和操作化。这也可能归因于本章的中国雇员样本,他们是集体主义者,更有可能认同自己的团队成员身份并受到集体信仰、规范和实践的影响。

本章的研究结果还支持个体内在动机在感知的道德型领导与员工创新工作行为之间,以及团队道德型领导与创新工作行为之间的中介作用。许多现存的研究证明了内在动机在预测和促进创新工作行为中的作用。本章扩展了现有文献,因为本章探索并证实了道德型领导的动机,不同于社会交换理论(Brown et al., 2005; Mayer et al., 2009)将道德型领导看作一个社会交换过程的影响,本章重点关注道德型领导如何通过引导员工从工作中获得利益而不是外部奖励来增强个体的创新工作行为。当他们单独感知到或集体认同领导者是道德的时候,道德型领导的下属更有可能在工作中感受到工作影响、自主权和工作能力(Mayer et al., 2009; Piccolo et al., 2010)。根据 CET,他们将具有更高水平的内在动机,这表明道德、社会责任、尊重人性、关注个体和开放交流可能是内在动机的源泉(Spreitzer, 1995)。然后,被内部激励的个体将展现出更多的创新工作行为,因为他们在工作中体验到更多的兴奋、精力、注意力(Amabile et al., 1996)、承诺和创造力(Gagne and Deci, 2005)。然而,本章仅部分支持个体内在动机在感知的道德型领导与创新工作行为之间的中介作用,这表明除了内在动机之外,可能还有其他机制可以解释这一过程。

此外,本章还证明团队内在动机对团队道德型领导与个体创新工作行为之间关系的部分中介作用,这与先前的论点是一致的,团队层面的领导可以通过塑造团队氛围和工作环境来影响个体的工作态度和行为。作为在团队层面概念化的道德型领导的构念，团队道德型领导不仅通过个体内在动机，而且通过培养团队内在动机来影响创新工作行为。随着团队道德型领导改变团队中的工作性质，团队将具有更多的挑战、影响和自主性，为团队人际关系奠定基调，这种关系以合作、心理安全和信任为特征，并有助于形成共同观点，即个体因为他们的才能和工作表现，而不是外部奖励被赞赏，员工更有可能在团队中建立团队内在动机感知和认识，这反过来又使创新工作行为增加。此外，Sobel 检验表明，个体内在动机确实在团队道德型领导与创新工作行为之间的关系中发挥了比团队内在动机更大的影响。这表明，当个体进行创新工作行为时，他们更有可能受到个体动机的影响而不是团队共享的内在动机的影响。

本章中理论和方法上的优势增加了我们对结果的信心。首先，本章将道德型领导在个体层面和团队层面概念化，以更好地反映构念，并探索道德型领导与个体创新工作行为的关系以及潜在的机制。其次，本章建立了多层次模型并利用 HLM，通过检验个体内在动机和团队内在动机的中介作用，来研究个体层面和团队层面的道德型领导如何与创新工作行为相关联。再次，本章的样本包括两家不同的大公司，以避免自我选择偏见。最后，现有研究很少考察中国的道德型领导与员工产出之间的关系，而中国特别强调道德、责任和创新（Walumbwa et al.，2011）。因此，本章通过展示道德型领导和创新工作行为的普遍性以及外部效度拓展了以往研究，这两者最初都是在西方文化背景下开发和研究的。

本章的研究还提供了一些重要的实际意义。首先，由于个体对道德型领导的感知和团队道德型领导都被证明可以促进员工的创新工作行为，因此建议管理者发展道德型领导风格：强调工作中的道德，尊重追随者的本性、尊严，充分授权和丰富工作意义，鼓励追随者提出新的想法并付诸实践。在团队中践行道德型领导时，领导者们不仅应该关注下属感知到的领导风格对工作绩效的影响，而且还要塑造整个团队的道德型领导风格的集体一致性，这种一致性比个体感知的预测能力更强。其次，本章还发现道德型领导与两个层面的内在动机正相关，并通过内在动机的中介作用促进了创新工作行为。至于个体对道德型领导和团队道德型领导的感知，这意味着要提高员工的创新工作行为。一方面，道德型领导应该更多地通过将注意力从外部回报转移到工作本身的趣味、挑战以及重要性来平衡追随者的内在动机。另一方面，他们可以为整个团队设定基调，以建立团队内在动机，鼓励团队成员专注于任务和团队合作的利益而不是外部奖励。

### 4.5.2　局限和未来展望

本章存在一些局限性。首先，虽然统计检验表明研究中的 CMB 没有那么严重，但本章仍然建议应该谨慎解释所有结果，因为自我报告的数据可能导致 CMB。并且，本章建议未来的研究应该收集不同来源的变量和因变量的数据，以减少 CMB。其次，本章的横截面设计使我们无法捕捉到变量之间的真实因果关系并为发现提供替代解释，因此必须进行纵向研究来探讨本次调查中提出的关系的潜在机制。

本章的研究还从几个方面为未来的研究提供了一些启示。首先，本章从内在动机的角度探讨道德型领导如何影响个体创新工作行为，而未来的研究应该进一步纳入其他中介甚至调节变量，如自我效能、内部控制、人格等。其次，由于我们在中国选择样本，研究结论的外部有效性受到限制。因此，我们希望学者能够在具有不同于中国文化或背景的其他国家复制这项研究，以检验和加强本章的有效性和普遍性。最后，随着中国道德型领导研究的涌现，考虑到中国的社会现实和文化特殊性，我们主张更多研究扎根于中国的道德型领导，并将中国文化特征纳入研究。

### 参考文献

Amabile, T. M. (1993). Motivational synergy: Toward new conceptualizations of intrinsic and extrinsic motivation in the workplace. *Human Resource Management Review*, 3（3），185 – 201.

Amabile，T. M.，Conti，R.，Coon，H.，Lazenby，J.，& Herron，M.（1996）. Assessing the work environment for creativity. *Academy of Management Journal*，39（5），1154 – 1184.

Amabile，T. M.，Hill，K. G.，Hennessey，B. A.，& Tighe，E.（1994）. The work preference inventory：Assessing intrinsic and extrinsic motivational orientations. *Journal of Personality and Social Psychology*，66（5），950 – 967.

Aryee，S.，& Chen，Z. X.（2006）. Leader-member exchange in aChinese context：Antecedents，the mediating role of psychological empowerment and outcomes. *Journal of Business Research*，59（7），793 – 801.

Avolio，B. J.，Gardner，W. L.，Walumba，F. O.，Luthans，F.，& May，D. R.（2004）. Unlocking the mask：A look at the process by which authentic leaders impact follower attitudes and behaviors. *Leadership Quarterly*，15，810 – 823.

Baron，R. M.，& Kenny，D. A.（1986）. The moderator-mediator variable distinction in social psychological research：Conceptual，strategic，and statistical considerations. *Journal of Personality and Social Psychology*，51（6），1173 – 1182.

Bass，B. M.，& Steidlmeier，P.（1999）. Ethics，character，and authentic transformational leadership behavior. *Leadership Quarterly*，10（2），181 – 218.

Bliese，P. D.（2000）. Within-group agreement，non-independence，and reliability：Implications for data aggregation and analyses. In K. J. Klein & S. W. J. Kozlowski（eds.）. *Multilevel theory，research，and methods in organizations：Foundations，extensions，and new directions*（pp. 349 – 381）. San Francisco：Jossey-Bass.

Bolino，M. C.，& Turnley，W. H.（2005）. The personal costs of citizenship behavior：The relationship between individual initiative and role overload，job stress，and work-family conflict. *Journal of Applied Psychology*，90（4），740 – 748.

Brislin，R. W.（1980）. Translation and content analysis of oral and written materials. In H. C. Triandis & J. W. Berry（eds.）. *Handbook of cross-cultural psychology*（pp. 389 – 444）. Boston：Allyn and Bacon.

Brown，M. E.，& Treviño，L. K.（2006）. Ethical leadership：A review and future directions. *Leadership Quarterly*，17（6），595 – 616.

Brown, M. E. , Treviño, L. K. , & Harrison, D. A. (2005). Ethical leadership: A social learning perspective for construct development and testing. *Organizational Behavior and Human Decision Processes*, 97 (2), 117 – 134.

Bryk, A. S. , & Raudenbush, S. W. (1992). *Hierarchical linear models: Applications and data analysis methods.* Newbury Park: SAGE.

Carmeli, A. , & Gittell, J. H. (2009). High-quality relationships psychological safety, and learning from failures in work organizations. *Journal of Organizational Behavior*, 30, 709 – 729.

Ciulla, J. B. (2004). Ethics: *The heart of leadership* (*2nd ed.*). Westbury, CT: Quorum Books.

De Hoogh, A. H. B. , & Den Hartog, D. N. (2008). Ethical and despotic leadership, relationships with leader's social responsibility, top management team effectiveness and subordinates' optimism: A multi-method study. *Leadership Quarterly*, 19 (3), 297 – 311.

De Jong J. P. J. (2006). Individual innovation: The connection between leadership and employees' innovative work behavior. Paper provided by EIM business and policy research in its series scales research reports with number R200604. Retrieved October 24, 2007, from http://www. entrepreneurship-sme. eu/pdf-ez/R200604. pdf.

De Jong, J. P. J. , & Den Hartog, D. N. (2007). How leaders influence employees' innovative behavior. *Europe Journal of Innovative Management*, 10 (1), 41 – 64.

Deci, E. L. (1975). *Intrinsic motivation.* New York: Plenum.

Deci, E. L. (1976). Notes on the theory and metatheory of intrinsic motivation. *Organizational Behavior and Human Performance*, 15, 130 – 145.

Deci, E. L. , Cascio, W. F. , & Krusell, J. (1975). Cognitive evaluation theory and some comments on the Calder and Staw critique. *Journal of Personality and Social Psychology*, 31, 81 – 85.

Deci, E. L. , Koestner, R. , & Ryan, R. M. (1999). A meta-analytic review of experiments examining the effects of extrinsic rewards on intrinsic motivation. *Psychological Bulletin*, 125 (6), 627 – 668.

Deci, E. L. , & Porac, J. F. (1978). Intrinsic motivation and cognitive evaluation theory. In M. Lepper & D. Greene (eds. ). *The hidden costs of rewards.* Hillsdale, NJ: Erlbaum.

Deci, E. L. , & Ryan, R. M. (1985). *Intrinsic motivation and self determination in human behavior.* New York: Plenum.

Deci, E. L. , & Ryan, R. M. (2000). The "what" and "why" of goal pursuits: human needs and the self-determination of behavior. *Psychological Inquiry*, 11, 227 – 268.

Dutton, J. E. (2003). *Energize your workplace: How to build and sustain high-quality connections at work.* San Francisco: JosseyBass Publishers.

Edmondson, A. C. (1999). Psychological safety and learning behavior in work teams. *Administrative Science Quarterly*, 44 (2), 350 – 383.

Farh, J. L. , Hackett, R. D. , & Liang, J. (2007). Individual-level cultural values as moderators of perceived organizational support-employee outcomes relationship in China: Comparing the effects of power distance and traditionality. *Academy of Management Journal*, 50 (3), 715 – 729.

Fuller, J. B. , Marler, L. E. , & Hester, K. (2006). Promoting felt responsibility for constructive change and proactive behavior: Exploring aspects of an elaborated model of work design. *Journal of Organizational Behavior*, 27 (8), 1089 – 1120.

Gagne, M. , & Deci, E. L. (2005). Self-determination theory and work motivation. *Journal of Organizational Behavior*, 26 (4), 331 – 362.

Gardner, W. L. , Avolio, B. J. , Luthans, F. , May, D. R. , & Walumbwa, F. (2005). "Can you see the real me?" A self-based model of authentic leader and follower development. *The Leadership Quarterly*, 16 (3), 343 – 372.

George, J. M. (1990). Personality, affect, and behavior in groups. *Journal of Applied Psychology*, 75 (2), 107 – 116.

Gini, A. (1997). Moral leadership: A review. *Journal of Business Ethics*, 16, 323 – 330.

Grant, A. (2008). Does intrinsic motivation fuel the prosocial fire? Motivational synergy in predicting persistence, performance, and productivity. *Journal of Applied Psychology*, 93 (1), 48 – 58.

Hackman, J. R. , & Oldham, G. R. (1976). Motivation through the design of work: Test of a theory. *Organizational Behavior & Human Performance*, 16, 250 – 279.

Hofmann, D. A. , Morgesonm, F. P. , & Gerras, S. J. (2003). Climate as a moderator of the relationship between leader-member exchange and content specific citizenship: Safety climate as an exemplar. *Journal of Applied Psychology*, 88 (1), 170 – 178.

Ireland, R. D., & Hitt, M. A. (2005). Achieving and maintaining strategic competitiveness in the 21st century: The role of strategic leadership. *Academy of Management Executive*, 19 (4), 63 – 77.

James, L. R., Choi, C. C., Ko, C. H. E., McNeil, P. K., Minton, M. K., & Wright, M. A. (2008). Organizational and psychological climate: A review of theory and research. *European Journal of Work and Organizational Psychology*, 17 (1), 5 – 32.

James, L. R., Demaree, R. G., & Wolf, G. (1984). Estimating withingroup interrater reliability with and without response bias. *Journal of Applied Psychology*, 69, 85 – 98.

James, L. R., Demaree, R. G., & Wolf, G. (1993). rwg: An assessment of within-group interrater agreement. *Journal of Applied Psychology*, 78 (2), 306 – 309.

Janssen, O. (2000). Job demands, perceptions of effort-reward fairness and innovative work behavior. *Journal of Occupational and Organizational Psychology*, 73 (3), 287 – 302.

Janssen, O. (2003). Innovative behaviour and job involvement at the price of conflict and less satisfaction with co-workers. *Journal of occupational and organizational psychology*, 76 (3), 347 – 364.

Janssen, O. (2005). The joint impact of perceived influence and supervisor supportiveness on employee innovative behavior. *Journal of occupational and Organizational psychology*, 78 (4), 573 – 579.

Jung, D. I., Chow, C., & Wu, A. (2003). The role of transformational leadership in enhancing organizational innovation: Hypotheses and some preliminary findings. *Leadership Quarterly*, 14 (4 – 5), 525 – 544.

Jung, D. I., & Sosik, J. (2002). Transformational leadership in work groups: The role of empowerment, cohesiveness and collective efficacy on perceived group performance. *Small Group Research*, 33 (3), 313 – 336.

Kalshoven, K., Den Hartog, D. N., & De Hoogh, A. H. B. (2011). Ethical leadership at work (ELW): Development and validation of a multidimensional measure. *Leadership Quarterly*, 22 (1), 51 – 69.

Kanungo, R. N., & Conger, J. A. (1993). Promoting altruism as a corporate goal. *Academy of Management Executive*, 7 (3), 37 – 48.

Kanungo, R. N. , & Mendonca, M. （1996）. *Ethical dimensions of leadership.* Thousand Oaks, CA: SAGE.

Kehr, H. M. （2004）. Integrating implicit motives, explicit motives, and perceived abilities: The compensatory model of work motivation and volition. *Academy of Management Review*, 29 （3）, 479 – 499.

Le Pine, J. A. , & Van Dyne, L. （1998）. Predicting voice behavior in work groups. *Journal of Applied Psychology*, 83 （6）, 853 – 868.

Liao, H. , & Chuang, A. （2007）. Transforming service employees and climate: A multilevel, multisource examination of transformational leadership in building long-term service relationships. *Journal of Applied Psychology*, 92 （4）, 1006 – 1019.

Liao, H. , & Rupp, D. E. （2005）. The impact of justice climate and justice orientation on work outcomes: A cross-level multifoci framework. *Journal of Applied Psychology*, 90, 242 – 256.

Lindell, M. K. , & Whitney, D. J. （2001）. Accounting for common method variance in cross sectional research designs. *Journal of Applied Psychology*, 86 （1）, 114 – 121.

Malhotra, N. K. , Kim, S. S. , & Patil, A. （2006）. Common method variance in IS research: A comparison of alternative approaches and a reanalysis of past research. *Management Science*, 52 （12）, 1865 – 1883.

Martins, E. C. , & Terblanche, F. （2003）. Building organisational culture that stimulates creativity and innovation. *European journal of innovation management*, 6 （1）, 64 – 74.

Mayer, D. M. , Kuenzi, M. , Greenbaum, R. , Bardes, M. , & Salvador, R. （2009）. How low does ethical leadership flow? Test of a trickle-down model. *Organizational Behavior and Human Decision Processes*, 108 （1）, 1 – 13.

Mumford, M. D. , Scott, G. M. , Gaddis, B. , & Strange, J. M. （2002）. Leading creative people: Orchestrating expertise and relationships. *The Leadership Quarterly*, 13, 705 – 750.

Naumann, S. E. , & Bennett, N. （2000）. A case for procedural justice climate: Development and test of a multilevel model. *Academy of Management Journal*, 43, 881 – 889.

Oke, A. , Munshi, N. , & Walumbwa, F. O. （2009）. The influence of leadership on innovative processes and activities. *Organizational Dynamics*, 38 （1）, 64 – 72.

Oldham, G. R., & Cummings, A. (1996). Employee creativity: Personal and contextual factors at work. *Academy of Management Journal*, 39 (3), 607 – 655.

Parker, S. K., Wall, T. D., & Jackson, P. R. (1997). "That is not my job": Developing flexible employee work orientations. *Academy of Management Journal*, 40 (4), 899 – 929.

Parker, S. K., Williams, H. M., & Turner, N. (2006). Modeling the antecedents of proactive behavior at work. *Journal of Applied Psychology*, 91 (3), 636 – 652.

Peters, L., & Karren, R. (2009). An examination of the roles of trust and functional diversity on virtual team performance ratings. *Group and Organization Management*, 34 (4), 479 – 504.

Piccolo, R., Greenbaum, R., Den Hartog, D., & Folger, R. (2010). The relationship between ethical leadership and core job characteristics. *Journal of Organizational Behavior*, 31 (2 – 3), 259 – 278.

Podsakoff, P. M., MacKenzie, S. B., Lee, J. Y., & Podsakoff, N. P. (2003). Common method biases in behavioral research: A critical review of the literature and recommended remedies. *Journal of applied psychology*, 88 (5), 879 – 903.

Resick, C. J., Hanges, P. J., Dickson, M. W., & Mitchelson, J. K. (2006). A cross-cultural examination of the endorsement of ethical leadership. *Journal of Business Ethics*, 63 (4), 345 – 359.

Ryan, R. M., & Deci, E. L. (2000). Self-determination theory and the facilitation of intrinsic motivation, social development, and wellbeing. *American Psychologist*, 55 (1), 68 – 78.

Scott, S., & Bruce, R. (1994). The influence of leadership, individual attributes, and climate on innovative behavior: A model of individual innovation in the workplace. *Academy of Management Journal*, 37 (3), 580 – 607.

Spreitzer, G. M. (1995). Psychological empowerment in the workplace: Dimensions, measurement, and validation. *Academy of Management Journal*, 38 (5), 1442 – 1465.

Spreitzer, G. M., Kizilos, M., & Nason, S. (1997). A dimensional analysis of the relationship between psychological empowerment and effectiveness, satisfaction, and strain. *Journal of Management*, 23 (5), 679 – 704.

Treviño, L. K., & Brown, M. E. (2004). Managing to be ethical: Debunking five business ethics myths. *Academy of Management Executive*, 18 (2), 69 – 81.

Treviño, L. K. , Brown, M. E. , & Hartman, L. P. (2003). A qualitative investigation of perceived executive ethical leadership: Perceptions from inside and outside the executive suite. *Human Relations*, 56 (1), 5 – 37.

Tushman, M. L. , & Nelson, R. R. (1990). Introduction: Technology, organizations and innovation. *Administrative Science Quarterly*, 35 (1), 1 – 18.

Van der Vegt, G. S. , & Janssen, O. (2003). Joint impact of interdependence and group diversity on innovation. *Journal of Management*, 29, 729.

Walumbwa, F. O. , & Schaubroeck, J. (2009). Leader personality traits and employee voice behavior: Mediating roles of ethical leadership and work group psychological safety. *Journal of Applied Psychology*, 94 (5), 1275 – 1286.

Walumbwa, F. O. , Mayer, D. M. , Wang, P. , Wang, H. , Workman, K. , & Christensen, A. L. (2011). Linking ethical leadership to employee performance: The roles of leader-member exchange, self-efficacy, and organizational identification. *Organizational Behavior and Human Decision Processes*, 115 (2), 204 – 213.

Woodman, R. W. , Sawyer, J. E. , & Griffen, R. W. (1993). Toward a theory of organizational creativity. *Academy of Management Journal*, 18 (2), 293 – 321.

Zhang, X. M. , & Bartol, K. M. (2010). Linking empowering leadership and employee creativity: The influence of psychological empowerment, intrinsic motivation, and creative process engagement. *Academy of Management Journal*, 53 (1), 107 – 128.

Zhang, Z. , Zyphur, M. J. , & Preacher, K. J. , (2009). Testing multilevel mediation using hierarchical linear models. *Organizational Research Methods*, 12 (4), 695 – 719.

Zhou, J. , & Shalley, C. E. (2003). Research on employee creativity: A critical review and proposal for future research directions. In J. J. Martocchio & G. R. Ferris (eds. ). *Research in personnel and human resource management*. Oxford: Elsevier.

Zhu, W. , May, D. R. , & Avolio, B. J. (2004). The impact of ethical leadership behavior on employee outcomes: The roles of psychological empowerment and authenticity. *Journal of Leadership & Organizational Studies*, 11 (1), 16 – 26.

# 第5章 道德型领导与团队层面创造力<sup>*</sup>

＊ 本章内容详见 Tu, Y., Lu, X., Choi, J., Guo, W. (2019) . Ethical leadership and team-
level creativity: the mediation of psychological safety climate and moderation of supervisory support
for creativity. *Journal of Business Ethics*, 159 (2), 551 – 565。

**导　读**：本章探讨了道德型领导如何以及何时预测团队层面创造力的三种形式，即团队创造力、成员创造力均值以及成员创造力离散。该结果基于来自中国组织的 44 个知识工作团队的 230 名成员，表明了道德型领导与团队创造力和成员创造力均值正相关，但与成员创造力离散负相关。与不确定性减少理论的预测一致，心理安全氛围在道德型领导与团队层面创造力的三种形式的关系中起中介作用。此外，主管对创造力的支持通过心理安全氛围积极地调节了道德型领导对心理安全氛围的影响以及道德型领导对三种形式的团队层面创造力的间接影响。此分析还提供了对组织中的道德型领导和创造力具有重要的理论和实践意义的讨论。

**关键词**：道德型领导　心理安全氛围　主管对创造力的支持
团队创造力　成员创造力均值　成员创造力离散

# 5.1　问题的提出

团队已经成为促进当代组织创造力的主要手段（Farh et al.，2010；Gino et al.，2010）。以往研究发现了工作团队创造力的各种预测因素，例如成员多样性、团队氛围以及成员之间的人际交换（Hülsheger et al.，2009）。工作团队间和工作团队内的创造力也受到各种形式领导力的显著影响，例如转换型领导、支持性领导和授权型领导（Eisenbeiss et al.，2008；Shin and Zhou，2003；Zhang and Bartol，2010）。学者最近证实，道德型领导能够增强个人创造力（Chen and Hou，2016；Tu and Lu，2013）。随着当代组织中商业道德的重要性日益增加，了解领导者如何在提高员工创造力的同时，改善工作场所的道德实践变得越来越重要，因为这两者都是关键商业成果的组成部分。因此，本章从理论上阐述了道德型领导为何以及何时增强了工作团队间和工作团队内的创造力。

道德型领导可以通过解决员工在做出创造性努力时面临的不确定性来提高员工的创造力，因为他们建立了一个以可预测性和正直为特征的工作环境，从而降低了从事主动行为的员工的社会风险（Loi et al.，2012）。为了进一步确定道德型领导作为团队层面创造力预测因素的效用，本章在团队层面确定了创造力的不同形式。本章遵循 Sacramento 等人（2015）的建议并使用三种不同的模型概念化团队层面的创造力（Chan，1998；Kozlowski and Klein，2000）：（1）参照—转移一致模型（the referent-shift consensus model），将团队层面的创造力概念化为团队的整体创造力水平（团队创造力）；（2）加法模型，通过将个别成员的创造力相加或聚合来表示团队创造力（成员创造力均值）；（3）离散模型，团队层面的创造力指成员表现出不同的创造力水平，因此为团队创造力提供不均衡的贡献（成员创造力离散）。

以前关于团队层面创造力的研究主要关注前两个概念中的某一个，从而忽略了成员创造性贡献的潜在变化和离散（Mo et al.，2017；Tu and Lu，2013）。然而，鉴于团队中个人创造力的不平衡是不可避免的，成员创造力离散分布必须被视为团队层面创造力的一种属性（Pirola-Merlo and Mann，2004；Sacramento et al.，2015）。通过充分利用每个成员的创造潜力，成员创造力离散的减少可以提高团队创造力的整体水平（Farh et al.，2015；Sacramento et al.，2015）。高度创造性的团队具有高团队创造力和高成员创造力均值，以及成员创造力的低离散性，这三个方面共同决定了团队层面的创造力。本章提出在提高整体团队创造力和成员创造力均值之外，道德型领导对于减少成员创造力离散尤为关键。

本章还分析了道德型领导影响团队层面创造力的中间过程。根据不确定性减少理论（Lind and Van den Bos，2002），本章将心理安全氛围确定为解释道德型领导与团队层面创造力关系的作用机制。心理安全氛围捕捉了共享的低风险和低不确定性的环境特征，这些低风险和低不确定性与提出新解决方案、挑战现状和创新行为有关（Nembhard and Edmondson，2006）。因此，本章提出心理安全氛围在道德型领导与团队层面创造力的关系中起中介作用。

为了阐述提高多种形式团队创造力的领导过程，本章考虑领导力属性中可以促进道德型领导对创造力的作用的另一构念。通过提供专门针对创造力的支持性环境，道德型领导可以进一步减少不确定性（Chen and Hou，2016）。鉴于创造性过程背后的高度不确定性，员工依靠领导获得必要的安全和资源来应对固有风险（Madjar et al.，2002）。除了接受道德型领导的规范性指导外，员工还可以依靠领导支持来解决创造力所涉及的风险（George and Zhou，2007）。因此，领导对创造力的支持强化了道德型领导建立心理安全氛围从而促进团队创造力的作用。

本章从三个方面为现有文献做出贡献。首先，本章调查道德型领导对团队层面创造力的影响，扩展以前主要在个体层面进行的研究（Chen and Hou，2016）。通过将团队层面创造力的三个方面纳入研究，本章扩展了团队层面创造力的概念。道德型领导可能在减少同一团队成员之间创造力的差异方面尤为重要，而这在以往研究中被忽略了（Pirola-Merlo and Mann，2004）。其次，借鉴不确定性减少理论，本章将心理安全氛围确定为一个关键的中间过程，通过这个过程，道德型领导会影响团队层面的创造力。探索道德型领导与团队层面创造力关系的理论基础，为这一重要现象提供了新的见解。最后，本章提出领导对创造力的支持作为边界条件可以加强道德型领导对培育心理安全氛围以及团队层面创造力的影响。在塑造团队创造力的过程中，两个不同的领导属性之间相互作用可以提供新的理论和实践见解（见图 5-1）。

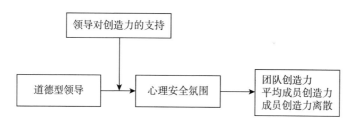

**图 5-1    本章的研究模型**

## 5.2    理论与假设

### 5.2.1    道德型领导

道德型领导是指"通过表率行为和人际互动来展现规范、适当的行为，并通过双向沟通、强化和决策在下属间促进这些行为"（Brown et al.，2005：120）。道德型领导包括两个组成部分，即"道德的人"

和"道德的管理者"（Treviño et al.，2003）。"道德的人"指的是，道德型领导具有道德特征，如利他主义、诚信、诚实和可信赖（Kalshoven et al.，2011），"道德的管理者"则是道德型领导表现出道德管理行为，例如阐明道德规范、和追随者讨论道德问题，并对员工表现出真诚的关注和尊重（Brown and Treviño，2006）。

研究人员已经将他们对道德型领导效力的理解从追随者的道德和越轨行为扩展到亲社会和主动行为（De Hoogh and Den Hartog，2008；Tu and Lu，2016）。实证证据表明，道德型领导引导他们的追随者积极自发地为改善团队和组织工作（Mayer et al.，2009；Shin et al.，2015）。与其他类型的领导（例如转换型和交易型领导）相比，道德型领导擅长通过建立规范性原则、为团队设定道德基调，以及将下属的行为与组织利益相结合，来塑造员工行为（Brown and Treviño，2006）。因此，道德型领导的影响可以扩展到追随者的主动行为，因为道德型领导期望并鼓励他们的追随者自觉发挥有益于组织的努力。

### 5.2.2　团队层面创造力

创造力是指在产品、服务和流程方面新颖且有用的想法的产生（Oldham and Cummings，1996）。鉴于团队作为当代组织核心运营单位的重要性日益增加，团队层面的创造力得到了相当多的研究关注（Eisenbeiss et al.，2008；Farh et al.，2010）。然而，创造力及其性质的多层次特征仍未得到充分研究（Pirola-Merlo and Mann，2004；Taggar，2002），如 Sacramento 等人（2015）最近证实，"从事关于团队（而不是个人）创造力的多层次研究的学者正处于困难的处境，并且在理论、测量和分析问题上将面临更多的困难"。

多层次研究中的两个新兴过程可用于衡量团队层面创造力：组合（composition）和合成（compilation）过程（Kozlowski and Klein，2000）。Sacramento 与他的同事（2015）通过应用这些过程发展了三种测量方法，用于评估团队层面创造力的多层构造。如前所述，团队创造力、成员创造力均值以及成员创造力离散反映了团队层面创造力的不同概念化和操作化。首先，前两种方法反映了组合过程，其中团队层面属性通过较低层次单元的特定功能（例如成员间交互、简单组合）出现，而最后一种方法由合成过程驱动，涉及较低层次单元的结构属性（例如多样性）（Kozlowski and Klein，2000）。结构单元属性强调了整个团队成员之间的不同贡献，并不假设团队成员是团队的同构贡献者（Sacramento et al.，2015）。其次，成员创造力均值和成员创造力离散的参照物是团队成员，而团队创造力的参照物是整个团队（Chan，1998）。

这三种关于团队层面创造力的测量方法有一些相同点和不同点，但都清楚地反映了团队创造力的多个方面。对组合的个人或集体团队创造力进行单独检查可能导致原子谬误或忽视特定的微观层面机制（Pirola-Merlo and Mann，2004）。应同时检验代表不同组合模型的个人和团队过程，以捕捉团队层面创造力的不同方面，并充分了解道德型领导对团队创造力的作用。总之，本章认为道德型领导能够通过提高团队创造力和成员创造力均值，以及减少成员创造力离散来塑造团队层面创造力。

### 5.2.3　道德型领导和团队层面的创造力

为了明确道德型领导在塑造团队及其成员创造力方面的作用，本章采用了 Hackman（1992）对成员的环境群体刺激和自由裁定团队刺激之间的区分。环境群体刺激指 "可供所有群体成员使用并遍及群体的环境"，所有成员均被平等地暴露在其中（Choi et al.，2003：358）。共享群体环境、价值观、规范是环境群体刺激的示例，形成整个团队的人际和行为反应并产生团队层面的变化。自由裁定团队刺激是 "由其他群体成员自行决定传播或提供给个体的"（Hackman，1992：20）。这种类型的群体刺激对同一团队内的不同成员施加不同影响，从而改变同一团队中各个成员的反应（Choi et al.，2003）。本章提出道德型领导通过环境群体刺激途径预测团队创造力，同时通过自由裁定团队刺激途径影响成员创造力均值和成员创造力离散。

作为团队的环境群体刺激，道德型领导通过以身作则和塑造其成员共享的规范适当性来增强整个团队的创造力。道德型领导在日常生活中坚守纪律和"以身作则"（Brown and Treviño，2006）。所有团队成员都暴露于这种模范行为中，他们倾向于认同自己的领导者，并愿意接受他/她的规范性影响。在组织环境中，组织的利益是判断规范适当性的标准（Brown et al.，2005）。考虑到这些标准，道德型领导将组织利益和目标的重要性传达给追随者（Resick et al.，2013）。领导者希望他们的成员为改善组织而努力，从而培养促进持续改进的规范氛围。因此，团队成员被驱动着设计新方法并修改当前程序以改进团队的任务操作。

道德型领导总是会通过问"什么是正确的事情"来培养道德氛围和实践，不仅要保持道德性，还应该使组织受益。这种做法鼓励员工报告而不是隐藏与工作相关的问题（Brown et al.，2005），从而使他们能够从错误中吸取教训并及时解决工作中的低效率和潜在问题。因此，在道德型领导的管理下，团队成员更愿意挑战现状而不必担心受到惩罚。他们自愿产出新颖的想法，以改进产品和流程，从而有助于改善他们的组织。本章提出以下假设。

假设 1a：道德型领导与团队创造力正相关。

随着环境群体刺激途径增强整个团队的创造力，道德型领导也与下属建立了不同的关系（Brown and Treviño，2006），从而为每位员工提供创造性的相应刺激。道德型领导尊重每个下属的天性，他们被认为是以人为本的（Kalshoven et al.，2011）。这些领导者根据每个下属的独特兴趣、需求和能力，将责任委派给下属，分配任务，从而为他们提供决策和个人发展的自由（Tu and Lu，2013）。领导者的这些行为使下属在组织中感到被尊重、信任和重视（Gong et al.，2009）。道德型领导通过与下属建立心理纽带，可以有效提升每个成员的努力程度，以此来促进团队和整个组织的改善。反过来,下属依据领导者的对待方式进行工作,并表现出创造力,以改善他们的绩效。因此,道德型领导可以增强下属的个人创造力,从而使团队成员具有较高的创造力均值。本章提出以下假设。

假设 1b:道德型领导与成员创造力均值正相关。

除了增强其下属的个人创造力外,道德型领导还减少了团队中成员创造力离散。尽管在以前的研究中忽略了团队层面的成员创造力离散,但是鼓励所有成员参与创新过程,而不是依赖于少数创造性成员,可以促进创新解决方案的产生,并促进适当的发展、改进和实施(Farh et al.,2015;Sacramento et al.,2015)。这种创造性的协作方法还使团队能够作为一个可行的问题解决的工作单元应对进一步的适应性挑战,而不受成员变化的影响。与其他类型的领导相比,道德型领导可以有效地鼓励下属,并减少每个成员对团队创作过程的参与和贡献的差异。

道德型领导可以通过多种方式弥合其追随者创造性努力的差距。首先,基于对道德管理的信念,道德型领导通过重视程序避免成为结果主义的受害者(Brown and Treviño,2006)。通过公平对待成员而不看重已有的绩效水平(Li et al.,2014;Xu et al.,2016),这些领导者不会孤立低创造力成员或使他们气馁。其次,基于平等主义价值观,道德型领导可以为低创造力的成员提供额外的关怀和支持,以提高他们的创造力(Brown and Treviño,2006)。这些领导者还帮助低创造力的成员摆脱恶性循环,从而缩小成员之间创造力的差距。最后,道德型领导对低绩效成员的支持可以作为其他成员的模范榜样。团队成员被鼓励展现利他主义和亲社会行为(Newman et al.,2014),例如与同事分享创意、对他人的看法提供建设性意见,以及协助其他人开发新的解决方案(Sacramento et al.,2015)。总而言之,道德型领导可以平衡成员之间的创造性过程,并减少他们之间的差异。本章提出以下假设。

假设 1c:道德型领导与成员创造力离散负相关。

### 5.2.4 道德型领导与心理安全氛围

鉴于创造力被公认为充满风险和具有不确定性（Madjar et al.，2011），员工只有在不确定性得到适当控制时才能表现出创造力。根据不确定性减少理论（Lind and Van den Bos，2002），不确定性是一种令人厌恶的体验，会降低可预测性和可管理性，从而威胁到一个人的控制感（Tangirala and Alge，2006；Van den Bos et al.，2008）。在工作场所，心理安全氛围代表了一种环境状态，为员工提供足够的确定性和可预测性。在Kahn（1990）的参与模型中，他将心理安全氛围定义为"能够表现和遵从自己，而不必担心对自我形象、地位或职业的负面影响的感觉"。Kahn（1990）还强调，心理安全氛围反映了工作场所的支持性管理、角色清晰度和自我表达自由。Edmondson（1999）将这种结构扩展到团队层面，并将心理安全氛围定义为团队成员之间的一种共同信念。将这些观点结合在一起，心理安全氛围指的是以角色清晰、人际信任和尊重个性为特征的环境。

从进化的角度来看，人天生需要减少不确定性，以了解和应对环境。为此，他们有动力搜索、处理和利用环境信息以减少不确定性（Ashford and Cummings，1985）。领导者是重要的信息来源，可以帮助员工减少工作场所的不确定性。道德型领导通过阐明道德标准并澄清其追随者的行为规范和角色来减少不确定性（Loi et al.，2012；Mayer et al.，2012）。Kahn（1990）认为角色清晰度会减少不确定性并促进心理安全。除了确定角色清晰度之外，道德型领导还增强对追随者的人际信任和尊重，从而促进心理安全氛围（Mo et al.，2017；Newman et al.，2014）。例如，道德型领导会考虑员工的个人情况，对他们表现出真正的关注，并开放地沟通（Resick et al.，2013）。此外，道德型领导尊重追随者的利益，并为他们提供工具和情感支持（Brown et al.，2005）。这些行为有助于团队成员感受到被重视和被尊重，从而创造一种共同的心理安全感，使这些成员能够表达真实的自我（Loi et al., 2012）。因此，我们提出以下假设。

假设 2：道德型领导与心理安全氛围正相关。

### 5.2.5 心理安全氛围作为中介过程

现有研究表明，道德型领导通过几种不同的机制促进个人或团队的创造力，如内在动机（Tu and Lu, 2013；Feng et al., 2016）、建言行为（Chen and Hou, 2016）和知识分享（Ma et al., 2013）。这些研究强调了道德型领导对创造力的影响的动机和行为意图。在这些研究的基础上，本章侧重于可能塑造成员和团队的创造过程的团队层面情境。考虑到与创造力相关的不确定性和风险（Madjar et al., 2011），降低成员不确定性的团队氛围似乎是一种看似合理的干预机制。因此，本章提出道德型领导通过为成员提供心理安全氛围来减少团队合作背景中的不确定性，从而鼓励他们作为团队和个体创造性地发挥作用。

心理安全氛围不仅有助于提升团队创造力和成员创造力的平均水平，还可以平衡成员之间的创造力水平。在高度心理安全的环境中，团队成员可以摆脱由创造性和表达不成熟的想法所带来的人际关系风险与对个人形象造成危害的潜在风险（Kahn, 1990；Liang et al., 2012）。不受人际威胁的团队成员愿意提出新颖的想法，因为他们不会因为挑战现状或可能的失败而受到任何批评（Detert and Burris, 2007；Leana and Van Buren, 1999）。通过降低对人际关系的担忧，心理安全氛围允许团队成员专注于他们的工作并发现改进的机会（Edmondson, 1999）。因此，心理安全氛围促进了团队成员和整个团队的创造力，从而在道德型领导与团队创造力和成员创造力均值的关系中起中介作用。

随着对心理安全氛围有着共同感知的成员表现出对同事的真正关注和尊重，并预期他们不会在工作场所受到剥削，其往往会在创造性的努力中相互支持（Liang et al., 2012）。在尝试新想法时，心理安全氛围促使团队成员通过提供反馈来进一步发展和改进思想，而不是互相批评，这对于创造力低的个体尤其有用（Mueller and Kamdar，2011）。这种心理安全氛围可以通过鼓励成员之间相互支持性的互动来减少创造力水平的差距。总之，我们提出以下中介假设。

假设3：心理安全氛围在道德型领导与团队创造力（H3a）、成员创造力均值（H3b）和成员创造力离散（H3c）的关系中起中介作用。

### 5.2.6　主管对创造力的支持作为调节

为了在高度不确定的创造过程中达到一定程度的可预测性，个人寻求"关于权威可信度的直接、明确的信息"（Lind and Van den Bos，2002）。道德型领导通过明确建立角色、规范期望和人际信任来提供这种可信赖性（Brown et al.，2005），所有这些都促进了追随者参与创造的心理安全氛围。然而，道德型领导仍然缺乏指向创造性的直接线索或特有信息。权威对创造力的直接和明确的支持可以使道德型领导对心理安全氛围和团队层面创造力的影响更加显著或明确。因此，本章将把主管对创造力的支持确定为创造力的关键权变因素。

对创造力的支持本质上反映了"在工作环境中引入新的和改进做事方式的尝试的期望、批准和实际支持"（West，1990）。主管对创造力的支持包括领导者的工具和社会情感支持，以激发员工的创造力（Amabile et al.，2004；George and Zhou，2007）。主管对创造力的支持通过两种方式加强了道德型领导对心理安全氛围的积极影响。

首先，支持创造力的领导者表现出组织重视和鼓励（Baer and Oldham，2006），从而认为创造力是符合组织规范的。员工可以求助于道德型领导寻求资源和鼓励，以减少与创造性工作相关的不确定性。因此，当主管对创造力的支持很高时，道德型领导与心理安全氛围之间的关系就更强了。相比之下，缺乏这种支持的团队未能展示对创造力的重视，从而导致对创造力符合组织规范的模糊性。在这样的环境中，道德型领导无法减少团队成员参与创造性工作时所经历的不确定性和人际风险。因此，这些成员感知到较低的心理安全氛围。

其次，道德型领导为其员工提供总体的道德指导，而主管对创造力的支持具有针对创造力的特定目标和目的。当主管对创造力的支持很高时，员工拥有针对创造力的特定资源，这使他们感到心理安全，从而将道德型领导相对普遍的影响引导转向对特定方向的影响。相比之下，如果主管对创造力的支持很低，即使员工得到道德型领导的一般规范性支持，这些员工也可能会因为缺乏直接和特定的社会线索而无法将一般的规范性支持转化为心理安全。因此，我们提出以下调节假设。

假设 4：主管对创造力的支持积极地调节了道德型领导与心理安全氛围之间的关系，这样当主管对创造力的支持较高时（相对于低时），这种关系会较强。

假设 3 假设心理安全氛围调节了道德型领导对团队层面创造力的三个方面的影响。鉴于假设 4 中提出的主管支持的调节作用，我们将中介关系扩展到被调节的中介。因此，道德型领导对团队层面创造力的影响受到心理安全氛围的中介作用，由此产生的间接影响受到主管对创造力的支持的调节作用。我们提出以下假设。

假设 5：主管对创造力的支持积极地调节道德型领导通过心理安全氛围对团队创造力（H5a）、成员创造力均值（H5b）和成员创造力离散（H5c）的间接效应。

## 5.3 方法

### 5.3.1 样本和程序

我们联系了北京、上海、武汉以及中国其他 12 个城市的 50 个组织的人力资源经理。参考团队层面创造力的已有研究成果，我们要求这些人力资源经理确定一个或两个被期望提出新想法并开发新工作程序或产品（例如营销、研发以及工艺）的知识型工作团队。在这些经理的帮助下，我们将调查问卷分发给了 58 个团队的成员和领导者。参与者完成填写后需要将问卷进行密封并返还给研究人员。

在分发给 58 个团队的 350 份调查问卷中，有 45 个组织中的 50 个团队返回了 248 份问卷。在匹配成员和领导者问卷后，我们保留了有 4 个以上成员的团队，以满足样本拆分和数据聚合的要求。最终分析样本由来自 44 个团队的 230 名成员和 44 名领导者组成，每个团队平均有 5.23 名成员。成员和领导者的最终回复率分别为 65.7% 和 75.9%。成员样本中女性数量占总数的 50%，平均年龄为 31.7 岁（S.D. = 8.29），平均受教育年限为 15.2 年（S.D. = 2.47），平均组织任期为 3.3 年（S.D. = 4.34）。领导者样本特征为：女性数量占总数的 20%，平均年龄为 41.3 岁（S.D. = 10.22）。这 44 个团队来自金融、教育、建筑、机械和医药等各个行业。

### 5.3.2　测量

本章中使用的量表最初是用英语开发的。因此，我们采用翻译—回译程序，根据双盲原则编制中文量表（Brislin，1980）。两位具有组织行为和人力资源管理专业知识并精通双语的研究人员进行了翻译。所有量表都使用了李克特五点量表，范围从 1 "非常不同意" 到 5 "非常同意"。成员评估了道德型领导、心理安全氛围、主管对创造力的支持以及团队创造力，而领导者评估了每个成员的创造力，以计算成员创造力的均值和离散。

道德型领导。本章使用了 Brown 等人（2005）开发的 10 条目量表（α = 0.929）来评估道德型领导。举例条目是 "我的领导把下属的最高利益放在心里"。成员报告的道德型领导得分汇总到团队层面，使用平均值进行团队层面分析。因此，本章计算了聚合统计数据。道德型领导量表 ICC1、ICC2 和 $r_{wg}$ 值分别为 0.343、0.732 和 0.941,从而支持了该量表的团队层面聚合(Bliese,Halverson and Schriesheim,2002)。

心理安全氛围。本章使用了由 Liang 等人(2012)开发的量表中的 5 个条目($\alpha = 0.730$)来评估心理安全氛围。举例条目是"在工作单位,我可以表达对工作的真实感受"。这个量表的 ICC1、ICC2 和 $r_{wg}$ 值分别为 0.322、0.713 和 0.809,从而证明其团队层面聚合的合理性。

主管对创造力的支持。本章采用了改编自 Tsui 等人(2006)开发的量表中的 3 个条目($\alpha = 0.894$)来评估主管对创造力的支持。原始的量表是用来评估组织创新文化,以反映组织支持和鼓励创造力的程度(Tsui et al.,2006)。遵循类似的量表改编程序(Esenberger et al.,2002;Rhoades and Eisenberger,2002),本章通过将参照对象更改为主管来修改项目,以评估主管对团队中创造力的支持和鼓励。举例条目是"我的主管鼓励创新"。这个量表的 ICC1、ICC2 和 $r_{wg}$ 值分别为 0.272、0.661 和 0.812,从而证明其团队层面聚合的合理性。

团队创造力。本章使用了 3 个条目($\alpha = 0.743$)来衡量团队的创造力,这些条目是通过修改 Oldham 和 Cummings(1996)的原始量表,针对中国产业背景下的团队层面而开发的。成员对条目打分,例如"我们的团队创造了原创且有用的新想法"。此量表的 ICC1、ICC2 和 $r_{wg}$ 值分别为 0.456、0.814 和 0.859,从而支持团队层面的聚合。

成员创造力的均值和离散。参与调查的团队领导者采用 Farmer 等人(2003)的量表中的 4 个条目($\alpha = 0.897$)评估每个成员的创造力。举例条目如"(该员工)寻求新的想法和解决问题的方法"。成员创造力量表的 ICC1、ICC2 和 $r_{wg}$ 值分别为 0.556、0.867 和 0.819。参考 LMX 均值(Boies and Howell,2006)和 LMX 差异化(Erdogan and Bauer,2010;Liao et al.,2010)在团队层面聚合,本章计算了团队层面的创造力平均值作为成员创造力均值,团队层面的创造力方差作为成员创造力离散。

控制变量。鉴于团队规模是团队流程和结果的重要因素（Anderson et al.，2014；Shin，2014），本章在分析中将团队规模作为控制变量。此外，考虑到团队功能或任务对团队的创造力有影响，同时将团队属性作为控制变量（Gong et al.，2012；Shin，2014）。在当前分析中将财务任务分类编码为 1，其他编码为 0，因为财务任务是当前样本中最常见的（即 36%）。

### 5.3.3　分析策略

虽然数据来自多个来源，但共同方法偏差（CMB）仍然是一个问题，因为所有预测因子和团队创造力都是由团队成员报告的。本章采用样本分组技术，通过将每个团队的成员随机分配到两个子组来解决 CMB 问题（Du and Choi，2010）。然后，本章使用了 A 组报告的道德型领导和心理安全氛围以及 B 组报告的主管对创造力的支持和团队创造力。每个小组至少包括两名来自焦点小组的成员（Takeuchi et al.，2009；Yoon and Suh，2003；Yoon et al.，2004）。通过应用分组设计，来自同一团队的不同成员的子集（A 组和 B 组）报告了核心预测因子，包括道德型领导、心理安全氛围以及团队创造力，以减少 CMB 的干扰效应。使用这种技术的分析结果与基于整个数据集的结果相同，尽管后者提供了更显著的发现，因为从单一来源数据中得出的变量之间的相关性被放大。成员创造力均值和成员创造力离散仍然聚合到整个团队层面，因为它们是由领导者而不是成员报告的。

本章采用了 Bootstrap 法，以估计道德型领导对团队层面创造力的有条件的间接效应，进而检验被调节的中介假设。Bootstrap 法在本分析中特别有利，因为间接效应通常不遵循正态分布，并且当前样本相对较小（Shrout and Bolger，2002）。依据 Edwards 和 Lambert（2007）以及 Hayes（2013），本章使用 PROCESS 宏来估计调节变量在不同水平的有条件的间接效应（如主管对创造力的支持）。再统计分析利用总平均值对自变量进行中心化。

## 5.4　结果

### 5.4.1　区分效度

表 5 - 1 报告了团队层面变量的均值、标准差和相关系数。在检验本章的假设之前，通过验证性因子分析（CFA）来检查数据中变量的区分效度。在分割和聚合数据之前在个体层面进行了验证性因子分析，因为这些构念都是个体层面进行的测量。表 5 - 2 中的 CFA 结果表明，假设的四因子模型具有很好的拟合效果（$\chi^2 = 400.256$，$df = 183$，CFI = 0.919，TLI = 0.907，RMSEA = 0.072）。四因子模型优于任何替代因子结构（卡方差分检验，所有 $p < 0.001$），从而证实了当前研究变量的区分效度。

**表 5 - 1　团队层面变量的均值、标准差和相关系数**

| 变量 | 均值 | 标准差 | 1 | 2 | 3 | 4 | 5 | 6 | 7 |
|---|---|---|---|---|---|---|---|---|---|
| 1. 团队规模 | 5.227 | 0.985 | | | | | | | |
| 2. 财务工作 | 0.364 | 0.487 | -0.273 | | | | | | |
| 3. 道德型领导 | 3.734 | 0.605 | -0.047 | 0.144 | | | | | |
| 4. 心理安全氛围 | 3.502 | 0.485 | 0.059 | 0.013 | 0.619*** | | | | |
| 5. 主管对创造力的支持 | 3.559 | 0.705 | 0.066 | 0.215 | 0.482** | 0.494** | | | |
| 6. 团队创造力 | 3.380 | 0.639 | 0.035 | -0.106 | 0.343* | 0.499** | 0.607*** | | |
| 7. 成员创造力均值 | 3.610 | 0.630 | -0.078 | 0.107 | 0.449** | 0.487** | 0.432** | 0.439** | |
| 8. 成员创造力离散 | 0.425 | 0.348 | 0.342* | -0.158 | -0.330* | -0.353* | -0.105 | -0.118 | -0.510*** |

注：$n = 44$，$^* p < 0.05$，$^{**} p < 0.01$，$^{***} p < 0.001$。

表 5 - 2　验证性因子分析结果

| 变量 | $\chi^2$ | $df$ | $\Delta\chi^2/\Delta df$ | CFI | TLI | RMSEA |
|---|---|---|---|---|---|---|
| 四因子模型 | 400.256 | 183 | | 0.919 | 0.907 | 0.072 |
| 三因子模型 | 555.119 | 186 | 51.621 | 0.863 | 0.845 | 0.093 |
| 二因子模型 | 849.217 | 188 | 147.049 | 0.754 | 0.726 | 0.124 |
| 单因子模型 | 1044.651 | 191 | 65.145 | 0.683 | 0.651 | 0.139 |

注：$n$ = 230。

四因子模型，道德型领导、心理安全氛围、主管对创造力的支持和团队创造力 。

三因子模型，组合道德型领导与心理安全氛围。

二因子模型，组合道德型领导、心理安全氛围和主管对创造力支持。

单因子模型，将四个构念组合成为一个因子。

### 5.4.2　道德型领导的主效应

假设 1a、假设 1b 和假设 1c 假定道德型领导与团队创造力和成员创造力均值正相关，但与成员创造力离散负相关。本章使用回归方程检验了这些主效应假设。表 5 - 3 中的模型 2 支持假设 1a，即道德型领导与团队创造力正相关且显著（$\beta = 0.387$，$p < 0.05$）。同样，模型 4 通过显示道德型领导对成员创造力均值的显著影响来支持假设 1b（$\beta = 0.461$，$p < 0.01$）。模型 6 表明，道德型领导负向地预测了成员创造力离散（$\beta = -0.179$，$p < 0.05$），从而支持假设 1c。

### 5.4.3　心理安全氛围的中介

假设 2 提出了道德型领导与心理安全氛围之间的积极关系，假设 3 则认为心理安全氛围可以在道德型领导与团队层面创造力的关系中起中介作用。为了检验这些中介假设，本章预测了 a 路径（道德型领导对心理安全氛围的影响）和 b 路径（在道德型领导存在的情况下，心理安全氛围对团队层面创造力的影响），如表 5 - 3 所示。表 5 - 3 中模型 1 的结果表明，道德型领导与心理安全氛围正相关（$\beta = 0.506$，$p < 0.001$），从而证实了假设 2。模型 3、模型 5 和模型 7 表示在道德型领导存在的情况

下，心理安全氛围与团队创造力正相关，与成员创造力均值正相关（$\beta =$ 0.597、$p < 0.01$ 和 $\beta = 0.462$、$p < 0.05$），但与成员创造力离散呈负相关（$\beta = -0.213$，$p < 0.10$），而道德型领导对这三种创造力的预测都变得不显著了。这与假设 3a、假设 3b 和假设 3c 一致。

表 5 − 3　中介假设的结果

| 变量 | 心理安全氛围 | 团队创造力 | | 成员创造力均值 | | 成员创造力离散 | |
|---|---|---|---|---|---|---|---|
| | 模型 1 | 模型 2 | 模型 3 | 模型 4 | 模型 5 | 模型 6 | 模型 7 |
| 截距 | 1.448 ** | 1.978 * | 1.115 | 2.037 * | 1.369 + | 0.508 | 0.816 |
| 组织规模 | 0.036 | 0.006 | − 0.015 | − 0.031 | − 0.047 | 0.113 * | 0.121 * |
| 财务工作 | − 0.058 | − 0.205 | − 0.170 | 0.040 | 0.066 | − 0.019 | − 0.031 |
| 道德型领导 | 0.506 *** | 0.387 * | 0.085 | 0.461 ** | 0.227 | − 0.179 * | − 0.071 |
| 心理安全氛围 | | | 0.597 ** | | 0.462 * | | − 0.213 + |
| $R^2$ | 0.394 ** | 0.142 + | 0.266 ** | 0.206 ** | 0.282 ** | 0.216 ** | 0.269 ** |

注：$n = 44$；bootsrap $n = 5000$，$+ p < 0.10$，$* p < 0.05$，$** p < 0.01$，$*** p < 0.001$。

本章使用基于 PROCESS 宏（Hayes，2013）的 bootstrapping 程序来估计间接、直接和总效应以及它们的 95% 置信区间（CI），以检验三种中介假设。表 5 − 4 表明，道德型领导对团队层面创造力的三个衡量指标的影响显著性可归因于其通过心理安全氛围产生的间接效应而非其直接效应。具体而言，道德型领导通过心理安全氛围对团队创造力（estimate = 0.302，95% CI ［0.052，0.755］）、成员创造力均值（estimate = 0.233，95% CI ［0.052，0.541］），以及成员创造力离散（estimate = − 0.108，95% CI ［− 0.235，− 0.036］）的间接效应都是显著的。相比之下，直接效应在这三种情况下都是不显著的（即 95% CI 包括零）。因此，支持假设 3a、假设 3b 和假设 3c。

### 5.4.4　主管对创造力的支持的调节

假设 4 预测主管对创造力的支持会调节道德型领导与心理安全氛围

之间的关系。表 5－5 中模型 2 的回归结果表明，道德型领导与主管对创造力的支持之间的交互作用是心理安全氛围的积极且显著的预测因子（$\beta=0.307$，$p<0.01$）。我们按照 Dawson（2014）推荐的程序绘制了一个交互图。如图 5－2 所示，简单斜率分析结果表明，在主管对创造力的支持较高（$b=0.572$，$p<0.05$）而非低（$b=0.140$，$n.s.$）时，道德型领导对心理安全氛围的影响更为明显且积极，从而支持假设 4。此外，本章检验了主管对创造力的支持调节道德型领导与团队层面创造力之间关系的可能性。表5－5 中的模型 4、模型 6 和模型 8 的结果表明这些相互作用都不具有统计上的显著性。此外，本章还进行了额外分析，以检验主管对创造力的支持作为心理安全氛围与团队层面创造力三种形式之间关系的第二阶段调节的可能性。这些第二阶段调节效果均未得到支持，因此进一步证实了主管对创造力的支持作为本章第一阶段调节变量的有效性。

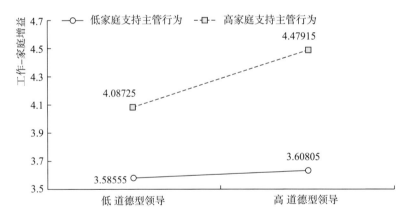

图 5－2　道德型领导（EL）与主管对创造力支持（SSC）预测
心理安全氛围的交互

假设 5a、假设 5b 和假设 5c 假定主管对创造力的支持通过心理安全氛围调节了道德型领导对团队层面创造力的间接效应。本章通过使用 PROCESS 宏来评估在不同程度的主管对创造力的支持下，道德型领导对团队层面创造力的有条件的间接效应，进而检验这些被调节的中介假设。表 5 - 6 列出了结果。对于团队层面创造力的三个衡量标准，当主管对创造力的支持水平从低等增长到中等再到高等时，道德型领导的间接效应获得了更大的绝对值。在所有三个团队层面的创造力测量中，当调节变量（主管对创造力的支持）水平较低时，道德型领导通过心理安全氛围的间接效应的 95% CI 包括零，但是当调节变量水平无论是中等还是高等的时候，道德型领导通过心理安全氛围的间接效应的 95% CI 不包括零且变得非常显著。此外，PROCESS 宏（版本 2.16）提供了被调节的中介的指数，以测试调节变量在高水平和低水平时间接影响的差异。表 5 - 6 报告了当前被调节的中介效应的所有三个指数具有统计显著性并且 95% CI 不包括零。这些为假设 5a、假设 5b 和假设 5c 提供了支持。

**表 5 - 4 中介模型的间接效应**

| 模型 | 间接效应<br>（［95% LLCI,<br>95% ULCI]） | 直接效应<br>（［95% LLCI,<br>95% ULCI]） | 总效应<br>（［95% LLCI,<br>95% ULCI]） |
|---|---|---|---|
| 道德型领导—心理安全氛围—团队创造力 | 0.302<br>（［0.052, 0.755]） | 0.085<br>（［-0.295, 0.465]） | 0.387<br>（［0.071, 0.703]） |
| 道德型领导—心理安全氛围—成员创造力均值 | 0.233<br>（［0.052, 0.541]） | 0.227<br>（［-0.143, 0.597]） | 0.461<br>（［0.161, 0.760]） |
| 道德型领导—心理安全氛围—成员创造力离散 | -0.108<br>（［-0.235, -0.036]） | -0.071<br>（［-0.278, 0.135]） | -0.179<br>（［-0.344, -0.014]） |

注：$n = 44$；boostrap $n = 5000$。

**表 5 - 5 调节假设的结果**

| 变量 | 心理安全氛围 | | 团队创造力 | | 成员创造力均值 | | 成员创造力离散 | |
|---|---|---|---|---|---|---|---|---|
| | 模型 1 | 模型 2 | 模型 3 | 模型 4 | 模型 5 | 模型 6 | 模型 7 | 模型 8 |
| 常数 | 3.542*** | 3.473*** | 3.511*** | 3.470*** | 3.622*** | 3.640*** | 0.434*** | 0.424*** |
| 团队规模 | 0.017 | 0.030 | -0.051 | -0.043 | -0.057+ | -0.060+ | 0.111 | 0.113 |
| 财务任务 | -0.108 | -0.089 | -0.360* | -0.349* | -0.032 | -0.037 | -0.024 | -0.022 |
| 道德型领导 | 0.405** | 0.356** | 0.076 | 0.046 | 0.319+ | 0.332+ | -0.190* | -0.197* |

续表

| 变量 | 心理安全氛围 | | 团队创造力 | | 成员创造力均值 | | 成员创造力离散 | |
|---|---|---|---|---|---|---|---|---|
| | 模型1 | 模型2 | 模型3 | 模型4 | 模型5 | 模型6 | 模型7 | 模型8 |
| 主管对创造力的支持 | 0.186 + | 0.153 + | 0.577 *** | 0.557 *** | 0.264 + | 0.273 + | 0.020 | 0.015 |
| 道德型领导 × 主管对创造力的支持 | | 0.307 ** | | 0.185 | | − 0.081 | | 0.044 |
| $R^2$ | 0.448 *** | 0.546 *** | 0.438 *** | 0.459 *** | 0.270 * | 0.274 * | 0.217 * | 0.221 + |

注： $n = 44$ ；bootstrap $n = 5000$ ， $^+ p < 0.10$ ， $^* p < 0.05$ ， $^{**} p < 0.01$ ， $^{***} p < 0.001$ 。

表5－6 道德型领导—心理安全氛围—创造力结果的间接效应

| 自变量 | 中介变量 | 调节变量 | 因变量 | 调节变量层次 | $\beta$ | $S.E$ | LLCI | ULCI |
|---|---|---|---|---|---|---|---|---|
| 道德型领导 | 心理安全氛围 | 主管对创造力的支持 | 团队创造力 | 低 | 0.083 | 0.127 | − 0.103 | 0.411 |
| | | | | 中 | 0.212 | 0.130 | 0.040 | 0.582 |
| | | | | 高 | 0.341 | 0.167 | 0.082 | 0.770 |
| | | | | Index | 0.183 | 0.101 | 0.018 | 0.424 |
| | | | 成员创造力均值 | 低 | 0.064 | 0.093 | − 0.076 | 0.307 |
| | | | | 中 | 0.164 | 0.095 | 0.029 | 0.422 |
| | | | | 高 | 0.264 | 0.129 | 0.063 | 0.578 |
| | | | | Index | 0.142 | 0.084 | 0.011 | 0.351 |
| | | | 成员创造力离散 | 低 | − 0.030 | 0.042 | − 0.146 | 0.027 |
| | | | | 中 | − 0.076 | 0.043 | − 0.205 | − 0.017 |
| | | | | 高 | − 0.122 | 0.058 | − 0.292 | − 0.039 |
| | | | | Index | − 0.065 | 0.037 | − 0.169 | − 0.008 |

注： $n = 44$ ；bootstrap $n = 5000$ 。

# 5.5 讨论

本章探讨了道德型领导如何以及何时促进团队层面的创造力。本章通过理论和实证验证了道德型领导能够增强团队创造力以及成员创造力均值，并减少成员创造力离散。引入不确定性减少理论，本章识别心理安全氛围可以在道德型领导与团队层面创造力的关系中起中介作用。此外，主管对创造力的支持加强了道德型领导对心理安全氛围的影响以及道德型领导通过心理安全氛围对团队层面创造力的间接效应。以下内容重点介绍了本章结果的理论和实践意义，讨论了研究的局限性，并提出未来研究的方向。

### 5.5.1 理论意义

实证分析结果大体上支持本章的理论框架，并提供了重要的理论意义。首先，本章表明道德型领导对各个层面的团队创造力具有多方面影响，超出了对追随者创新行为的个体层面影响（Chen and Hou，2016）。与之前关注的团队创造力总体水平（Mo et al.，2017）或成员创造力均值（Tu and Lu，2013）不同，本章强调了不同团队成员的创造力离散，这是至关重要的但一直被忽视的现象。基于创造力对组织生存和发展的益处的普遍看法（Farh et al.，2010），以前的研究主要集中在员工和工作单位提出的创意想法的数量上。在这方面，成员创造力离散是一个重要但被忽视的问题，它提供了超出绝对数量或创造力水平的有意义的见解（Montag et al.，2012）。团队层面创造力的各种概念使我们能够识别道德型领导对不同形式的团队层面创造力的多方面影响。本章呼吁未来研究进一步探索员工创造力的分布以及数量。

目前的分析显示，道德型领导与主管对创造力的支持在激发团队层面创造力的不同方面存在有趣的对比。表 5-5 中的模型 3、模型 5 和模型 7 的结果表明，当同时考虑领导者相关预测因子的两个方面时，道德型领导与成员创造力均值正相关（$\beta = 0.319$，$p < 0.10$），与成员创造力离散负相关（$\beta = -0.190$，$p < 0.05$）。然而，道德型领导与团队创造力没有显著关系（$\beta = 0.076$，n.s.）。相比之下，主管对创造力的支持与团队创造力（$\beta = 0.577$，$p < 0.001$）和成员创造力均值（$\beta = 0.264$，$p < 0.10$）正相关，但与成员创造力离散无关（$\beta = 0.020$，n.s.）。这些对

比表明道德型领导和主管对创造力的支持在塑造团队层面创造力的不同方面的不同功能。显然，主管对创造力的支持只会影响团队创造力和个人创造力的水平或数量，而道德型领导会平衡所有成员的创造性贡献并充分利用他们的创造潜力。未来研究应通过比较道德型领导与其他领导类型在各种形式的团队层面创造力方面的作用来进一步验证这种理论推测。

其次，本章采用不确定性减少理论作为另一种理论方法来解释道德型领导对组织有效性的影响。道德型领导可以显著减少不确定性，并在团队成员中促进心理安全氛围。以规范适当性为核心原则的道德型领导可以为减少工作场所的不确定性提供规范性指导（Loi et al.，2012）。然而，道德型领导的这种降低不确定性的功能长期以来一直被文献所忽视。本章将重点放在这一功能上，将道德型领导与团队层面的创造力联系起来，并将心理安全氛围确定为这一过程背后的有意义的作用机制。通过应用不确定性减少理论来解释道德型领导与创造力之间的联系，本章回应了关于阐述道德型领导特有的理论基础和观点的呼吁，并确定了未来研究的新路径（Resick et al.，2013）。

最后，本章展现了主管对创造力的支持作为边界条件加强了道德型领导对团队创造过程的影响的作用。主管对创造力的支持，明确地证明创造力在规范上是恰当的，鼓励员工求助道德型领导以降低不确定性，并为他们的创造性努力培养共同的心理安全信念。作为针对创造性解决问题的明确支持形式，主管对创造力的支持为创造力提供了具体和明确的工具性和社会情感资源（West，1990），从而补充了道德型领导的一般和隐性支持。目前的分析证实，主管对创造力的支持加强了道德型领导对促进心理安全氛围和团队层面创造力的影响。这些模式与 Zhang 和 Tu（2018）的调查结果一致。他们报告说，家庭支持的主管行为，提供针对家庭领域的特定领域资源，加强了道德型领导与员工工作—家庭充实之间的关系。总之，道德型领导能够根据领导者在创造力、家庭、可靠性、安全性或客户满意度方面所具有的具体价值，产生各种员工和工作单位的成果，从而加强领导者或组织的价值观与工作场所成果之间的联系。这种理论上的可能性必须得到进一步扩展和实证研究，以丰富目前对道德型领导作用的理解。

### 5.5.2 实践意义

本章的发现也提供了重要的实践意义。首先，由于道德型领导能够显著预测三种形式的团队层面的创造力，因此领导者必须表现出道德型领导力，以增强团队和成员的创造力，并减少创造力在其下属中的离散。组织可以提供特殊的培训计划，帮助管理者按照组织及其追随者的利益行事，遵守道德规则，展示以人为本的行为，并做出公正和平衡的决策（Brown et al.，2005）。

其次，领导者必须关注员工在工作场所中感知到的人际风险和不确定性的性质和强度，因为心理安全氛围可以解释道德型领导对团队层面创造力的影响。为了减少员工对人际关系风险的担忧，领导者还必须考虑其成员之间潜在的人际冲突，并对其下属的机会主义行为进行处罚。

再次，主管对创造力的支持有助于团队和成员的创造力，并将道德型领导转变为心理安全氛围。领导者必须阐明组织对创造力的期望，与他们的追随者讨论创造性思想，鼓励在解决问题方面的相互支持和协作，并为创造性努力提供奖励和有形资源（Amabile et al.，2004）。这些干预措施将使得团队成员承担人际风险并参与创造。

最后，领导者不仅要关注创造力的质量和数量（即团队创造力和成员创造力均值），还要关注员工创造力的差距或离散。领导者必须通过鼓励和邀请所有成员参与创作过程来减少成员创造力离散，以最大限度地提高创新绩效并充分利用内部资源。然而，管理者也应该意识到盲目追求降低成员创造力离散，并不总能促进团队层面的创造力。这样的努力可能导致团队创造力低，其中所有成员表现出较差的创造力，从而表现出团队创作过程的集体退步。随着团队创造力和成员创造力均值的提高，减少成员创造力离散才是有意义的。否则，可能会出现容忍甚至鼓励集体创造性低下的平等主义。

### 5.5.3　局限和未来方向

本章也具有其局限性。首先，尽管本章采用分组设计来解决与CMB相关的问题，但由于成员和领导者调查是同时进行的，因此无法确定变量之间的因果关系。鉴于本章的横截面研究设计，不能排除反向或互惠关系的可能性。例如，心理安全氛围可以产生追随者对道德型领导的看法，高团队创造力可以归因于心理安全氛围，从而扭转因果关系。未来的研究应采用纵向研究设计来阐明因果方向并探索潜在的互惠关系。采用适当的时间滞后或时间框架设计，以捕捉道德型领导对心理安全氛围和团队层面创造力的因果影响。

其次，本章的团队层面样本量相对较小，这引起了人们对分析结果稳健性的担忧。此外，考虑到小样本，本章在CFA中采用了条目打包方法，这可能会对结果产生一定程度的干扰（Marsh et al., 2013）。为了解决这些归因于小样本的潜在分析的挑战，未来的研究应该在团队层面使用大样本，以便可以应用强大而全面的分析程序来检验假设。

最后，在不确定性减少理论的指导下，本章将心理安全氛围定义为一种关键的干预机制。然而，其他理论机制也可以解释道德型领导对团队创造力和个人创造力的团队、跨领域和个体层面的影响。进一步的概念和实证研究必须关注道德型领导与各种形式的创造力之间的关系，以及确定道德型领导能够促进的其他合理的潜在机制，例如团队承诺、认知持久性和无约束的知识共享。

尽管存在这些局限性，但本章的分析揭示了道德型领导对不同层面团队创造力影响的关键动力。不确定性减少理论认为，人们在工作生活中面临各种不确定性，并且被驱使寻找并利用外部线索来合理化和指导他们的行为（Lind and Van den Bos，2002）。道德型领导是合法且理想的人物，可以减少妨碍组织创造力的工作场所不确定性。通过建立道德角色模型和实践道德管理（Brown et al.，2005；Brown and Treviño，2006），道德型领导可以建立一个心理安全的环境，允许他们的下属自由表达创意，从而提高个人和团队的创造性表现水平。鉴于道德型领导和主管对创造力的支持的独特作用，通过探索不同形式的领导力在不同层次的分析中产生不同层面的创造力的可能性，可以丰富领导力和创造力的相关文献。

## 参考文献

Amabile, T. M. , et al. （2004）. Leader behaviors and the work environment for creativity: Perceived leader support. *Leadership Quarterly*, 15 （1）, 5 – 32.

Anderson, N. , Potocnik, K. , & Zhou, J. （2014）. Innovation and creativity in organizations: A state-of-the-science review, prospective commentary, and guiding framework. *Journal of Management*, 40 （5）, 1297 – 1333.

Ashford, S. J. , & Cummings, L. L. （1985）. Proactive feedback seeking—The instrumental use of the information environment. *Journal of Occupational Psychology*, 58 （1）, 67 – 79.

Baer, M. , & Oldham, G. R. （2006）. The curvilinear relation between experienced creative time pressure and creativity: Moderating efects of openness to experience and support for creativity. *Journal of Applied Psychology*, 91 （4）, 963 – 970.

Bagozzi, R. P. , & Edwards, J. R. （1998）. A general approach for representing constructs in organizational research. *Organizational research methods*, 1 （1）, 45 – 87.

Bentler, P. M. , & Chou, C. P. （1987）. Practical issues in structural modeling. *Sociological Methods & Research*, 16 （1）, 78 – 117.

Bliese, P. , Halverson, R. , & Schriesheim, C. （2002）. Benchmarking multilevel methods in leadership: The articles, the model, the dataset. *Leadership Quarterly*, 13 （1）, 3 – 14.

Boies, K. , & Howell, J. A. （2006）. Leader-member exchange in teams: An examination of the interaction between relationship diferentiation and mean LMX in explaining team-level outcomes. *Leadership Quarterly*, 17（3）, 246 – 257.

Brislin, R. W. （1980）. Translation and content analysis of oral and written materials. In H. C. Triandis & J. W. Berry（eds. ）. *Handbook of cross-cultural psychology*：*Methodology* （pp. 389 – 444）. Boston：Allyn & Bacon.

Brown, M. E. , & Treviño, L. K. （2006）. Ethical leadership：A review and future directions. *Leadership Quarterly*, 17（6）, 595 – 616.

Brown, M. E. , Treviño, L. K. , & Harrison, D. A. （2005）. Ethical leadership：A social learning perspective for construct development and testing. *Organizational Behavior and Human Decision Processes*, 97（2）, 117 – 134.

Chan, D. （1998）. Functional relations among constructs in the same content domain at diferent levels of analysis：A typology of composition models. *Journal of Applied Psychology*, 83, 234 – 246.

Chen, A. S. Y. , & Hou, Y. H. （2016）. The efects of ethical leadership, voice behavior and climates for innovation on creativity：A moderated mediation examination. *Leadership Quarterly*, 27（1）, 1 – 13.

Choi, J. N. , Price, R. H. , & Vinokur, A. D. （2003）. Self-efficacy changes in groups：Efects of diversity, leadership, and group climate. *Journal of Organizational Behavior*, 24（4）, 357 – 372.

Dawson, J. F. （2014）. Moderation in management research：What, why, when, and how. *Journal of Business and Psychology*, 29（1）, 1 – 19.

De Hoogh, A. H. B. , & Den Hartog, D. N. （2008）. Ethical and despotic leadership, relationships with leader's social responsibility, top management team efectiveness and subordinates' optimism：A multi-method study. *Leadership Quarterly*, 19（3）, 297 – 311.

Detert, J. R. , & Burris, E. R. （2007）. Leadership behavior and employee voice：Is the door really open? *Academy of Management Journal*, 50（4）, 869 – 884.

Du, J. , & Choi, J. N. （2010）. Pay for performance in emerging markets：Insights from China. *Journal of International Business Studies*, 41（4）, 671 – 689.

Edmondson, A. （1999）. Psychological safety and learning behavior in work teams. *Administrative Science Quarterly*, 44（2）, 350 – 383.

Edwards, J. R. , & Lambert, L. S. (2007). Methods for integrating moderation and media-tion: A general analytical framework using moderated path analysis. *Psychological Meth-ods*, 12 (1), 1 – 22.

Eisenbeiss, S. A. , Van Knippenberg, D. , & Boerner, S. (2008). Transformational lead-ership and team innovation: Integrating team climate principles. *Journal of Applied Psy-chology*, 93 (6), 1438 – 1446.

Erdogan, B. , & Bauer, T. N. (2010). Diferentiated leader-member exchanges: The buffe-ring role of justice climate. *Journal of Applied Psychology*, 95 (6), 1104 – 1120.

Esenberger, R. , et al. (2002). Perceived supervisor support: contributions to perceived organizational support and employee retention. *Journal of Applied Psychology*, 87 (3), 565 – 573.

Farh, J. , Lee, C. , & Farh, C. I. C. (2010). Task confict and team creativity: A question of how much and when. *Journal of Applied Psychology*, 95 (6), 1173 – 1180.

Farh, C. I. , Zhang, Y. , & Long, L. (2015). Designing creative teams from creative members: Implications for task interdependence. In Academy of management proceedings (Vol. 2015, No. 1, p. 11535). *Academy of Management.*

Farmer, S. M. , Tierney, P. , & Kung-McIntyre, K. (2003). Employee creativity in Tai-wan: An application of role identity theory. *Academy of Management Journal*, 46 (5), 618 – 630.

Feng, J. , Zhang, Y. , Liu, X. , Zhang, L. , & Han, X. (2016). Just the right amount of ethics inspires creativity: A cross-level investigation of ethical leadership, intrinsic motivation, and employee creativity. *Journal of Business Ethics*, 1 – 14. https://doi. org/10. 1007/s10551 – 016 – 3297 – 1.

George, J. M. , & Zhou, J. (2007). Dual tuning in a supportive context: Joint contributions of positive mood, negative mood, and supervisory behaviors to employee creativi-ty. *Academy of Management Journal*, 50 (3), 605 – 622.

Gino, F. , et al. (2010). First, get your feet wet: The efects of learning.

Gino, F. , Argote, L. , Miron-Spektor, E. , & Todorova, G. (2010). First, get your feet wet: The effects of learning from direct and indirect experience on team creativi-ty. *Organizational Behavior and Human Decision Processes*, 111 (2), 102 – 115.

Gong, Y., Huang, J., & Farh, J. (2009). Employee learning orientation, transformational leadership, and employee creativity: The mediating role of employee creative self-efcacy. *Academy of Management Journal*, 52 (4), 765 – 778.

Gong, Y., et al. (2012). Unfolding the proactive process for creativity: Integration of the employee proactivity, information exchange, and psychological safety perspectives. *Journal of Management*, 38 (5), 1611 – 1633.

Hackman, J. R. (1992). Group infuences on individuals in organizations. In M. D. Dunnette & L. M. Hough (eds.). *Handbook of industrial and organizational psychology* (Vol. 2, pp. 199 – 267). Palo Alto, CA: Consulting Psychologists Press.

Hayes, A. F. (2013). *Introduction to mediation, moderation, and conditional process analysis: A regression-based approach.* New York: Guilford Press.

Hülsheger, U. R., Anderson, N., & Salgado, J. F. (2009). Team-level predictors of innovation at work: A comprehensive meta-analysis spanning three decades of research. *Journal of Applied Psychology*, 94 (5), 1128 – 1145.

Kahn, W. A. (1990). Psychological conditions of personal engagement and disengagement at work. *Academy of Management Journal*, 33 (4), 692 – 724.

Kalshoven, K., Den Hartog, D. N., & De Hoogh, A. H. B. (2011). Ethical leadership at work questionnaire (ELW): Development and validation of a multidimensional measure. *Leadership Quarterly*, 22 (1), 51 – 69.

Kozlowski, S. W. J., & Klein, K. J. (2000). A multilevel approach to theory and research in organizations: Contextual, temporal, and emergent processes. In K. J. Klein & S. W. J. Kozlowski (eds.). *Multilevel theory, research, and methods in organizations: Foundations, extensions, and new directions* (pp. 3 – 90). San Francisco, CA: Jossey-Bass.

Landis, R. S., Beal, D. J., & Tesluk, P. E. (2000). A comparison of approaches to forming composite measures in structural equation models. *Organizational Research Methods*, 3 (2), 186 – 207.

Leana, C. R., & Van Buren, H. J. (1999). Organizational social capital and employment practices. *Academy of Management Review*, 24 (3), 538 – 555.

Li, Y., et al. (2014). Ethical leadership and subordinates' occupational well-being: A multi-level examination in china. *Social Indicators Research*, 116 (3), 823 – 842.

Liang, J. , Farh, C. I. C. , & Farh, J. (2012). Psychological antecedents of promotive and prohibitive voice: A two-wave examination. *Academy of Management Journal*, 55 (1), 71 – 92.

Liao, H. , Liu, D. , & Loi, R. (2010). Looking at both sides of the social exchange coin: a social cognitive perspective on the joint efects of relationship quality and diferentiation on creativity. *Academy of Management Journal*, 53 (5), 1090 – 1109.

Lind, E. A. , & Van den Bos, K. (2002). When fairness works: Toward a general theory of uncertainty management. *Research in Organizational Behavior*, 24, 181 – 223.

Loi, R. , Lam, L. W. , & Chan, K. W. (2012). Coping with job insecurity: The role of procedural justice, ethical leadership and power distance orientation. *Journal of Business Ethics*, 108 (3), 361 – 372.

Ma, Y. , Cheng, W. , Ribbens, B. A. , & Zhou, J. (2013). Linking ethical leadership to employee creativity: Knowledge sharing and self-efcacy as mediators. *Social Behavior and Personality: an International Journal*, 41 (9), 1409 – 1419.

Madjar, N. , Greenberg, E. , & Chen, Z. (2011). Factors for radical creativity, incremental creativity, and routine, noncreative performance. *Journal of Applied Psychology*, 96 (4), 730 – 743.

Madjar, N. , Oldham, G. R. , & Pratt, M. G. (2002). There's no place like home? The contributions of work and nonwork creativity support to employees' creative performance. *Academy of Management Journal*, 45 (4), 757 – 767.

Marsh, H. W. , Lüdtke, O. , Nagengast, B. , Morin, A. J. , & Von Davier, M. (2013). Why item parcels are (almost) never appropriate: Two wrongs do not make a right—Camoufaging misspecifcation with item parcels in CFA models. *Psychological Methods*, 18 (3), 257 – 284.

Mayer, D. M. , et al. (2009). How low does ethical leadership fow? Test of a trickle-down model. *Organizational Behavior and Human Decision Processes*, 108 (1), 1 – 13.

Mayer, D. M. , et al. (2012). Who displays ethical leadership, and why does it matter? An examination of antecedents and consequences of ethical leadership. *Academy of Management Journal*, 55 (1), 151 – 171.

Mo, S., Ling, C. D., & Xie, X. Y. (2017). The Curvilinear relationship between ethical leadership and team creativity: The moderating role of team faultlines. *Journal of Business Ethics*, 1 – 14. https://doi. org/10. 1007/s1055 1 – 016 – 3430 – 1.

Montag, T., Maertz, C. P., & Baer, M. (2012). A critical analysis of the workplace creativity criterion space. *Journal of Management*, 38 (4), 1362 – 1386.

Mueller, J. S., & Kamdar, D. (2011). Why seeking help from teammates is a blessing and a curse: A theory of help seeking and individual creativity in team contexts. *Journal of Applied Psychology*, 96 (2), 263 – 276.

Nembhard, I. M., & Edmondson, A. C. (2006). Making it safe: The efects of leader inclusiveness and professional status on psychological safety and improvement eforts in health care teams. *Journal of Organizational Behavior*, 27 (7), 941 – 966.

Newman, A., et al. (2014). Examining the cognitive and afective trustbased mechanisms underlying the relationship between ethical leadership and organisational citizenship: A case of the head leading the heart? *Journal of Business Ethics*, 123 (1), 113 – 123.

Oldham, G. R., & Cummings, A. (1996). Employee creativity: Personal and contextual factors at work. *Academy of Management Journal*, 39 (3), 607 – 634.

Pirola-Merlo, A., & Mann, L. (2004). The relationship between individual creativity and team creativity: Aggregating across people and time. *Journal of Organizational Behavior*, 25 (2), 235 – 257.

Resick, C. J., et al. (2013). Ethical leadership, moral equity judgments, and discretionary workplace behavior. *Human Relations*, 66 (7), 951 – 972.

Rhoades, L., & Eisenberger, R. (2002). Perceived organizational support: A review of the literature. *Journal of Applied Psychology*, 87 (4), 698 – 714.

Sacramento, C. A., Dawson, J. F., & West, M. A. (2015). Team creativity: More than the sum of its parts? In M. D. Mumford, S. T. Hunter, & K. E. Bedell-Avers (eds. ). *Multi-level issues in creativity and innovation (research in multi level issues)* (Vol. 7, pp. 269 – 287). Bingley: Emerald Group Publishing Limited.

Shin, Y. (2014). Positive group afect and team creativity: Mediation of team refexivity and promotion focus. *Small Group Research*, 45 (3), 337 – 364.

Shin, S. J., & Zhou, J. (2003). Transformational leadership, conservation, and creativity: Evidence from Korea. *Academy of Management Journal*, 46 (6), 703 – 714.

Shin, Y., et al. (2015). Top management ethical leadership and frm performance: Mediating role of ethical and procedural justice climate. *Journal of Business Ethics*, 129 (1), 43 – 57.

Shrout, P. E., & Bolger, N. (2002). Mediation in experimental and nonexperimental studies: New procedures and recommendations. *Psychological Methods*, 7 (4), 422 – 445.

Taggar, S. (2002). Individual creativity and group ability to utilize individual creative resources: A multilevel model. *Academy of Management Journal*, 45 (2), 315 – 330.

Takeuchi, R., Chen, G., & Lepak, D. P. (2009). Through the looking glass of a social system: Cross-level efects of high-performance work systems on employees' attitudes. *Personnel Psychology*, 62 (1), 1 – 29.

Tangirala, S., & Alge, B. J. (2006). Reactions to unfair events in computer-mediated groups: A test of uncertainty management theory. *Organizational Behavior and Human Decision Processes*, 100 (1), 1 – 20.

Treviño, L. K., Brown, M., & Hartman, L. P. (2003). A qualitative investigation of perceived executive ethical leadership: Perceptions from inside and outside the executive suite. *Human Relations*, 56 (1), 5 – 37.

Tsui, A. S., Wang, H., & Xin, K. R. (2006). Organizational culture in China: An analysis of culture dimensions and culture types. *Management and Organization Review*, 2 (3), 345 – 376.

Tu, Y., & Lu, X. (2013). How ethical leadership infuence employees' innovative work behavior: A perspective of intrinsic motivation. *Journal of Business Ethics*, 116 (2), 441 – 455.

Tu, Y., & Lu, X. (2016). Do ethical leaders give followers the confdence to go the extra mile? The Moderating Role of Intrinsic Motivation. *Journal of Business Ethics*, 135 (1), 129 – 144.

Van den Bos, K., et al. (2008). Justice and the human alarm system: The impact of exclamation points and fashing lights on the justice judgment process. *Journal of Experimental Social Psychology*, 44 (2), 201 – 219.

West, M. A. (1990). The social psychology of innovation in groups. In M. A. West &

J. L. Farr（eds.）. Innovation and creativity at work: *Psychological and organizational strategies*（*pp.* 309 – 333）. Chichester: Wiley.

Xu, A. J. , Loi, R. , & Ngo, H. （2016）. Ethical leadership behavior and employee justice perceptions: The mediating role of trust in organization. *Journal of Business Ethics*, 134 （3）, 493 – 504.

Yoon, M. H. , Seo, T. H. , & Yoon, T. S. （2004）. Efects of contact employee supports on critical employee responses and customer service evaluation. *Journal of Services Marketing*, 18 （5）, 395 – 412.

Yoon, M. H. , & Suh, J. （2003）. Organizational citizenship behaviors and service quality as external efectiveness of contact employees. *Journal of Business Research*, 56 （8）, 597 – 611.

Zhang, X. , & Bartol, K. M. （2010）. Linking empowering leadership and employee creativity: The infuence of psychological empowerment, intrinsic motivation, and creative process engagement. *Academy of Management Journal*, 53 （1）, 107 – 128.

Zhang, S. , & Tu, Y. （2018）. Cross-domain efects of ethical leadership on employee family and life satisfaction: The moderating role of family-supportive supervisor behaviors. *Journal of Business Ethics*, 152 （4）, 1085 – 1097.

# 第三篇

# 道德型领导与幸福感

# 第 6 章　道德型领导与下属的职业幸福感<sup>*</sup>

---

\* 本章内容详见 Li，Y.，Xu，J. Tu，Y.，Lu，X.（2014）. Ethical leadership and subordinates' occupational well-being：a multi-level examination in China. *Social Indicators Research*，116（3），823 – 842。

**导　读：** 以往研究和管理实践都过分强调员工绩效，而忽略了他们的职业幸福感。此外，中国一系列的员工自杀丑闻也凸显了道德型领导在提升下属职业幸福感方面的重要性。本章立足社会交换理论，考察道德型领导对下属职业幸福感的主要影响及作用机制。本章在中国收集了 302 份员工问卷和 34 份团队问卷。通过多层分析法，本章应用分层线性模型检验假设。结果表明，道德型领导对下属职业幸福感能产生积极影响，这种关系受到分配公平和人际公平的部分中介作用。此外，集体主义调节道德型领导对分配公平、人际公平以及员工职业幸福感的影响。

**关键词：** 道德型领导　职业幸福感　分配公平　人际公平　集体主义

"也许这一连串的（富士康）自杀事件也为我们敲醒警钟，我们意识到必须做得更好。"

——Louis Woo，富士康科技集团，2010

# 6.1 问题的提出

中国富士康公司的一系列员工自杀丑闻震惊了世界，并引起研究人员和管理人员的反思，重新考虑员工幸福感的重要性（Barboza，2010）。公众想知道员工为何如此不快乐甚至在工作场所自杀，以及如何解决这些令人震惊的问题，因此研究者将注意力转移到员工职业幸福感上。幸福是人类永恒的追求（McMahon，2006）。然而，研究人员和管理人员过分强调员工绩效，却忽视了他们的职业幸福感（Luthans，2002；Brunetto et al.，2011a），这被认为是悲剧的助推剂。改善员工的职业幸福感能够为员工的偏差行为提供更好的治愈。员工的职业幸福感吸引了越来越多的研究注意力，这不仅因为幸福是员工天经地义的追求目标（Horn et al.，2004；Wright，2003），而且因为对员工职业幸福感的毁坏已经为组织和员工招致严重的负面后果（Siu et al.，2007）。

对员工职业幸福感的损害成为一个新的话题，不仅是管理问题，也是道德问题。商业丑闻导致商业运作受到破坏以及社会对商业道德日益关注，因此，公众批评这类案例管理层的不道德的决策和不人道的管理方式，研究人员和管理人员感兴趣的是道德型领导如何应对不恰当的行为并创建令人满意的管理体系（Brown and Treviño，2006）。尽管以往研究表明道德型领导能够对下属的态度产生积极影响（Brown and Treviño，2006），以及有支持型领导对员工职业幸福感的研究（Arnold et al.，2007；Bono and Ilies，2006），但尚未有研究探讨道德型领导与员工职业幸福感之间的关系。为了填补这一空白，本章的目的是调查道德型领导是否、如何以及何时影响员工的职业幸福感。

此外，道德型领导与员工职业幸福感之间的关系尚不明确。道德的领导者致力于建立公平的管理体系以增加员工的产出（Brown et al.，2005），因此本章假设公平在道德型领导与员工职业幸福感之间起中介作用。在公平的四个维度（分配公平、程序公平、信息公平和人际公平）中（Colquitt et al.，2001），我们选择分配公平和人际公平作为中介变量有两个原因。第一，分配公平长久以来都被认为对员工职业幸福感有最重要的作用。特别是在中国，传统儒家思想（平均分配）和市场导向改革（基于个人贡献的分配）形成了分配公平在中国的重要性（Du and Choi，2010）。第二，由于"差序格局"（Fei，1992）以及关系文化盛行（Chen et al.，2004），中国的管理实践也强调人际公平以保持组织中的人际和谐关系，员工也将人际公平视作个人在团队中的地位的象征。因此，本章选择分配公平和人际公平作为道德型领导与下属职业幸福感之间的中介变量。

再者，大多数关于职业幸福感的研究都是在西方背景下进行的（Bretones and Gonzalez，2011），很少有在非西方背景下的研究，本章尝试在中国对此进行研究并拓展职业幸福感在中国情境的普适性。集体主义作为中国社会的规范和文化基础之一，极大地影响到社会成员的态度、行为和社会关系（Hofstede，1984）。跨文化的研究表明，国家层面和个体层面的集体主义与主观幸福感显著相关（Rego and Cunhua，2009；Spector et al.，2001；Steel and Lynch，2012）。本章探讨集体主义如何调节道德型领导对员工分配公平、人际公平和职业幸福感的影响。

最后，以往研究主要探讨了集体主义在个体层面上的调节作用（Goncalo and Staw，2006；Robert and Wasti，2002）。然而，研究人员意识到群体、组织甚至国家层面的情境因素可能会影响前因与下属职业幸福感之间的作用机制。通过多层次分析方法，本章将集体主义概念化为嵌入工作群体中的文化因素，并考察集体主义在道德型领导与分配公平、人际公平以及下属职业幸福感之间的调节作用。图 6-1 展示了本章假设模型。

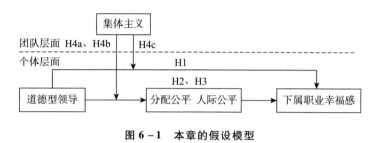

图 6-1　本章的假设模型

## 6.2　理论与假设

### 6.2.1　道德型领导与下属职业幸福感

职业幸福感是一种与工作相关的幸福感，它被定义为"人们感受到的他们在工作中是否感到幸福"（Warr, 1999），它反映了总体的工作满意度（Warr, 1992）。Warr（1999）将职业幸福感定义为三个主轴：不开心—开心、焦虑—舒适和抑郁—热情。它包括的成分有满意、承诺、唤醒、紧张和抑郁等（Grebner et al., 2005；Warr, 1987）。它和其他类型的幸福感，例如心理幸福感、生理幸福感和社交幸福感（Brunetto et al., 2011b；Grant et al., 2007）以及主观幸福感（Diener, 2009）相比，不同之处在于它关注工作场所并且被组织情境所塑造。Warr 和 Clapperton（2009）认为支持型领导以及公平对待可以预测个体的职业幸福感。很多研究也支持了领导力和员工的职业幸福感之间的关系（Arnold et al., 2007；Bono and Ilies, 2006；Gilbreath and Benson, 2004）。Fisher（2010）发现工作环境或者组织情境可以显著影响员工的职业幸福感。跟随这些前人的研究，本章尝试检验道德型领导对员工的职业幸福感的主效应，以及在其中的中介效应和调节效应。

道德型领导是指"通过表率行为和人际互动来表明在组织中什么是合乎规范、恰当的行为，并通过双向沟通、强化和决策来激励下属道德行为"的领导（Brown et al.，2005）。Brown 和 Treviño（2006）提出，社会交换理论（Blau，1964）与社会学习理论（Bandrua，1977，1986）可以作为解释道德型领导与下属产出之间关系的理论基础。社会交换理论表明，当道德型领导尊重并用恰当的方式对待下属时，下属会感到自己有义务回报领导者的体贴关怀和支持（Brown and Treviño，2006）。社会学习理论认为，道德型领导作为有吸引力、合法的榜样，会影响到下属的行为（Bandrua，1977，1986）。在本章中，本章运用社会交换理论（Blau，1964）作为理论基础来探索道德型领导与下属职业幸福感之间的关系及作用机制。

本章认为道德型领导有助于增强下属职业幸福感。第一，道德型领导以人为本（Brown et al.，2005）。他们关注群体和员工的长期利益（Treviño et al.，2003）。此外，他们用尊重、公平的方式对待员工，并考虑员工的权利和需求。这些支持性的行为增加了员工的职业幸福感（Warr and Clapperton，2009）。第二，道德型领导坚持做正确的事并反对不当行为。他们在任何时候和任何情况下都会始终如一地坚守道德标准并展现道德行为，因此下属会觉得他们的领导者是可靠、可信任和真诚的（Garner et al.，2005）。当员工与道德的领导者共事时，他们会体验到很高的职业幸福感。第三，道德型领导能够做出恰当安排，将合适的人安排到正确岗位，锻炼员工的工作技能，授权下属展开恰当的工作并支持他们实现目标（Kanungo and Conger，1993；Treviño et al.，2003）。第四，道德型领导可以增强工作自主性和重要性（Piccolo et al.，2010）。Arnold 等（2007）发现积极的工作特征与员工的职业幸福感显著正相关，van Dierendonck 等（2004）也发现支持型领导的认可和反馈对员工的职业幸福感有提升作用。在这样的工作环境中，员工具有较高的职业幸福感（Warr and Clapperton，2009；Leung et al.，2011）。基于上述解释，我们认为高职业幸福感是道德的领导者作用下的态度结果，因此我们提出第一个假设。

H1：道德型领导与下属职业幸福感正相关。

### 6.2.2 分配公平和人际公平的中介作用

在过去几十年中，公平是组织研究领域的一个热门话题（Colquitt et al.，2001）。解释公平的理论框架之一是社会交换理论（Liao and Rupp，2005），该理论认为当员工感知到公平对待时，他们会认为自己有义务对此进行回报（Erdogan et al.，2006）。许多研究已经证明公平对员工产出具有积极影响（Colquitt et al.，2001），如任务绩效（Zapata-Phelan et al.，2009）、信任（Frazier et al.，2010）、组织公民行为（Karriker and Williams，2009）、工作满意度以及组织承诺（Lambert et al.，2007）。

组织公平反映的是个体对组织中公平的感知（Colquitt et al.，2005），一般包括三类：分配公平、程序公平和互动公平（Ambrose and Schminke，2009；Colquitt et al.，2001）。分配公平指个体关于决策结果和资源分配的公平感知，在组织公平的三个维度中，分配公平可以解释结果的最大差异。互动公平包括信息公平和人际公平，反映的是个体对于从组织或权威机构获得的信息、待遇等方面的公平感知。然而，许多研究人员认为信息公平与公平的其他维度差异较大。因此，为了探究公平如何在道德型领导与员工产出的关系中起中介作用，我们选择分配公平和人际公平作为本研究的中介变量。本研究中关于组织公平的基本原理是基于社会交换理论（Liao and Rupp，2005）的，当员工得到公平对待时，他们会以积极的工作态度进行回报（Erdogan et al.，2006）。

由于分配公平侧重于资源分配的公平性（Greenberg，1990），根据公平理论（Adams，1965），个体通过比较自身与他人的结果（例如奖励、惩罚）和投入（例如努力、贡献）比率来衡量分配公平。只有当他们的报酬与贡献相匹配时（Ambrose and Arnaud，2005），个体才会认为他们得到分配公平的对待。根据其定义，我们提出道德型领导与员工对分配公平的感知积极相关。道德领导者的特点是诚实、正直和可信赖（Brown and Treviño，2006；Brown et al.，2005），并在决策中遵守道德标准（Piccolo and Colquitt，2006）。他们通常会公正地做出有关资源和成果分配的决定。另外，道德领导者通常会制定明确的绩效标准，并根据这些标准对下属进行奖励或惩罚（Treviño et al.，2003），从而使下属对其行为负责。因此，下属更有可能认为自身的收获与投入的匹配是合理的，转而增强对公平的感知。此外，以人为本的道德领导者为了维护员工的利益（Brown et al.，2005），也会选择在组织中实施分配公平。因此，道德型领导可以显著增强员工对分配公平的感知。

许多实证研究都证实了组织公平会影响员工职业幸福感。例如，Cohen-Charash 和 Spector（2001）的研究揭示了组织公平的三种类型均与工作满意度和组织承诺正相关。Warr 和 Clapperton（2009）发现当个体受到公平对待时会拥有更强的职业幸福感。根据这些发现，我们提出分配公平通过三种方式增强员工的职业幸福感。首先，感知到的分配公平与员工对其薪资和工作的满意度直接相关。当他们得到公平的分配时，更有可能获得更高的工作满意度（Colquitt et al.，2001），从而拥有更强的职业幸福感。其次，分配公平与员工在工作中的情感和愉悦紧密相关。也就是说，当员工与他人相比，感觉到自身的结果与投入的匹配相对公平时，他们往往会拥有更好的情绪（De Boer et al.，2002）。相反，如果员工受到不公平的待遇，他们更有可能感到生气和沮丧，这意味着职业幸福感降低。最后，由于分配公平会影响员工的收入和生活水平，更好的分配公平有助于提高整体满意度和身体状况（Oshio and Kobayashi，2009；Schyns，2001）。因此，当领导者被贴上道德的标签时，员工更有可能感知到分配公平，从而体会到更高的职业幸福感。职业幸福感可以被看作员工对道德型领导推行的分配公平的反应，据此提出以下假设。

H2：分配公平在道德型领导与下属职业幸福感的关系中起中介作用。

与分配公平相似，我们认为人际公平也可以在道德型领导与下属职业幸福感的关系中起中介作用。Greenberg（1990）认为，人际公平是指下属感知到他人礼貌、尊重地对待自己。尊重和礼貌被认为是人际公平的两个主要方面（Bies，2005；Scott et al.，2007）。尊重意味着下属应该得到真挚诚实的对待，礼貌指的是领导者应该避免做出不当或有偏见的陈述。当领导尊重、体恤下属，并清晰、诚实地说明做出决定的理由时，员工对这两个方面的感知会得到促进（Colquitt et al.，2001）。当领导以谦逊、尽责和文明的方式对待下属时（Brown et al.，2005），下属更有可能感受到尊严、尊重和人际公平。此外，道德领导者经常密切关注下属的权利和要求（Gini，1997），他们会被期望表现出对下属的尊重，并且可以敏锐地觉察到下属的尊严和情感（Brown et al.，2005），从而增强了下属的人际公平感。另外，道德领导者经常强调与下属的双向沟通，他们真诚地倾听并鼓励员工勇敢表达（De Hoogh and Den Hartog，2008），不必担心人际交往的风险。因此，下属更有可能认为决策是适当的，并且清楚和公开地获得解释。

人际公平也被认为与职业幸福感正相关（Cohen-Charash and Spector，2001）。首先，人际公平已被证明可以预测工作满意度。当受到领导的尊重时，员工会对其领导和组织产生更积极的态度。Judge 等（2006）研究发现人际公平与工作满意度正相关，Loi 等（2009）的研究也证实了这一结论。其次，人际公平会显著影响员工的情感和情绪。以往文献显示，从权威处感知到的人际公平传达了个体在组织中的地位和身份信息（Bies，2001；Lind et al.，2000；Tyler，1989）。因此，人际公平越高，员工越可能体会到积极和放松的情绪。相反，人际不公平对待表示个体在组织中处于劣等地位，接受者会体验到更多的例如沮丧和愤怒的负面情感（Tyler，1999），这可能会削弱他们的职业幸福感。最后，人际公平反映了组织中的人际关系，可以促进员工之间的和谐氛围。因此，个人在工作场所遇到的人际冲突更少，并且与同事和领导者之间产生更好的互动，从而提高职业幸福感。总而言之，当员工从道德领导者那里感知到人际公平时，他们更有可能表现出职业幸福感以作为回报。因此，我们提出以下假设。

H3：人际公平在道德型领导与下属职业幸福感的关系中起中介作用。

### 6.2.3 集体主义的调节作用

个人主义—集体主义是最重要的解释人的态度和行为的文化价值观维度（Hofstede，2001；Triandis，1995）。Cheung 和 Leung（2007）认为集体主义是预测中国人幸福感的一个前因。在过去的研究中，集体主义通常被认为是一种可以在个体层面（心理集体主义）（Gomez et al.，2000）、团队或组织层面（作为一种文化价值）（Goncalo and Staw，2006；Robert and Wasti，2002）以及社会层面（作为一种社会价值或国家层面的文化）（Hofstede，1984）上表现出来的价值观或实践。本章将集体主义概念化为群体文化，指的是"强调群体和谐，集体目标优先于个人目标，以及以所属群体定义自我的文化价值观"（Goncalo and Staw，2006）。在集体主义群体中，强调集体利益优先、人际和谐与群体认同（Goncalo and Staw，2006；Triandis，1995）。本章假设集体主义调节了道德型领导对分配公平、人际公平和职业幸福感的作用。

本章认为，相比于低集体主义团队，在高集体主义的团队中，道德型领导对分配公平、人际公平和职业幸福感的作用更强。在高集体主义团队中，员工用他们作为集体成员的身份来定义个人（Hofstede，1984；

Robert and Wasti，2002）。他们对个人和群体（包括其代表）之间的互惠更为敏感，这意味着高集体主义塑造了员工与群体和群体领导者之间的社会交换过程（Erdogan et al.，2006）。因此，当集体主义文化下的员工与作为群体代理的道德型领导互动时，领导者和员工之间的社会交换将得到加强；当领导者善待他们时，员工感到更有义务以期望的工作态度和行为来回报领导者。道德型领导公平对待员工，做出公平和平衡各方利益的决策，奖励员工的道德行为并惩罚不道德行为（Brown et al.，2005），从而增强员工对分配公平的感知。在集体主义团队中，员工对道德型领导更加敏感，有更高的分配公平感。此外，道德型领导以尊重和恰当的方式对待下属，他们倾听下属的意见并鼓励双向沟通（Brown et al.，2005），这有利于提高员工对人际公平的感知。在高集体主义团队中，社会交换过程被强化了，被道德型领导管理的下属会感受到更高的人际公平感。再者，道德型领导关心员工的利益和需求，他们体贴地对待下属，授权下属做正确的事情并培养下属的技能和能力。下属会感到被群体及其领导者支持、尊重和重视，因此他们将具有较高的职业幸福感（Warr and Clapperton，2009），这表明道德型领导与下属职业幸福感之间的社会交换关系得到加强，道德型领导对职业幸福感的作用会更强。因此，我们可以得出结论，高集体主义强化了道德型领导对员工分配公平、人际公平和职业幸福感的影响。

相反，在低集体主义团队中，我们认为道德型领导与分配公平、人际公平和职业幸福感的关系并不密切。在低集体主义（个人主义）中，员工将自己视为群体中的独立部分（Markus and Kitayama，1991）。这种规范强调的是对自己和自己特殊要求的"真实"（Fiske et al.，1998），即人们更关注自身价值而不是社会规范，更注重自身利益而不是集体利益（Triandis，1995）。因此，集体主义团体的员工更加关注团队和领导如何对待他们以及如何回报，个人主义团体的员工则更加关心自己。这意味着在低集体主义团队中，团队（领导者）与员工之间的社会交换关系会被削弱。领导者要遵守道德规范以使下属相信他们是公平和可信赖的，领导者还要表现出支持行为以促进下属的工作。但是，个人主义者更关注自己的利益。因此，道德型领导对分配公平、人际公平和职业幸福感的影响要小于集体主义团队中道德型领导的效力。这意味着在低集体主义的群体文化中，道德型领导对分配公平、人际公平和下属职业幸福感的影响被削弱了。总之，与低集体主义团队的员工相比，在道德型领导的影响下，高集体主义团队的员工会体会到更高的分配公平、人际公平和职业幸福感。因此，我们提出以下假设。

H4：集体主义调节道德型领导对分配公平（H4a）、人际公平（H4b）和下属职业幸福感（H4c）的影响。在高集体主义背景下，道德型领导对分配公平、人际公平和下属职业幸福感有更强的影响力。

# 6.3 方法

## 6.3.1 样本和程序

数据来自两家大公司的两个分支机构，这两家公司分别是中法合资企业和中国私营企业。这两家公司都是世界 500 强公司，一家是中法合资的汽车制造公司，一家是中国本土的通信服务公司。在开始调查之前，公司人力资源经理统计自愿参加本次调查的员工和领导。团队被定义为至少包含 3 位成员的工作单元。获得参与成员名单以后，研究人员向他们发放了调查问卷。每个工作小组收到一个大信封，每个大信封里包含 1 份领导评价的团队问卷、若干份员工问卷和 1 份研究目的说明，研究人员向所有参与者保证了研究的保密性。研究人员向员工和领导者分发了两份单独的问卷，员工需要评估道德型领导、分配公平、人际公平和职业幸福感，同时领导者需要对团队的集体主义进行评分。员工和领导者将完成的问卷放入信封并进行密封后寄回给研究人员。

我们分别向员工和领导者分发了 400 份员工问卷和 40 份团队问卷，其中，260 份员工问卷和 26 份团队问卷是在汽车制造公司发放的，140 份员工问卷和 14 份团队问卷是在本土的通信服务公司发放的。经过了问卷发放—回收程序以及有效性鉴别后，来自合资汽车制造公司的 216 个员工问卷和 22 个团队问卷有效，来自本土通信服务公司的 86 份员工问卷和 12 份团队问卷有效。最后回收了 302 份员工问卷和 34 份团队问卷。因此，在员工和团队层面的回收率分别为 75.5% 和 85%。在最终样本中，200 个员工来自 16 个来自研发中心团队，102 个员工来自 18 个行政部门团队。对于员工样本，63.9% 是男性，其余 36.1% 是女性。员工的平均年龄为 31.7 岁（S.D. =7.32），其中 85% 的员工接受过高等教育。

### 6.3.2 测量

遵循"双盲原则"，问卷的中文版本是由两位专业研究人员以"翻译—回译"的方式设计的（Brislin，1980）。然后，我们邀请了一位主管和四位下属评论问卷的表达方式是否足够清晰，并提出改进建议（Aryee and Chen，2006）。该问卷采用李克特五点量表进行测量，范围从 1 "非常不同意"到 5 "非常同意"。

道德型领导：本章使用改编自 Brown 等（2005）包含 5 个条目的量表衡量道德型领导。举例条目："（我的领导）为下属树立坚持道德原则情况下做对的事的榜样"。信度系数为 0.823。

分配公平：本章采用 Parker 等（1997）开发的包含 3 个条目的量表对分配公平进行测量。举例条目："如果个体表现良好，就会获得足够的认可和奖励"。信度系数为 0.764。

人际公平：Patient 和 Skarlicki（2010）开发的 4 个条目的量表用来测量人际公平。举例条目："（我的领导）以尊重的方式对待下属"。信度系数为 0.880。

职业幸福感：本章采用改编自 Warr（1992）包含 12 个条目的量表

衡量职业幸福感，改编后的量表包含 6 个条目。最初的 12 个条目涉及与工作相关的焦虑—满意度（三项衡量与工作相关的焦虑，三项衡量与工作相关的满意度）、与工作相关的抑郁—热情（三项衡量与工作相关的抑郁，三项衡量与工作相关的热情）。我们采用原量表的积极方面（与工作相关的满意度和与工作相关的热情）来衡量职业幸福感。为了回应缺乏对工作中幸福感的研究的批评（Brunetto et al.，2011a），本章用"我对工作很满意（快乐）"替换原量表中的"我在工作中从容不迫（很放松）"，这与 Diener 等（2009）的看法一致："如果研究人员试图促进工作中幸福感的研究，那么工作满意度的量表可能比任何幸福感的量表都更能准确地衡量这些影响"。信度系数为 0.862。

集体主义：本章采用源于 Triandis（1995）包含 3 个条目的量表评估群体中的集体主义。举例条目："个体（来自群体）应该接受群体的决定，即使他/她有不同的意见"。信度系数为 0.779。

控制变量：以往研究表明职业幸福感与工作要求等工作特征有关（Cornelißen，2009）。因此，本章控制工作要求对个体层面的影响以及工作环境对群体层面的影响。本章采用源于 Demerouti 等（2001）包含 5 个条目的量表衡量工作要求。举例条目："工作场所的物理条件都很好"。信度系数为 0.831。工作环境采用虚拟编码，即 0 表示在研发中心工作，1 表示在行政部门工作。

## 6.4　结果

### 6.4.1　共同方法误差

本章中的数据收集程序可能会引起对共同方法误差（CMB）的担忧。因此，我们采用目前研究中广泛使用的 Harman 单因子检验测试潜在的共同方法误差（Podsakoff et al.，2003；Malhotra et al.，2006）。特别地，本章进行了验证性因子分析（CFA）。研究人员逐步合并变量，并比较从模型 a 到模型 d 的拟合优度。表 6 - 1 中的结果表明，五因子模型的拟合优度最佳，这意味着变量间具有良好的区分度，并且 CMB 在模型 a 中只有轻微影响。结果也证明 CMB 没有预期那么严重。实际上，一些研究人员已经提到在许多研究中 CMB 通常被高估（Malhotra et al.，2006；Du and Choi，2010）。

表 6 - 1　个体层面变量的验证性因子分析

| 模型 | $\chi^2$ | $df$ | CFI | GFI | IFI | RMR | RMSEA | AIC |
|---|---|---|---|---|---|---|---|---|
| 五因子模型 [a] | 427.82 | 220 | 0.937 | 0.90 | 0.938 | 0.039 | 0.056 | 539.82 |
| 四因子模型 [b] | 777.32 | 224 | 0.833 | 0.783 | 0.834 | 0.061 | 0.091 | 881.32 |
| 三因子模型 [c] | 1126.76 | 227 | 0.728 | 0.701 | 0.730 | 0.082 | 0.115 | 1224.76 |
| 两因子模型 [d] | 1311.60 | 229 | 0.673 | 0.675 | 0.675 | 0.087 | 0.125 | 1405.60 |
| 单因子模型 [e] | 1654.52 | 230 | 0.569 | 0.619 | 0.572 | 0.092 | 0.143 | 1746.52 |

注：$n_{个体} = 302$，$n_{团队} = 34$。

a，五个理论构念，即工作要求、道德型领导、分配公平、人际公平、职业幸福感。

b，合并模型 a 中的职业幸福感和工作要求。

c，合并模型 a 中的道德型领导、职业幸福感和工作要求。

d，合并模型 a 中的分配公平、道德型领导、职业幸福感和工作要求。

e，合并模型 a 中的人际公平、分配公平、道德型领导、职业幸福感和工作要求。

## 6.4.2　假设检验

表 6 - 2 显示了两个层面上各变量的均值、标准差和相关性。和假设一致，道德型领导、分配公平、人际公平和职业幸福感之间存在显著的相关性。

表 6 - 2　个体和团队层面变量的均值、标准差和相关性

| 变量 | 均值 | 标准差 | 1 | 2 | 3 | 4 | 5 | 6 | 7 |
|---|---|---|---|---|---|---|---|---|---|
| 个体层面 | | | | | | | | | |
| 工作要求 | 3.65 | 0.69 | 1 | | | | | | |

续表

| 变量 | 均值 | 标准差 | 1 | 2 | 3 | 4 | 5 | 6 | 7 |
|---|---|---|---|---|---|---|---|---|---|
| 道德型领导 | 3.44 | 0.79 | 0.329 ** | 1 | | | | | |
| 分配公平 | 3.94 | 0.73 | 0.175 ** | 0.328 ** | 1 | | | | |
| 人际公平 | 3.71 | 0.80 | 0.311 ** | 0.551 ** | 0.339 ** | 1 | | | |
| 职业幸福感 | 3.75 | 0.65 | 0.412 ** | 0.459 ** | 0.382 ** | 0.520 ** | 1 | | |
| 团队层面 | | | | | | | | | |
| 工作环境<br>（虚拟变量） | 0.47 | 0.51 | | | | | | 1 | |
| 集体主义 | 4.13 | 0.45 | | | | | | 0.176 | 1 |

注：$n_{个体} = 302$，$n_{团队} = 34$，$**\ p < 0.01$。

本章应用分层线性模型（HLM，Bryk and Raudenbush，1992）检验个体层面的中介机制。依据 Zhang 等（2009）的分析方法，本章采用最大似然法估计参数。个体层面上的变量进行组均值中心化并且在团队层面上控制组均值，对团队层面上的变量进行总均值中心化。分配公平和人际公平在道德型领导与下属职业幸福感之间的中介模型是低层次中介模型（1-1-1模型），中介模型的检验结果如表6-3所示。本章遵循 Baron 和 Kenny（1986）检验中介效应的程序。首先，研究发现当控制个体层面上的工作要求时，道德型领导与下属职业幸福感正相关（$r = 0.303$，$p < 0.001$），因此，假设1得到了支持。其次，研究结果证明道德型领导与分配公平和人际公平正相关（分别为 $\eta_1 = 0.275$，$p < 0.01$；$\eta_2 = 0.515$，$p < 0.001$）。最后，当在模型3中加入分配公平和人际公平时，道德型领导对职业幸福感的影响系数和显著性降低，中介变量与职业幸福感呈正相关（分别是 $\eta_1 = 0.139$，$p < 0.01$；$\eta_2 = 0.331$，$p < 0.001$）。此外，本章还应用 Sobel 测试检验中介效应。根据 Preacher 和 Hayes（2008），本章计算了间接效应及其显著性。结果表明，分配公平和人际公平的中介效应是积极并显著的：分配公平的中介效应

为 0.038（$Z = 2.428$，$p < 0.05$），人际公平的中介效应为 0.170（$Z = 4.192$，$p < 0.001$）。结果表明，分配公平和人际公平在道德型领导与下属职业幸福感的关系中起中介作用。因此，假设 2 和假设 3 都得到部分支持。

表 6 - 3　预测职业幸福感的分层线性模型：个体层面分析

| 变量 | 零模型 | 模型 1 | 模型 2 | 模型 3 |
|---|---|---|---|---|
| $\gamma_{00}$ | 3.760 *** | 3.767 *** | 3.763 *** | 3.76 |
| 工作要求 | | 0.355 *** | 0.267 *** | 0.218 *** |
| 道德型领导 | | | 0.303 *** | 0.115 * |
| 分配公平 | | | | 0.139 ** |
| 人际公平 | | | | 0.331 *** |
| 个体层面方差（$\sigma^2$） | 0.394 | 0.333 | 0.281 | 0.211 |
| 方差变化量（$\Delta\sigma^2$） | | 0.061 | 0.052 | 0.07 |
| 解释方差比例 | | 0.155 | 0.156 | 0.249 |
| 团队层面方差（$\tau$） | 0.026 | 0.005 | 0.005 | 0.007 |
| 偏差（$df$） | 591.037（33） | 513.265（32） | 487.91（31） | 421.13（24） |

注：$n_{个体} = 302$，$n_{团队} = 34$，* $p < 0.05$，** $p < 0.01$，*** $p < 0.001$。

根据 Hofmann 等（2003），本章应用截距和斜率作为结果模型来检验跨层次的调节效应。表 6 - 4 中的模型 1、模型 2 和模型 3 分别显示了集体主义在道德型领导、分配公平、人际公平和职业幸福感中的调节作用。个体层面的工作要求和群体层面的工作环境（虚拟编码）作为控制变量添加到模型中。如表 6 - 4 所示，三个模型的 $\gamma_{04}$、$\gamma_{05}$ 均不显著，表明集体主义对截距的影响不显著。然而，三个模型的 $\gamma_{10}$、$\gamma_{11}$ 均显著，表明集体主义对斜率有显著影响。因此，上述结果支持假设 4a、假设 4b 和假设 4c。

表 6 - 4 预测集体主义调节效应的分层线性模型

| 模型 | 参数估计 | | | | | | | | |
|---|---|---|---|---|---|---|---|---|---|
| | $\gamma_{00}$ | $\gamma_{04}$ | $\gamma_{05}$ | $\gamma_{10}$ | $\gamma_{11}$ | $\sigma^2$ | $\tau_{00}$ | $\tau_{01}$ | $\tau_{02}$ |
| 因变量:DJ。 自变量:EL。 调变量:CO | | | | | | | | | |
| 零模型 | 3.951*** | | | | | 0.525 | 0.01 | | |
| 模型 1: <br> $L_1: DJ_{ij} = \beta_{0j} + \beta_{1j} EL_{ij}^a + \beta_{2j} JD_{ij}^a + r_{ij}$ <br> $L_2: \beta_{0j} = \gamma_{00} + \gamma_{01} \text{MEAN } JD_j + \gamma_{02} JS_j + \gamma_{03} \text{MEAN } EL_j + \gamma_{04} CO_j + \gamma_{05} \text{MEAN } EL_j \times CO_j + U_0$ <br> $L_2: \beta_{1j} = \gamma_{10} + \gamma_{11} CO_j + U_1$ <br> $L_2: \beta_{2j} = \gamma_{20} + U_2$ | 3.950*** | 0.268 | -0.100 | 0.116*** | 0.362*** | 0.434 | 0.009 | 0.010 | 0.025 |
| 因变量:IPJ。 自变量:EL。 调节变量:CO | | | | | | | | | |
| 零模型 | 3.750*** | | | | | 0.591 | 0.039 | | |
| 模型 2: <br> $L_1: IPJ_{ij} = \beta_{0j} + \beta_{1j} EL_{ij}^a + \beta_{2j} JD_{ij}^a + r_{ij}$ <br> $L_2: \beta_{0j} = \gamma_{00} + \gamma_{01} \text{MEAN } JD_j + \gamma_{02} JS_j + \gamma_{03} \text{MEAN } EL_j + \gamma_{04} CO_j + \gamma_{05} \text{MEAN } EL_j \times CO_j + U_0$ <br> $L_2: \beta_{1j} = \gamma_{10} + \gamma_{11} CO_j + U_1$ <br> $L_2: \beta_{2j} = \gamma_{20} + U_2$ | 3.771*** | 0.561 | -0.118 | 0.190*** | 0.217* | 0.402 | 0.004 | 0.014 | 0.001 |
| 因变量:OWB。 自变量:EL。 调节变量:CO | | | | | | | | | |
| 零模型 | 3.760 | | | | | 0.394 | 0.026 | | |

续表

| 模型 | 参数估计 | | | | | | | | |
| --- | --- | --- | --- | --- | --- | --- | --- | --- | --- |
| | $\gamma_{00}$ | $\gamma_{04}$ | $\gamma_{05}$ | $\gamma_{10}$ | $\gamma_{11}$ | $\sigma^2$ | $\tau_{00}$ | $\tau_{01}$ | $\tau_{02}$ |
| 模型 3:<br>$L_1: OWB_{ij} = \beta_{0j} + \beta_{1j}EL_{ij}^a + \beta_{2j}JD_{ij}^a + r_{ij}$<br>$L_2: \beta_{0j} = \gamma_{00} + \gamma_{01}\text{MEAN }JD_j + \gamma_{02}JS_j + \gamma_{03}\text{MEAN}$<br>$EL_j + \gamma_{04}CO_j + \gamma_{05}\text{MEAN }EL_j \times CO_j + U_0$<br>$L_2: \beta_{1j} = \gamma_{10} + \gamma_{11}CO_j + U_1$<br>$L_2: \beta_{2j} = \gamma_{20} + U_2$ | $3.759^{***}$ | $0.203$ | $-0.043$ | $0.279^{***}$ | $0.197^*$ | $0.261$ | $0.003$ | $0.015$ | $0.009$ |

注:DJ:分配公平。IPJ:人际公平。CO:集体主义。EL:道德型领导。OWB:职业幸福感。JS:工作环境(虚拟变量)。JD:工作要求。

$n_{个体} = 302, n_{团队} = 34, ^* \ p < 0.05, ^{***} \ p < 0.001$。

　　本章按照 Aiken 和 West（1991）的建议绘制交互效应。图6-2表示预测分配公平的道德型领导与集体主义的交互作用，图6-3表示预测人际公平的道德型领导与集体主义之间的交互作用，图6-4表示预测职业幸福感的道德型领导与集体主义之间的交互作用。如图6-2、图6-3和图6-4所示，在高集体主义的团队中，道德型领导对分配公平、人际公平和职业幸福感的作用更强，在低集体主义的团队中，虽然道德型领导对分配公平、人际公平和职业幸福感的作用也显著，但系数被降低了。这表明，高集体主义增强了道德型领导对分配公平、人际公平和职业幸福感的影响。

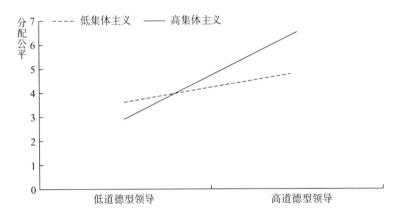

**图6-2　预测分配公平的道德型领导与集体主义的交互作用**

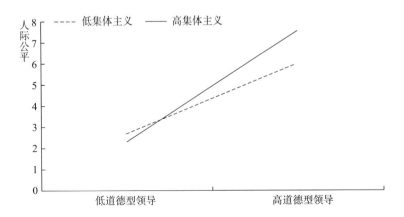

**图6-3　预测人际公平的道德型领导与集体主义之间的交互作用**

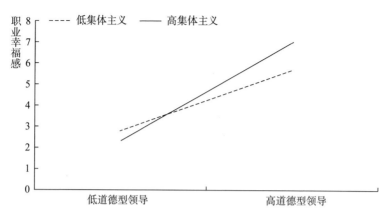

图 6 - 4  预测职业幸福感的道德型领导与集体主义之间的交互作用

## 6.5  讨论

### 6.5.1  理论启示

本研究利用一个来自中国的样本，考察了道德型领导与下属职业幸福感之间的关系，以及分配公平和人际公平在其中的中介作用。为了更好地研究文化因素如何影响这一过程，我们还调查了团队层面的集体主义如何调节道德型领导对分配公平、人际公平和职业幸福感的影响。我们基于社会交换理论来解释本模型：员工会对他们的工作和组织产生积极态度以响应领导的优待，并且这一过程会因群体文化而产生差异。根据研究结果，道德型领导与员工职业幸福感呈正相关，分配公平和人际公平在其中起部分中介作用。此外，我们的研究结果支持团队层面的集体主义调节道德型领导的影响效力。

总而言之，本研究在以下四个方面做出了贡献。首先，本研究是第一个探索道德型领导对员工职业幸福感的主效应研究。为了回应缺乏对职业幸福感研究的批评（Brunetto et al., 2011a）以及公众对道德型领导者的渴望，本研究将道德型领导与员工职业幸福感联系起来，并研究了其潜在机制。我们的研究确实发现了道德型领导与下属职业幸福感之间正相关的证据，这意味着当领导者具有道德特质并始终坚守道德时，他们更有可能增强下属的职业幸福感。这也与以往研究发现一致：领导力可以预测员工的幸福感（van Dierendonck et al.，2004），支持性领导可以显著改善下属的职业幸福感。在富士康科技集团发生一系列员工自杀的背景下，我们的研究揭示了道德型领导是解决该问题的潜在有效方法以及其对员工职业幸福感的贡献。

其次，通过研究分配公平和人际公平在道德型领导与员工职业幸福感之间的中介效应，本研究解决的问题，目前为止仍是鲜为人知的关于道德型领导如何影响员工职业幸福感（Ménard and Brunet，2011）。由于分配公平和人际公平在道德型领导与下属职业幸福感的关系中起部分中介作用，因此我们的研究结果表明，道德型领导者可能通过提供分配公平和人际公平来促进下属的职业幸福感。道德型领导者被认为是公平、可信赖的榜样。他们通常根据下属的表现来分配奖励并尊重下属，这会促进下属对分配公平和人际公平的感知（Brown and Treviño，2006；Brown et al.，2005）。作为对道德型领导者提供的分配公平和人际公平的回应，员工对领导者会有更积极的态度，并能体验到更大的职业幸福感。但值得注意的是，分配公平和人际公平都只是在这种关系中起部分中介作用，道德型领导对职业幸福感的影响可能还有其他解释机制。

再次，本研究做出了情境贡献，我们调查了团队层面的集体主义如何调节道德型领导对员工感知到的分配公平、人际公平和职业幸福感的影响。结果表明，在集体主义较高的群体中，领导和下属之间的社会交换过程得到了加强。特别是在这样的群体中，领导的道德行为，例如基于绩效的分配、尊重员工以及对员工福利的关心，可以激发员工对分配公平和人际公平的感知，并增强职业幸福感。令人鼓舞的是，这种文化群体规范对于改变个体态度及其对刺激的回应非常重要，我们认为集体主义群体可以从道德型领导中受益更多。研究结果还显示，对于高集体主义群体中的成员而言，道德型领导对分配公平、人际公平和职业幸福感的积极影响更大，尽管这种影响在两组中都是积极的。因此，下属职业幸福感受到组织情境和团队层面文化因素的影响，这些显著的调节变量可能会增强或削弱领导力对下属职业幸福感的影响

最后，本研究在方法论上做出的贡献也应该被强调。目前下属职业幸福感领域的绝大多数研究都集中在个体层面的变量上。然而，越来越多的学者指出除了个体层面变量，职业幸福感会受到团队和组织氛围的显著影响（Rego and Cunha，2011）。通过多层次研究模型，本研究能够检验道德型领导和团队层面集体主义对分配公平、人际公平和职业幸福感的跨层交互作用。此外，从员工及其领导者那里收集的多源数据在一定程度上降低了共同方法偏差。

### 6.5.2　管理启示

本研究具有重要的实践意义。调查结果表明道德型领导对于下属职业幸福感至关重要。随着人们越来越关注员工的偏差行为（例如自杀和反生产力行为）以及被削弱的幸福感，道德型领导者被期望改变不适当的管理方式并创造有利的工作环境以改善员工的职业幸福感。因此，组织应提倡道德型领导方式，并为领导者提供相应培训来获得道德型领导的技能。此外，道德型领导者应注重分配公平和人际公平，在组织中贯彻分配公平和人际公平，以促进员工的职业幸福感以及对领导者和组织的积极态度。最后，管理层和领导者应根据团队文化调整自己的管理方式，以提高员工的职业幸福感。在高集体主义群体中，道德型领导可以更好地增强员工对分配公平、人际公平和职业幸福感的感知。在低集体主义（个人主义）群体中，道德型领导仍可促进分配公平、人际公平和职业幸福感，但是和高集体主义群体相比，道德型领导的效力会降低。因此，本研究建议组织营造集体主义的氛围，以最大化获得道德型领导对分配公平、人际公平和职业幸福感的积极影响。

### 6.5.3 局限与未来展望

本研究也具有一些局限性需要未来的研究解决。首先，尽管数据是从不同来源收集的，并且检验结果表明共同方法偏差并不严重，但是数据收集过程仍然会降低结论的可信度。我们假设的变量之间的关系可能来自共同方法偏差而非真实的关系。由于职业幸福感是一种对工作的主观感觉，因此他人很难报告。然而我们也可以分时段收集数据，这种方法会在一定程度上降低共同方法偏差。

其次，本研究中使用的横截面数据使我们无法推断变量之间的因果关系，因为在长时段中，变量之间的关系可能非常复杂。例如，在Lang 等（2011）的纵向研究中发现，员工的抑郁症状会影响他们随后对组织公平的感知，而相反的效果对于任何一个公平维度都不显著。员工的职业幸福感是个人的主观感觉。因此，采用纵向研究设计可以更有效地捕获变量之间的因果关系。

最后，尽管我们在这项研究中探究了团队层面集体主义的调节作用，但研究人员在解释我们的发现并在其他背景下复制本研究时仍应谨慎行事。文化情境是在团队层面上理论化的，仅反映了不同群体之间以及群体内部的差异。如果进一步的调查旨在检验本研究结论的普适性，我们建议采用跨文化设计来实现目标。

## 参考文献

Adams，J. S.（1965）. Injustice in social exchange. *Advances in Experimental Social Psychology*，2，267 – 299.

Aiken，L. S.，& West，S. G.（1991）. *Multiple regression：Testing and interpreting interactions.* Newbury Park，CA：Sage.

Ambrose，M. L.，& Arnaud，A.（2005）. Areprocedural justice and distributive justice conceptually distinct? In J. Greenberg & J. A. Colquitt（eds.），*Handbook of organiza-*

*tional justice* (pp. 59 – 84). London: Lawrence Erlbaum Associates.

Ambrose, M. L., & Schminke, M. (2009). The role of overalljustice judgments in organizational justice research: A test of mediation. *Journal of Applied Psychology*, 94, 491 – 500.

Aryee, S., & Chen, Z. X. (2006). Leader-member exchange in a Chinese context: Antecedents, the mediating role of psychological empowerment and outcomes. *Journal of Business Research*, 59, 793 – 801.

Arnold, K. A., Turner, N., Barling, J., Kelloway, E. K., & McKee, M. C. (2007). Transformational leadership and psychological well-being: The mediating role of meaningful work. *Journal of Occupational Health Psychology*, 12, 193 – 203.

Baron, R. M., & Kenny, D. A. (1986). The moderator-mediator variable distinction in social psychological research: Conceptual, strategic, and statistical considerations. *Journal of Personality and Social Psychology*, 51, 1173 – 1182.

Barboza, D. (2010, Jun 6). After Suicides, Scrutiny of China's Grim Factories. *New York Times*.

Bies, R. J. (2001). Interactional (in) justice: The sacred and the profane. In J. Greenberg, & R. Cropanzano (eds.), *Advances in organizational justice* (pp. 89 – 118). Stanford, CA: Stanford University Press.

Bies, R. J. (2005). Are procedural justice and interactional justice conceptually distinct? In J. Greenberg & J. A. Colquitt (eds.), *Handbook of organizational justice* (pp. 85 – 112). Mahwah, NJ: Lawrence Erlbaum Associates.

Blau, P. M. (1964). *Exchange and Power in Social Life*. New York: Wiley.

Bono, J. E. & Ilies, R. C. (2006). Positive emotions and mood contagion. *The Leadership Quarterly*, 17, 317 – 334.

Brislin, R. W. (1979). Translation and content analysis of oral and written materials. In H. C. Triandis & J. W. Berry (eds.), *Handbook of cross-cultural psychology: Methodology* (pp. 389 – 444). Boston: Allyn & Bacon.

Bretones, F. D., & Gonzalez, M. J. (2011). Subjective and occupational well-being in a sample of Mexican workers. *Social indicators research*, 100, 273 – 285.

Brown, M. E., & Treviño, L. K. (2006). Ethical leadership: A review and future directions. *The Leadership Quarterly*, 17, 595 – 616.

Brown, M. E. , Treviño, L. K. , & Harrison, D. A. (2005) . Ethical leadership: A social learning perspective for construct development and testing. *Organizational Behavior and Human Decision Processes*, 97, 117 – 134.

Brunetto, Y. , Farr-Wharton, R. , & Shacklock, K. (2011a) . Using the Harvard HRM model to conceptualise the impact of changes to supervision upon HRM outcomes for different types of Australian public sector employees. *The International Journal of Human Resource Management*, 22, 553 – 573

Brunetto, Y. , Farr-Wharton, R. , & Shacklock, K. (2011b) . Supervisor-nurse relationships, team-work, role ambiguity and well-being: Public versus private sector nurses. *Asia Pacific Journal of Human Resources*, 49, 143 – 164.

Bryk, A. S. , & Raudenbush, S. W. (1992) . *Hierarchical linear models: Applications and data analysis methods.* Thousand Oaks, CA: Sage Publication.

Cheung, C. K. & Leung, K. K. (2007) . Enhancing life satisfaction by government accountability in China. *Social Indicators Research*, 82, 411 – 432.

Chen, C. C. , Chen, Y. R. , & Xin, K. (2004) . Guanxi practices and trust in management: A procedural justice perspective. *Organization Science*, 15, 200 – 209.

Cohen-Charash, Y. , & Spector, P. E. (2001) . The role of justice in organizations: A meta-analysis. *Organizational Behavior and Human Decision Processes*, 86, 278 – 321.

Colquitt, J. A. , Conlon, D. E. , Wesson, M. J. , Porter, C. O. , & Ng, K. Y. (2001) . Justice at the millenium: A meta-analytic review of 25 years of organizational justice research. *Journal of Applied Psychology*, 86, 425 – 445.

Colquitt, J. A. , Greenberg, J. , & Zapata-Phelan, C. P. (2005) . What is organizational justice? A historical overview. In J. Greenberg, & J. A. Colquitt (eds. ), *The handbook of organizational justice* (pp. 3 – 56) . Mahwah, NJ: Lawrence Erlbaum Associates.

Cornelißen, T. (2009) . The interaction of job satisfaction, job search, and job changes. An empirical investigation with German panel data. *Journal of Happiness Studies*, 10, 367 – 384.

De Boer, E. M. , Bakker, A. B. , Syroit, J. E. , & Shaufeli, W. B. (2002) . Unfairness at work as a predictor of absenteeism. *Journal of Organizational Behavior*, 23, 181 – 197.

De Hoogh, A. H. B. , & Den Dartog, D. N. (2008) . Ethical and despotic leadership, relationships with leader' s social responsibility, top management team effectiveness and subordinates' optimism: A multi-method study. *The Leadership Quarterly*, 19, 297 – 311.

Demerouti, E., Bakker, A. B., Nachreiner, F., & Schaufeli, W. B. (2001). The job demands-resources model of burnout. *Journal of Applied Psychology*, 86, 499 – 512.

Diener, E. (2009). *Assessing well-being: The collected works of Ed Diener*. New York: Springer.

Du, J., & Choi, J. N. (2010). Pay for performance in emerging markets: Insights from China. *Journal of International Business Studies*, 41, 671 – 689.

Erdogan, B., Liden, R. C., & Kraimer, M. L. (2006). Justice and leader-member exchange: The moderating role of organizational culture. *Academy of Management Journal*, 49, 395 – 406.

Fei, X., Hamilton, G. G., & Wang, Z. (1992). *From the soil, the foundations of Chinese society: a translation of Fei Xiaotong's Xiangtu Zhongguo, with an introduction and epilogue*. Berkeley, CA: University of California Press.

Fisher, C. D. (2010). Happiness at work. *International Journal of Management Reviews*, 12, 384 – 412.

Fiske, A. P. et al. (1998). The cultural matrix of social psychology. In D. T. Gilbert, S. T. Fiske, & G. Lindzey (eds.), *Handbook of social psychology* (pp. 915 – 981). Boston: McGraw-Hill.

Frazier, M. L., Johnson, P. D., Gavin, M., Gooty, J., & Snow, D. B. (2010). Organizational justice, trustworthiness, and trust: A multifoci examination. *Group & Organization Management*, 35, 39 – 76.

Gardner, W., Avolio, B., Luthans, F., May, D., & Walumbwa, F. (2005). "Can you see the real me?" A self-based model of authentic leader and follower development. *The Leadership Quarterly*, 16, 343 – 372.

Gilbreath, B., & Benson, P. G. (2004). The contribution of supervisor behaviour to employee psychological well-being. *Work & Stress*, 18, 255 – 266.

Gini, A. (1997). Moralleadership and business ethics. *Journal of Leadership and Organizational Studies*, 4, 64 – 81.

Gomez, C., Kirkman, B. L., & Shapiro, D. L. (2000). The impact of collectivism and in-group/out-group membership on the evaluation generosity of team members. *Academy of*

*Management Journal*, 43, 1097 – 1106.

Goncalo, J. A. & Staw, B. M. (2006) . Individualism-collectivism and group creativity. *Organizational Behavior and Human Decision Processes*, 100, 96 – 109.

Grant, A. M., Christianson, M. K., & Price, R. H. (2007) . Happiness, health, or relationships? Managerial practices and employee well-being tradeoffs. *Academy of Management Perspectives*, 21, 51 – 63.

Greenberg, J. (1990) . Organizational justice: Yesterday, today, and tomorrow. *Journal of management*, 16, 399 – 432.

Grebner, S., Semmer, N. K., & Elfering, A. (2005) . Working conditions and three types of well-being: A longitudinal study with self-report and rating data. *Journal of Occupational Health Psychology*, 10, 31 – 43.

Hofmann, D. A., Morgeson, F. P., & Gerras, S. J. (2003) . Climate as a moderator of the relationship between leader-member exchange and content specific citizenship: Safety climate as an exemplar. *Journal of Applied Psychology*, 88, 170 – 178.

Hofstede, G. (1984) . *Culture's consequences: International differences in work-related values.* London: Sage Publications.

Hofstede, G. (2001) . *Culture's consequences, second edition: comparing values, behaviors, institutions and organizations across nations.* Thousand Oaks, CA: Sage Publications.

Horn, J. E., Taris, T. W., Schaufeli, W. B., & Schreurs, P. J. G. (2004) . The structure of occupational well-being: A study among Dutch teachers. *Journal of Occupational and Organizational Psychology*, 77, 365 – 375.

Judge, T. A., Scott, B. A., & Ilies, R. (2006) . Hostility, job attitudes, and workplace deviance: Test of a multilevel model. *Journal of Applied Psychology*, 91, 126 – 138.

Kanungo, R. N., & Conger, J. A. (1993) . Promoting altruism as a corporate goal. *The Academy of Management Executive*, 7, 37 – 48.

Karriker, J. H., & Williams, M. L. (2009) . Organizational justice and organizational citizenship behavior: a mediated multifoci model. *Journal of Management*, 35, 112 – 135.

Lambert, E., Hogan, N., & Griffin, M. (2007) . The impact of distributive and procedural justice on correctional staff job stress, job satisfaction, and organizational commitment. *Journal of Criminal Justice*, 35, 644 – 656.

Lang, J. , Bliese, P. D. , & Lang, J. W. B. （2011）. Work gets unfair for the depressed: cross-lagged relations between organizational justice perceptions and depressive symptoms. *Journal of Applied Psychology*, 96, 602 – 618.

Liao, H. , & Rupp, D. E. （2005）. The impact of justice climate and justice orientation on work outcomes: a cross-level multifoci framework. *Journal of Applied Psychology*, 90, 242 – 256.

Lind, E. A. , Greenberg, J. , Scott, K. S, & Welchans, T. D. （2000）. The winding road from employee to complainant: situational and psychological determinants of wrongful-termination claims. *Administrative Science Quarterly*, 45, 557 – 590.

Loi, R. , Yang, J. , & Diefendorff, J. M. （2009）. Four-factor justice and daily job satisfaction: A multilevel investigation. *Journal of Applied Psychology*, 94, 770 – 781.

Lu, L. , Cooper, C. L. , Kao, S. F. , & Zhou, Y. （2003）. Work stress, control beliefs and well-being in Greater China: an exploration of sub-cultural differences between the PRC and Taiwan. *Journal of Managerial Psychology*, 18, 479 – 510.

Luthans, F. （2002）. The need for and meaning of positive organizational behavior. *Journal of Organizational Behavior*, 23, 695 – 706.

Malhotra, N. K. , Kim, S. S. , & Patil, A. （2006）. Common method variance in IS research: A comparison of alternative approaches and areanalysis of past research. *Management Science*, 52, 1865 – 1883.

Markus, H. R. , & Kitayama, S. （1991）. Culture and the self: Implications for cognition, emotion, and motivation. *Psychological review*, 98, 224 – 253.

McMahon, D. M. （2006）. *Happiness: A history*. New York: Atlantic Monthly Press.

Ménard, J. , & Brunet, L. （2011）. Authenticity and well-being in the workplace: A mediation model. *Journal of Managerial Psychology*, 26, 331 – 346.

Oshio, T. , & Kobayashi, M. （2009）. Income inequality, area-level poverty, perceived aversion to inequality and self-rated health in Japan. *Social Science & Medicine*, 69, 317 – 326.

Parker, C. P. , Baltes, B. B. , & Christiansen, N. D. （1997）. Support for affirmative action, justice perceptions, and work attitudes: A study of gender and racial-ethnic group differences. *Journal of Applied Psychology*, 82, 376 – 389.

Patient, D. L. , & Skarlicki, D. P. （2010）. Increasing interpersonal and informational justice when communicating negative news: The role of the manager's empathic concern and moral development. *Journal of Management*, 36, 555 – 578.

Piccolo, R. F., & Colquitt, J. A. (2006). Transformational leadership and job behaviors: The mediating role of core job characteristics. *Academy of Management Journal*, 49, 327 – 340.

Piccolo, R. F., Greenbaum, R., Den Hartog, D. N., & Folger, R. (2010). The relationship between ethical leadership and core job characteristics. *Journal of Organizational Behavior*, 31, 259 – 278.

Podsakoff, P. M., MacKenzie, S. B., Lee, J. Y., & Podsakoff, N. P. (2003). Common method biases in behavioral research: A critical review of the literature and recommended remedies. *Journal of applied psychology*, 88, 879 – 903.

Preacher, K. J., & Hayes, A. F. (2008). Asymptotic and resampling strategies for assessing and comparing indirect effects in multiple mediator models. *Behavior Research Methods*, 40, 879 – 891.

Rego, A., & Cunha. M. (2009). How individualism-collectivism orientations predict happiness in a collectivistic context. *Journal of Happiness Studies*, 10, 19 – 35.

Rego, A., & Cunha, M. P. E. (2011). They need to be different, they feel happier in authentizotic climates. *Journal of Happiness Studies*, 13, 701 – 727.

Robert, C., & Wasti, S. A. (2002). Organizational individualism and collectivism: Theoretical development and an empirical test of a measure. *Journal of Management*, 28, 544 – 566.

Siu, O. L., Lu, C. Q., & Spector, P. E. (2007). Employees' well-being in Greater China: The direct and moderating effects of general self-efficacy. *Applied Psychology: An International Review*, 56, 288 – 301.

Schyns, P. (2001). Income and satisfaction in Russia. *Journal of Happiness Studies*, 2, 173 – 204.

Scott, B. A., Colquitt, J. A., & Zapata-Phelan, C. P. (2007). Justice as a dependent variable: Subordinate charisma as a predictor of interpersonal and informational justiceperceptions. *Journal of Applied Psychology*, 92, 1597 – 1609.

Spector, P. E. et al. (2001). Do national levels of individualism and internal locus of control relate to well-being: an ecological level international study. *Journal of Organizational Behavior*, 22, 815 – 832.

Steel, L. G. , & Lynch, S. M. (2012) . The persuit of happiness in China: Individualism, collectivism, and subjective well-being during China´s economic and social transformation. *Social Indicator Research*. doi: 10. 1007/s11205 – 012 – 0154 – 1.

Treviño, L. K. , Brown, M. , & Hartman, L. P. (2003) . A qualitative investigation of perceived executive ethical leadership: Perceptions from inside and outside the executive suite. *Human Relations*, 56, 5 – 37.

Triandis, H. C. (1995) . *Individualism and Collectivism*. Boulder, CO: Westview Press.

Tyler, T. R. (1989) . The psychology of procedural justice: a test of the group-value model. *Journal of Personality and Social Psychology*, 57, 830 – 838.

Tyler, T. R. (1999) . Why people cooperate with organizations: An identity-based perspective. *Research in organizational behavior*, 21, 201 – 246.

van Dierendonck, D. , Haynes, C. , Borrill, C. , & Stride, C. (2004) . Leadership behavior and subordinate well-being. *Journal of Occupational Health Psychology*, 9, 165 – 175.

Warr, P. (1987) . *Work, unemployment, and mental health*. Oxford, England: Clarendon Press.

Warr, P. (1992) . Age and occupational well-being. *Psychology and Aging*, 7, 37 – 45.

Warr, P. (1999) . Well-being and the workplace. In D. Kahneman, E. Diener, & N. Schwarz (eds. ), *Well-being: The foundations of hedonic psychology* (pp. 392 – 412) . New York, US: Russell Sage Foundation.

Warr, P. , & Clapperton, G. (2009) . *The joy of work? Jobs, happiness, and you*. New York: Taylor & Francis.

Wright, T. A. (2003) . Positive organizational behavior: an idea whose time has truly come. *Journal of Organizational Behavior*, 24, 437 – 442.

Zhang, Z. , Zyphur, M. J. , & Preacher, K. J. (2009) . Testing multilevel mediation using hierarchical linear models. *Organizational Research Methods*, 12, 695 – 719.

# 第7章 道德型领导与员工家庭和生活满意度[*]

---

[*] 本章内容详见 Zhang, S., Tu, Y. (2018). Cross-domain effects of ethical leadership on employee family and life satisfaction: The moderating role of family-supportive supervisor behaviors. *Journal of Business Ethics*, 152 (4), 1085 – 1097。

　　**导　读**：根据工作—家庭增益理论，本章探究了道德型领导对员工家庭和生活满意度的跨域效应。此外，它聚焦于工作—家庭增益（WFE）的中介角色，以及家庭支持主管行为（FSSB）在道德型领导与员工的家庭和生活满意度之间的被调节的中介过程。通过使用中国的371名员工和他们的直接上司的样本，本章发现工作—家庭增益在道德型领导和员工评价的以及领导评价的家庭和生活满意度的关系中起中介作用。并且，家庭支持主管行为正向调节道德型领导和工作—家庭增益之间的关系，当家庭更支持主管行为的时候，这种关系更强。进一步地，工作—家庭增益在道德型领导和员工评价以及领导评价的家庭和生活满意度之间的中介作用也被家庭支持主管行为正向调节，这种间接作用在家庭越支持主管行为的情况下越强。

　　**关键词**：道德型领导　工作—家庭增益　家庭满意度　生活满意度　家庭支持主管行为

# 7.1 问题的提出

家庭和生活满意度是个体幸福感的关键指标（Aryee et al.，1999；Erdogan et al.，2012；Ford et al.，2007）。但是，鉴于成功的传统定义，主管往往过分强调下属的绩效，而忽略了他们的整体的主观幸福感（Li et al.，2014）。因此，员工经常抱怨他们的家庭和生活满意度被不灵活的工作职责、工作角色模糊、超载以及缺乏工作支持所侵蚀（Ford et al.，2007；Michel et al.，2011）。以往的研究提出了解决工作家庭冲突问题的关键可能在于主管的道德原则（Marchese et al.，2002），因此强调了道德型领导在工作、家庭和生活领域中的重要性。具有高度的社会责任感和很强的道德承诺的道德型领导需要在工作场所中做出道德的决策并且要强调员工的最大利益（Brown and Treviño，2006；Brown et al.，2005）。因此，道德型领导可能对员工的家庭和生活责任有更好的理解和更强的敏感性，而不是只关注他们的生产力和绩效。

已有的研究支持了道德型领导对多种员工工作相关结果的积极效应，包括工作绩效（Bouckenooghe et al.，2015）、角色外绩效（Tu and Lu，2016）以及工作态度，比如组织承诺（Hansen et al.，2013）、工作满意度（Avey et al.，2012）等。然而，道德型领导对员工的生活和家庭领域的溢出效应在很大程度上被忽略了，除了两个例外：Liao 等（2015）发现工作领域的道德型领导可以促进员工在家庭领域的道德型领导，因此，提升了他们伴侣的家庭满意度；Yang（2014）发现工作满意度在道德型领导和员工的生活满意度之间起中介作用。这两个研究为道德型领导能够溢出到一个员工的家庭和整体生活领域提供了初步证据，但这里还存在几个有待解决的问题。

第一，以往的研究大多忽略了道德型领导怎样影响员工的家庭和生活满意度。Liao 等（2015）的研究聚焦于道德型领导与员工配偶的家庭满意度之间的关系，而道德型领导如何提升员工自身的家庭满意度这个问题有待检验。因此，有关道德型领导如何对员工家庭和生活满意度施加影响的研究是缺失的。家庭满意度是指在多大程度上一个人对自己家庭的起源以及嵌入其中的组成的关系（比如夫妻的、父母的、兄弟姐妹的关系）感到满意（Carver and Jones，1992）。生活满意度被定义为一个人对生活的满意与否的整体认知评价（Diener et al.，1985），并且它是个体主观幸福感的中心指标（Diener，2009；Tu and Zhang，2015）。道德型领导和家庭以及生活满意度之间的关系对我们理解整个领域中缺失的部分是重要和宝贵的。

第二，虽然 Liao 等（2015）运用工作—家庭增益理论作为道德型领导和员工配偶家庭满意度之间理论依据的框架，但他们实际上没有检验工作—家庭增益在道德型领导和员工的（或者他们配偶的）家庭满意度之间是否起到了中介的角色。正如工作—家庭增益揭示了工作领域中产生的资源转移到家庭领域的过程（Greenhaus and Powell，2006），我们仍需要更多的实证证据来支持工作—家庭增益在道德型领导和员工家庭以及生活满意度之间中介过程的初步论断。

第三，道德型领导和员工家庭以及生活满意度之间跨领域过程的边界条件是有待研究的。道德型领导强调道德的价值观和展示规范的、恰当的行为以间接地促进员工家庭和生活满意度（Brown and Treviño，2006；Brown et al.，2005）。然而，即使道德型领导帮助员工发展多种个人资源（比如，一般自我效能、社会资本）（Tu and Lu，2016；Pastoriza and Ariño，2013），这些资源都是一般的并且隐含的，是必需的但是不足以缓解员工日益增长的工作和家庭冲突。员工需要更多特定的明确的资源来直接解决他们的工作家庭干涉问题。

总的来说，本章旨在通过以下几个方面延伸以往的研究。第一，本章检验了道德型领导对员工的家庭和生活满意度（自评的和领导评的家庭以及生活满意度）的跨域效应，以填补道德型领导在非工作领域的影响的缺口。第二，通过检验工作—家庭增益在道德型领导和员工家庭以及生活满意度之间的中介作用，当前研究进一步证实了工作—家庭增益理论在解释道德型领导溢出作用时所扮演的角色。第三，该研究提出家庭支持主管行为是理解道德型领导和员工的家庭以及生活满意度之间的工作—家庭增益过程的重要边界条件。家庭支持主管行为指主管有关员工家庭职责的支持行为（Hammer et al.，2007）。作为聚焦于工作—家庭干涉领域的行为（Hammer et al.，2007），家庭支持主管行为将帮助产生特定的和明确的与家庭领域相关的资源（Kossek et al.，2011），这些资源与员工家庭角色的实际需求是兼容的，并且能进一步地调节工作—家庭增益在道德型领导和员工家庭以及生活满意度之间的中介作用。图 7 - 1 展示了本章的理论模型。

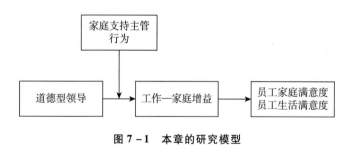

**图 7 - 1 本章的研究模型**

## 7.2 理论与假设

### 7.2.1 工作—家庭增益理论

有关工作与家庭角色积极的互依性的研究已经发展出了许多术语来检验有益的工作—家庭连接，包括积极溢出（Crouter，1984；Edwards and Rothbard，2000；Hanson et al.，2006）、促进（Grzywacz，2002；

Wayne et al.，2004）、平衡（Carlson et al.，2009）与增益（Greenhaus and Powell，2006）。大量的研究聚焦于区分这些构念（Carlson et al.，2006；Kacmar et al.，2014）。工作—家庭积极溢出指"正效价的情感、技能、行为和价值观从发源的领域转移到接收的领域，因此对接收的领域有有益的效果"（Hanson et al.，2006）。工作—家庭促进发生在当一个人在某一角色（比如工作）中的参与提供了技能、行为或者积极的情感，它们接着积极地影响另一角色（比如家庭）时（Wayne et al.，2004）。工作—家庭平衡被操作化为和角色有关的期待的实现，这种期待在个体和他的或她的工作和家庭领域角色有关的伴侣之间分享（Carlson et al.，2009）。工作—家庭增益和其他三个构念的区分可以很明确地从它们的定义中识别。第一，增益包括额外的资源（比如社会资本、物质资产），然而它们并没有在积极溢出的定义中被提及。第二，促进中提升的功能是发生在系统水平，然而增益发生在个体水平（Wayne et al.，2004）。第三，平衡与增益的不同之处在于平衡虽然承认多个领域的存在，但是没有明确地聚焦于任何领域的积极方面。在本章中，我们用"增益"这个术语，因为它体现了工作家庭交叉过程中的关键成分。

工作—家庭增益被定义为"在一个角色中的体验能够提升其在另一个角色中的生活质量的程度"（Greenhaus and Powell，2006）。与工作—家庭冲突相似，工作—家庭增益本质上是两个方向的。本章的研究采用工作—家庭增益而不是家庭—工作增益作为道德型领导的结果，因为工作—家庭增益与工作属性有关，而家庭—工作增益更多地受到家庭结构、资源和过程的影响（Shockley and Singla，2011）。资源的产生是增益过程的关键驱动因素，在促进工作—家庭增益的过程中有五种资源是很关键的（Greenhaus and Powell，2006）。这些资源包括技能和视角、心理和身体资源（比如自我效能、自尊、乐观和希望）、社会资本资源、灵活性和物质资源（比如金钱、礼物）。

### 7.2.2 工作—家庭增益的中介角色

道德型领导被定义为"通过表率行为和人际互动来表明在组织中什么是合乎规范、恰当的行为，并通过双向沟通、强化和决策来激励下属道德行为"的领导方式（Brown et al., 2005）。这个定义揭示了道德型领导的两种成分（Brown et al., 2005；Brown and Treviño, 2006）：第一种是道德的人，代表了领导的个人道德特质，比如诚信、可信赖、公平和利他；第二种是道德的管理者，反映了领导者主动促进下属的道德行为并且通过使用道德的实践和惩罚/奖励使得道德准则在组织中是社会显著的。已有的研究证明了道德型领导能够提升下属的任务绩效和角色外绩效，同时减少偏离的结果（Bedi et al., 2015）。

工作—家庭增益模型主张角色的特点决定了员工参与工作角色提升或抑制了可用于家庭领域的资源（Greenhaus and Powell, 2006）。正如 Greenhaus 和 Powell（2006）提到的工作领域的积极体验可以运用到家庭和整个生活领域，可以通过提升个体可利用的资源来解决家庭和生活的各种需求。基于以上论证，我们认为工作—家庭增益的中介角色存在于道德型领导的资源—产生功能中。

过去的研究发现个体可以从他们的道德型领导那里获得心理资本、社会资本和环境资源。比如，道德型领导被发现可以提升员工的心理资本（比如希望、韧性、自我效能和乐观）（Bouckenooghe et al., 2015；Tu and Lu, 2016）。研究也发现员工模仿道德型领导的美德，比如诚信、尽责性、为他人考虑、有原则、可信赖和仁慈（Liao et al., 2015；Liu et al., 2013）。这些特质帮助员工与他们的同事建立了和谐的关系并且增加了工作团队内部的社会资本（Pastoriza and Ariño, 2013）。并且，在道德型领导的监管下，员工可能获得高水平的工作自主性，自主性是关键的环境资源，可以给员工提供更多的自由、自主权和裁量权来安排他们的工作（Piccolo et al., 2010）。

道德型领导产生的资源（比如心理资本、社会资本、工作自主性）可以通过两种机制提升员工家庭和整体生活的质量或满意度（Green-haus and Powell，2006）。一种是工具型路径，通过该路径道德型领导产生的资源可以转移到家庭领域，因此提升员工家庭生活的绩效；另一种是情感路径，凭借该方式道德型领导产生的资源可以促进下属积极的情感，这种情感反过来在员工的家庭生活中产生高绩效和积极的情感。当员工在家庭领域获得高绩效和积极的情感时，他们的家庭满意度能够得到提升。并且，由于个体的工作和家庭组成了大部分的生活，积极的工作—家庭干涉也可以提升员工对他们生活的整体满意度。因此，我们认为工作—家庭增益在道德型领导和家庭以及生活满意度之间发挥了中介作用，我们提出以下假设。

假设 1：员工工作—家庭增益在道德型领导和员工家庭满意度（1a）和生活满意度（1b）的关系中起中介作用。

### 7.2.3 家庭支持主管行为的调节作用

家庭支持主管行为被定义为"领导展示的支持家庭的行为"（Hammer et al.，2007：182）。其由四个维度组成：情感支持、工具性支持、角色模范行为和创造性的工作家庭管理（Hammer et al.，2007，2009）。更具体的，情感支持指领导对员工家庭责任的敏感性、同情、尊重与理解；工具性支持表示通过日常管理事务，领导对一个员工工作和家庭安排冲突的回应；角色模仿行为描述了通过在工作上的模范行为，领导对如何成功管理工作和家庭的示范；创造性的工作家庭管理表示领导发起的战略性的和创新性的行为来重构工作，以提高员工在工作之内和之外的效率（Hammer et al.，2007，2009）。学者证明了家庭支持主管行为不同于一般的领导支持行为（Matthews et al.，2014），主管支持的家庭特定性构念比一般的领导支持与工作家庭冲突有更强的相关性（Kossek et al.，2011；Matthews et al.，2014；Mills et al.，2014）。研究证明了家庭支持主管行为导致更高的工作投入、工作满意度、任务绩效、睡眠健康和主观幸福感（Crain et al.，2014；Matthews et al.，2014；Odle-Dusseau et al.，2012），同时降低离职倾向（Odle-Dusseau et al.，2012）。

虽然道德型领导和家庭支持主管行为都是由直接领导实施的，但是他们在促进员工工作—家庭增益的时候有不同的功能。道德型领导只为员工提供一般的组织支持（Loi et al.，2015），不一定专门针对员工的家庭或生活需求。并且，道德型领导产生的各种资源，比如心理资本（Bouckenooghe et al.，2015）和社会资本（Pastoriza and Ariño，2013），只能作为一般的规则和策略来指导员工应对他们的各种生活领域，但是缺乏实质的和实践的成分来特定地指导他们的家庭和生活问题。与道德型领导不同，家庭支持主管行为给员工提供了更多直接的和特定的资源来丰富他们的家庭领域。

道德型领导和员工工作—家庭增益之间的关系取决于领导提供了多少家庭支持主管行为。如果一个道德型领导展现出高水平的家庭支持主管行为，这意味着领导不仅提供一般的道德指导和资源，比如一个道德个人的模范、心理资本和积极情感来帮助员工充实他们的家庭和生活领域（Bedi et al.，2015），也提供专门的家庭导向的资源，比如情感支持、工具性支持、角色模范行为和创造性的工作家庭管理（Hammer et al.，2007，2009），以保证员工形成他们的工作—家庭增益。当家庭支持主管行为水平高的时候，员工可以从道德型领导那里得到一般的和家庭导向的资源。由于工作—家庭增益的本质，这个过程取决于员工能够从工作领域转移多少资源到家庭领域（Greenhaus and Powell，2006），并且当存在高水平的家庭支持主管行为时，道德型领导和工作—家庭增益之间的关系会被加强。

相反地，当道德型领导展示低水平的家庭支持主管行为时，道德型领导只是作为道德个人的模范实施道德管理。然而，他们不会实施家庭导向的行为来直接解决员工的家庭问题，实现他们的家庭需求，并且提高他们的家庭生活质量。员工只会从道德型领导那里获得一般的和间接的资源来提升他们的工作—家庭增益；因此，当缺乏家庭支持主管行为时，道德型领导和工作—家庭增益之间的关系会被削弱。综上所述，我们提出以下假设。

假设 2：家庭支持主管行为正向调节道德型领导和员工工作—家庭增益之间的关系，当家庭支持主管行为越高，道德型领导对员工工作—家庭增益的影响越强，反之越弱。

### 7.2.4  被调节的中介效应

在假设 1 中，我们提出员工工作—家庭增益在道德型领导和员工家庭满意度以及生活满意度的关系中起中介作用。在假设 2 中，我们提出家庭支持主管行为正向调节道德型领导和员工工作—家庭增益之间的关系。考虑到家庭支持主管行为和道德型领导对工作—家庭增益过程有共同的作用，并且工作—家庭增益被认为和员工的家庭以及生活满意度强相关，我们进一步提出家庭支持主管行为调节道德型领导通过工作—家庭增益对员工家庭以及生活满意度的间接作用。因此，我们提出以下假设。

假设 3：家庭支持主管行为正向调节道德型领导通过员工工作—家庭增益对员工家庭满意度（3a）和生活满意度（3b）的间接效应，当家庭支持主管行为更高而不是更低时，这种有条件的间接效应更强。

## 7.3  方法

### 7.3.1  样本和程序

因为家庭和生活满意度是个体主观感受，所以员工是最适合报告自己在任何领域幸福感的人。但是，从同一来源收集的数据可能会引起共同方法误差（CMB）的担忧。相比之下，其他人评估的（例如同伴或主管）幸福感能够显著降低潜在的 CMB。尽管如此，其他人评价的幸福感也有明显的缺陷，因为其他人可能不了解焦点员工的主观感受。因此，整合自我报告和他人报告的数据来评估员工的幸福感是更理想的（Sinclair et al., 2013）。

本章收集了自评和领导评的家庭以及生活满意度。进一步地，我们收集的领导评价的家庭和生活满意度间隔了一个月，来克服潜在的横截面数据问题。多来源和多时间点的数据结构增加了本章的有效性。

通过研究者的社会网络，调研是在一家中国的大型高科技企业进行的。此外，调查在所有部门推行，以确保样本的代表性。我们联系了一线主管和员工，询问他们是否自愿参与。然后，我们收集了参与者的名字。两名人力资源管理部的员工被指派来协助调研工作。

首先（在第一个时间点），每位自愿参与的员工收到一个信封，包含一份问卷、一封介绍信和 10 元人民币作为奖励（约 1.5 美元）。问卷包含关于道德型领导、家庭支持主管行为、工作—家庭增益、自评的家庭和生活满意度的条目。介绍信提供了关于研究目的和过程的信息，并且保证了对回收的问卷保密以使员工可以自由地参与调研。10元人民币激励员工完成 10 分钟的调研。在完成以后，每位参与者被要求将问卷放入信封，密封并交还给研究助理。接着（第二个时间点，一个月以后），直接领导也会收到问卷、介绍信和奖励。他们会评价下属的家庭和生活满意度。因为直接领导与下属有频繁并且紧密的互动，他们对下属非常了解，可以作为下属的家庭和生活状态的可靠的评价者。

我们最初发放了 400 份员工问卷。经过两轮的发放—回收过程，我们收集了 375 份员工问卷，93.75% 的回收率。最终，371 份问卷是有效的，占已回收问卷的 98.93%。我们的研究对象 44.7% 是女士，55.3% 是男士；他们的年龄从 23 岁到 59 岁不等，平均年龄是 41.02 岁（S. D. =8.91）。

### 7.3.2　测量工具

所有的测量工具最初都是英文的，我们遵循 Brislin（1980）建议的程序将他们翻译为中文。接着我们征询了两位人力资源管理者对于翻译的中文版测量工具的意见并进行了相应的修改。所有的测量均使用李克特五点量表，从 1 "非常不同意" 到 5 "非常同意"。

道德型领导。道德型领导采用改编自 Yukl 等（2013）量表①的 6 个条目进行测量。举例条目是 "我的领导非常关心道德和伦理价值"。信度系数为 0.88。

家庭支持主管行为。家庭支持主管行为采用 Hammer 等（2013）开发的 4 条目量表进行测量。举例条目是 "我的领导在我和他/她讨论工作和非工作冲突的时候感到舒适"。信度系数为 0.86。

工作—家庭增益。工作—家庭增益采用 Kacmar 等（2014）开发的 3 条目量表进行测量。举例条目是 "工作帮助我理解不同的观点并且帮我成为一个更好的家庭成员"。信度系数为 0.88。

家庭满意度（自评）。家庭满意度采用 Carlson 等（2014）开发的 3 条目量表进行测量。举例条目是 "总的来说，我对我的家庭生活感到很满意"。信度系数为 0.93。

生活满意度（自评）。生活满意度采用 Diener 等（1985）开发的 3 条目量表进行测量。举例条目是 "在很多方面，我的生活接近我的理想"。信度系数为 0.86。

家庭满意度（领导评）。家庭满意度由一个关于整体的对家庭的满

---

① 我们感谢匿名审稿人对从 15 个条目的道德型领导问卷改编的 6 条目问卷测量的担忧（Yukl et al., 2013）。为了解决这个问题，我们进行了补充分析来检查 6 条目量表的有效性。具体来说，我们在中国一所著名的商学院向 70 个 MBA 学生（全日制员工）发放了包含 15 个条目的问卷，58 份问卷是有效的。结果显示 6 条目和 15 条目问卷的信度系数分别为 0.93 和 0.95，这两个量表之间的相关性为 0.95（$p < 0.001$）。因此，我们得出结论，6 条目量表体现了 15 条目量表的本质，并且 6 条目量表是有效的。

意度条目测量。举例条目是"总的来说，这位员工对他的/她的家庭非常满意"（Thompson and Prottas，2005）。

生活满意度（领导评）。生活满意度举例条目是"总的来说，这位员工对他的/她的生活感到非常满意"（Beutell and Wittig-Berman，2008；Lucas and Donnellan，2012；Thompson and Prottas，2005）。

值得注意的是，用一个条目测量在生活和家庭的整体满意度是非常普遍的（Lucas and Donnellan，2012）。几个研究已经证明了在一个短时间的间隔内（比如一年以内），单个条目测量的生活满意度相当稳定，并且，家庭和生活满意度一个条目的测量与多个条目的测量有高度相关性（Diener et al.，2013；Fujita and Diener，2005）。

控制变量。性别在家庭和生活领域扮演着重要角色。男性和女性关于他们的家庭和生活角色通常有不同的责任和期望。并且，在不同人生阶段的个体通常在生活和家庭领域承担多种不同的责任。以往研究也证明了个体的人口统计学特征可以影响一个人的家庭和生活满意度（Diener et al.，1999；Thompson and Prottas，2005），所以我们将员工性别和年龄作为控制变量。性别是虚拟变量，1 代表男，0 代表女。年龄以数值的形式被记录。

### 7.3.3 分析技术

考虑到一个领导评价了几个下属的家庭和生活满意度，分析的层次是一个主要的问题。本章检验了领导评价的和自评的家庭以及生活满意度的组内相关系数（ICC）。领导评价的家庭满意度的 ICC1 和 ICC2 分别是 0.54 和 0.89，领导评价的生活满意度的 ICC1 和 ICC2 分别是 0.58 和 0.91。这些结果高于推荐的 ICC1（0.12）和 ICC2（0.70）的阈值。然而，自评的家庭满意度的 ICC1 和 ICC2 是 0.08 和 0.38，以及自评的生活满意度是 0.11 和 0.46。这些结果比推荐的阈值更低。进一步地，本章检验了道德型领导和家庭支持主管行为的 ICC1 和 ICC2。结果显示道德型领导的 ICC1 和 ICC2（分别为 0.01、0.09）以及家庭支持主管行为的 ICC1 和 ICC2（分别为 0.09、0.40）没有达到推荐的阈值。总的来说，本章在个体层面分析假设的模型。

为了检验中介效应模型，本章根据 Shrout 和 Bolger（2002）的建议用乘积系数法来估计参数。与 Baron 和 Kenny（1986）的程序相比，用 bootstrapping 来检验中介作用有显著优势，因为间接效应通常不需要满足正态分布的假设。此外，用 bootstrapping 来分析中介效应提供了点估计以及在 95% 置信区间间接效应的分布。本章采用宏程序（Hayes，2013）来进行分析。这使我们可以探究中介变量的间接效应以及在调节变量不同水平上的有条件的间接效应。

## 7.4 结果

### 7.4.1 共同方法误差

即使本章从两个来源和两个时间点收集数据，一些变量如道德型领导、家庭支持主管行为、工作—家庭增益和自我报告的家庭以及生活满意度，也是由员工进行评价的。因此，这引起了我们对共同方法误差干扰假设的关系的担忧。因此，本章使用了 Harman 单因子检验和控制未测量的潜在方法因子来检测潜在的共同方法误差（Podsakoff et al.，2003）。这两种方法都是在验证性因子分析（CFA）中进行的。

对于 Harman 单因子检验，本章首先检验了初始模型（五因子模型），包括所有的五个理论的变量，即道德型领导、家庭支持主管行为、工作—家庭增益、自我报告的家庭满意度和自我报告的生活满意度。"五因子模型"的结果显示它具有可接受的拟合优度（$\chi^2 = 416.29$，$df = 160$，CFI = 0.95，GFI = 0.90，IFI = 0.95，TLI = 0.94，RMSEA = 0.07）。接着，本章检验了"单因子模型"，五个变量的条目全部负载在一个共同的因子上。较低的拟合优度（$\chi^2 = 2709.96$，$df = 170$，CFI $= 0.47$，GFI $= 0.46$，IFI $= 0.47$，TLI $= 0.40$，RMSEA $= 0.20$）表明"单因子模型"是不能接受的并进一步证明在本章的研究中共同方法误差不是一个严重的问题。

对于"控制未测量的潜在方法因子"，通过将五个变量所有可观察的因子负载到一个潜变量上，构建一个命名为"共同方法误差"的潜变量。像这样，发展了一个包含五个理论变量和共同方法误差的"六因子模型"。结果显示六因子模型（$\chi^2 = 381.92$，$df = 140$，CFI $= 0.95$，GFI $= 0.91$，IFI $= 0.95$，TLI $= 0.93$，RMSEA $= 0.07$）的拟合优度相对于五因子模型略有提升。本章接着计算了"共同方法误差"的平均方差提取量是 0.31，远远低于用来判断一个潜变量存在的阈值 0.50（Hair et al.，2011，2012）。因此，我们得出结论"共同方法误差"明显不是一个干扰假设关系的潜变量。

### 7.4.2　假设检验

各变量的描述性统计特征和相关系数如表 7-1 如示。

表 7-1　平均值、标准差和相关系数

| 变量 | 均值 | 标准差 | 1 | 2 | 3 | 4 | 5 | 6 | 7 | 8 |
|---|---|---|---|---|---|---|---|---|---|---|
| 性别 | 0.55 | 0.50 | | | | | | | | |
| 年龄 | 41.02 | 8.91 | 0.16** | | | | | | | |
| 道德型领导 | 3.94 | 0.74 | -0.10 | -0.01 | (0.88) | | | | | |
| 家庭支持主管行为 | 3.76 | 0.78 | 0.00 | 0.02 | 0.60*** | (0.86) | | | | |
| 工作—家庭增益 | 4.00 | 0.78 | -0.07 | 0.11* | 0.34*** | 0.47*** | (0.88) | | | |
| 家庭满意度（自我报告） | 4.39 | 0.72 | -0.05 | 0.12* | 0.26*** | 0.26*** | 0.47*** | (0.93) | | |
| 生活满意度（自我报告） | 3.62 | 0.86 | -0.11* | 0.14** | 0.18** | 0.35*** | 0.52*** | 0.52*** | (0.86) | |

续表

| 变量 | 均值 | 标准差 | 1 | 2 | 3 | 4 | 5 | 6 | 7 | 8 |
|---|---|---|---|---|---|---|---|---|---|---|
| 家庭满意度（领导评价） | 4.14 | 0.86 | −0.04 | −0.15** | −0.03 | 0.07 | 0.06 | 0.03 | 0.12* | |
| 生活满意度（领导评价） | 3.84 | 0.84 | −0.04 | −0.12* | 0.04 | 0.05 | 0.11* | 0.05 | 0.11* | 0.73*** |

注：$n = 371$，* $p < 0.05$，** $p < 0.01$，*** $p < 0.001$，可靠性系数在对角线上。

假设 1a 提出工作—家庭增益在道德型领导和员工家庭满意度的关系中起中介作用。表 7 - 2 中的结果显示道德型领导和工作—家庭增益显著正相关（$a = 0.36$，$p < 0.001$），并且工作—家庭增益与自评的和领导评的家庭满意度之间是显著正相关的（分别是 $b = 0.39$，$p < 0.001$；$b = 0.11$，$p < 0.10$）。表 7 - 3 的结果显示工作—家庭增益在道德型领导和自评与领导评的家庭满意度之间的间接作用分别是 0.14（95% CI [0.09, 0.21]，不包含 0）和 0.04（95% CI [0.00, 0.09]，不包含 0）。因此，假设 1a 被支持。

假设 1b 预测工作—家庭增益在道德型领导和员工生活满意度的关系中起中介作用。表 7 - 2 中的结果表明道德型领导与工作—家庭增益显著相关，工作—家庭增益与自评和领导评的生活满意度正相关（分别是 $b = 0.55$，$p < 0.001$；$b = 0.13$，$p < 0.05$）。表 7 - 3 中的结果显示工作—家庭增益在道德型领导和自评以及领导评的生活满意度之间的间接效应分别是 0.20（95% CI [0.13, 0.27]，不包含 0）和 0.05（95% CI [0.00, 0.09]，不包含 0）。因此，假设 1b 得到支持。

值得注意的是，表 7 - 2 中的结果显示道德型领导和自评的家庭和生活满意度都是正相关的（分别是 $c = 0.26$，$p < 0.001$，$c = 0.19$，$p < 0.01$），表明工作—家庭增益在道德型领导和自评的家庭和生活满意度之间的中介角色是近端中介（Shrout and Bolger, 2002）。相反地，道德型领导与领导评价的家庭满意度（$c = -0.03$，$n.s.$）和领导评价的生活满意度（$c = 0.04$，$n.s.$）均不显著相关，表明工作—家庭增益在道

德型领导和领导评价与家庭以及生活满意度之间的中介作用是远端中介
（Shrout and Bolger，2002）。这种矛盾可能是因为不同的数据来源、时
间点、测量量表，因而需要进一步的探索来解释。

表 7 - 2　回归的结果

| 回归模型 | $\beta$ | t value |
|---|---|---|
| 道德型领导—工作 - 家庭增益（a 路径） | 0.36 *** | 6.92 |
| 工作 - 家庭增益（道德型领导存在的情况）—自我报告的家庭满意度（b 路径） | 0.39 *** | 8.60 |
| 工作 - 家庭增益（道德型领导存在的情况）—自我报告的生活满意度（b 路径） | 0.55 *** | 10.60 |
| 道德型领导—自我报告的家庭满意度（c 路径） | 0.26 *** | 5.20 |
| 道德型领导—自我报告的生活满意度（c 路径） | 0.19 ** | 3.28 |
| 道德型领导（工作—家庭增益存在的情况下）—自我报告的家庭满意度（c′路径） | 0.12 * | 2.44 |
| 道德型领导（工作—家庭增益存在的情况下）—自我报告的生活满意度（c′路径） | 0.00 | - 0.07 |
| 工作 - 家庭增益（道德型领导存在的情况）—领导报告的家庭满意度（b 路径） | 0.11 + | 1.78 |
| 工作 - 家庭增益（道德型领导存在的情况）—领导报告的生活满意度（b 路径） | 0.13 * | 2.11 |
| 道德型领导—领导报告的家庭满意度（c 路径） | - 0.03 | - 0.56 |
| 道德型领导—领导报告的生活满意度（c 路径） | 0.04 | 0.61 |
| 道德型领导（工作—家庭增益存在的情况下）—领导报告的家庭满意度（c′路径） | - 0.07 | - 1.13 |
| 道德型领导（工作—家庭增益存在的情况下）—领导报告的生活满意度（c′路径） | - 0.01 | - 0.14 |

注：控制变量为年龄、性别。$n = 371$，bootstrap $n = 5000$，+ $p < 0.10$，* $p < 0.05$，** $p < 0.01$，*** $p < 0.001$。

"道德型领导—工作 - 家庭增益—自我报告的家庭满意度"这一中介模型的 $R^2$ 是 0.24（$p < 0.001$），"道德型领导—工作 - 家庭增益—自我报告的生活满意度"这一中介模型的 $R^2$ 是 0.29（$p < 0.001$），"道德型领导—工作 - 家庭增益—领导报告的家庭满意度"这一中介模型的 $R^2$ 是 0.03（$p < 0.05$），"道德型领导—工作 - 家庭增益—领导报告的生活满意度"这一中介模型的 $R^2$ 是 0.03（$p < 0.05$）。

表 7 - 3　中介模型的间接效应

| 模型 | 间接效应 | |
|---|---|---|
| | $\beta$ | [95% LLCI, 95% ULCI] |
| 道德型领导—工作 - 家庭增益—家庭满意度（自我报告） | 0.14 | [0.09, 0.21]（不包含 0） |
| 道德型领导—工作 - 家庭增益—家庭满意度（领导报告） | 0.04 | [0.00, 0.09]（不包含 0） |
| 道德型领导—工作 - 家庭增益—生活满意度（自我报告） | 0.20 | [0.13, 0.27]（不包含 0） |
| 道德型领导—工作 - 家庭增益—生活满意度（领导报告） | 0.05 | [0.00, 0.09]（不包含 0） |

注：控制变量为年龄、性别。$n = 371$，bootstrap $n = 5000$。

假设 2 预测家庭支持主管行为调节道德型领导和员工工作—家庭增益之间的关系。表 7 - 4 中模型 3 的结果显示交互项"道德型领导 × 家庭支持主管行为"与工作—家庭增益正相关（$\beta = 0.16$，$p < 0.01$），支持假设 2。根据 Dawson（2014）的建议，我们绘制了图 7 - 2 来呈现家庭支持主管行为在道德型领导和工作—家庭增益之间的调节作用。这种关系在家庭支持主管行为更高的时候更强，在家庭支持主管行为更低的时候更弱。

表 7 - 4　家庭支持主管行为在道德型领导和工作—家庭增益之间的
第一阶段的调节作用

| 变量 | WFE | | |
|---|---|---|---|
| | 模型 1 | 模型 2 | 模型 3 |
| 常数 | 4.00 *** | 4.00 *** | 3.94 *** |
| 性别 | - 0.01 | - 0.11 | - 0.10 |
| 年龄 | 0.01 * | 0.01 * | 0.01 * |
| 道德型领导 | 0.36 *** | 0.09 | 0.13 * |
| 家庭支持主管行为 | | 0.42 *** | 0.44 *** |
| 道德型领导 × 家庭支持主管行为 | | | 0.16 ** |
| $R^2$ | 0.13 | 0.24 | 0.26 |

注：$n = 371$，bootstrap $n = 5000$，* $p < 0.05$，** $p < 0.01$，*** $p < 0.001$。

假设 3 提出家庭支持主管行为调节工作—家庭增益在道德型领导和

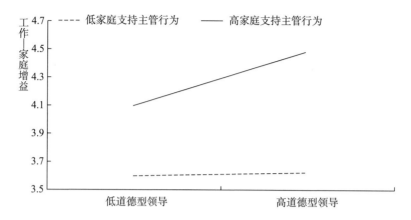

**图 7-2 家庭支持主管行为在道德型领导和工作—家庭增益之间的调节作用**

员工家庭以及生活满意度之间的间接效应。我们遵循 Hayes（2013）的建议检验了被调节的中介作用。表 7-5 中的结果表明当家庭支持主管行为水平是中等的和高的时候，工作—家庭增益在道德型领导和家庭以及生活满意度（自评的和领导评的）之间的有条件的间接效应是正向的并且显著的；然而，当家庭支持主管行为是低水平的时候，这种有条件的间接效应是不显著的，支持了假设 3，其提出工作—家庭增益在道德型领导和家庭以及生活满意度之间的有条件的间接作用在不同水平的家庭支持主管行为下是不同的。

**表 7-5 中介模型有条件的间接效应**

| 模型 | 家庭支持主管行为水平 | 有条件的间接效应 | [95% LLCI, 95% ULCI] |
|---|---|---|---|
| 道德型领导—工作-家庭增益—家庭满意度（自我报告） | 低 | 0.00 | [-0.06, 0.06]（包含 0） |
| | 中 | 0.05 | [0.01, 0.11]（不包含 0） |
| | 高 | 0.10 | [0.05, 0.17]（不包含 0） |
| 道德型领导—工作-家庭增益—家庭满意度（领导报告） | 低 | 0.00 | [-0.02, 0.02]（包含 0） |
| | 中 | 0.01 | [0.00, 0.04]（不包含 0） |
| | 高 | 0.03 | [0.00, 0.07]（不包含 0） |

续表

| 模型 | 家庭支持主管行为水平 | 有条件的间接效应 | [95% LLCI，95% ULCI] |
|---|---|---|---|
| 道德型领导—工作－家庭增益—生活满意度（自我报告） | 低 | 0.01 | [－0.09，0.08]（包含 0） |
| | 中 | 0.07 | [0.01，0.15]（不包含 0） |
| | 高 | 0.14 | [0.08，0.23]（不包含 0） |
| 道德型领导—工作－家庭增益—生活满意度（领导报告） | 低 | 0.00 | [－0.02，0.02]（包含 0） |
| | 中 | 0.02 | [0.00，0.05]（不包含 0） |
| | 高 | 0.03 | [0.01，0.08]（不包含 0） |

注：控制变量为性别、年龄。$n = 371$，bootstrap $n = 5000$。

# 7.5 讨论

## 7.5.1 理论贡献

根据工作—家庭增益理论，本章检验了道德型领导对员工家庭和生活满意度的跨域效应、中介作用（即工作—家庭增益）、调节作用（即家庭支持主管行为），以及被调节的中介过程。具体地，我们发现工作—家庭增益在道德型领导与员工家庭和生活满意度（自评的和领导评的）的关系中起中介作用。此外，家庭支持主管行为调节了道德型领导与工作—家庭增益之间的关系。并且，工作—家庭增益连接道德型领导与员工家庭满意度和生活满意度（自评的和领导评的）的间接效应被家庭支持主管行为调节。这些研究结果产生了一些重要的理论贡献。

首先，这项研究提供工作场所中的道德型领导和家庭以及整体生活领域的满意度之间连接的证据，有助于道德型领导和工作家庭干涉的整合。虽然有几种领导风格的跨域效应已被证明（例如辱虐管理、服务型领导）（Wu et al.，2012；Zhang et al.，2012），本章的研究通过实证检验道德型领导对员工的家庭和生活满意度的跨域效应，将以前的有关道德型领导研究的视角从工作领域转移到员工的家庭和整体生活领域。本章通过探究道德型领导的影响及其溢出效应描绘了道德型领导的整体图景。目前的研究结果可能会鼓励更多的研究者通过聚焦于独特的社会责任和道德承诺的内涵，解决道德型领导对家庭和生活结果的影响（Brown and Treviño，2006；Brown et al.，2005）。

其次，本章研究富有洞察力的视角有助于理解道德型领导如何通过工作—家庭增益影响员工家庭和生活满意度。尽管先前的研究已采用工作—家庭增益理论，以及社会学习理论来构建道德型领导的中介机制（Liao et al.，2015），但他们没有实证地检验工作—家庭增益是否在此过程中发挥中介作用。该研究从理论上和实证上检验了工作—家庭增益的中介作用，并且进一步证实了工作—家庭增益理论在道德型领导与员工家庭和生活满意度之间关系的解释力。而且，由于我们运用多来源和多时间的研究设计证实了研究过程，研究的结论是可靠的。在主观幸福感的领域，变量比如家庭和生活满意度通常都是个体自己主观报告的。多来源和多时点的研究设计增强了我们支持工作—家庭增益在道德型领导和员工家庭以及生活满意度之间的中介作用的信心。

最后，本章探究了调节道德型领导与工作—家庭增益之间的关系，以及随后通过工作—家庭增益对家庭以及生活满意度的影响的边界条件。道德型领导和家庭支持主管行为在工作—家庭增益过程中扮演不同的角色。与更强调道德角色模范和规范适当行为的道德型领导相比，家庭支持主管行为聚焦于工作家庭界面领域，是更具体、更直接、更明确的（Kossek et al.，2011）。而且，我们发现，在家庭支持主管行为存在的情况下，道德型领导会对员工的家庭责任有更多理解，更加敏感、尊重和支持，所以道德型领导扩大了对员工家庭和生活的影响。也就是说，当家庭支持主管行为高的时候，工作—家庭增益过程在道德型领导和员工的家庭以及生活满意度之间是显著的；当家庭支持主管行为低的时候，这个过程是不显著的。总之，家庭支持主管行为对于促进道德型领导与员工家庭和生活满意度之间的工作—家庭增益过程是重要的。

## 7.5.2 实践启示

本章的研究还为组织中的管理者和人力资源管理政策提供了重要的实际启示。首先，道德型领导对促进积极的工作—家庭联系和塑造员工家庭以及生活满意度是有效的。因此，建议组织努力挑选和培训道德型领导。为此，个人的道德原则在管理者招聘期间应该被考虑。此外，组织需要为管理人员提供培训和辅导计划，以促进他们的道德管理。这可以通过创建一个道德的组织文化，明确传达道德的重要性，并使用海报、标语或物质符号在工作场所中突出道德问题（Mayer et al.，2009，2012）。

其次，工作—家庭增益在道德型领导影响员工家庭和生活满意度的过程中是重要的。增加工作—家庭增益的策略可能包括为员工提供更多的工作自主权和多样性（Grzywacz and Butler，2005）、提供学习机会（Voydanoff，2004）、帮助他们发展应对策略和多种技能（Greenhaus and Powell，2006），并建立员工之间高质量的关系（Wayne et al.，2013）。

最后，家庭支持主管行为对于加强工作场所的道德型领导通过工作—家庭增益对工作—家庭界面的积极影响是至关重要的。道德型领导为员工提供了丰富的一般心理和社会资本资源，而家庭支持主管行为提升了员工家庭角色中的家庭特定资源。Hammer 等（2011）发现培训主管展示家庭支持行为可能会显著影响员工工作家庭结果。因此，我们建议管理者应被培训如何展示家庭支持主管行为，包括对员工工作家庭需求的敏感、提供工具的支持、展示角色模范行为，并且创造性地设计工作以促进员工的工作与家庭融合。此外，Muse 和 Pichler（2011）指出主管对组织内部和周围社区的各种资源的认识可以更好地帮助他们展示家庭支持行为并帮助员工应对工作家庭挑战。

### 7.5.3 局限与未来展望

本章的研究结果存在几个局限。第一，即使我们运用多来源和多时点的数据检验了假设，共同方法误差仍可能存在于自我评价的变量中。但是，我们有信心共同方法误差不会干扰本章的假设模型，因为以下方面。首先，自我报告和领导报告的数据都证实了本章的假设模型。其次，本章采取了措施来降低结果受到共同方法误差影响的可能性。统计结果显示共同方法误差不是一个会干扰假设关系的重要潜变量。因此，本章得出结论共同方法误差没有那么严重，不能成为一个合理的对本章当前结论的替代解释。

第二，由于本章的研究在中国进行，本章的研究结果对其他国家的普遍性尚不清楚。以前的研究表明中国人由于家庭主义非常重视他们的家庭角色（Chen et al.，2014；Pellegrini and Scandura，2008；Yang，1988），并且，他们的家庭和工作角色高度模糊（Au and Kwan，2009）。相较于认为家庭生活是隐私的西方人来说，中国员工通常希望领导者能够考虑他们的家庭需要，帮助他们解决家庭问题（Farh and Cheng，2000；Zhang et al.，2012）。从而，道德型领导对员工家庭生活的影响程度可能在其他文化下是不同的。此外，这项研究只是在中国的一家大型公司进行的。即使我们仔细地关注了调研过程和方法来增加内部效度，关于我们结果外部效度的担忧仍存在。因此，本章建议更多的研究在不同的组织和国家背景中开展以检验本章的理论模型。

### 参考文献

Aryee, S., Fields, D., & Luk, V. (1999). A cross-cultural test of a model of the work-family interface. *Journal of Management*, 25 (4), 491 –511.

Au, K., & Kwan, H. K. (2009). Start-up capital and Chinese entrepreneurs: The role of family. *Entrepreneurship Theory and Practice*, 33 (4), 889 –908.

Avey, J. B. , Wernsing, T. S. , & Palanski, M. E. （2012）. Exploring the process of ethical leadership: The mediating role of employee voice and psychological ownership. *Journal of Business Ethics*, 107 （1）, 21 – 34.

Baron, R. M. , & Kenny, D. A. （1986）. The moderator-mediator variable distinction in so-cial psychological research: Conceptual, strategic, and statistical considerations. *Journal of Personality and Social Psychology*, 51 （6）, 1173 – 1182.

Bedi, A. , Alpaslan, C. M. , & Green, S. （2015）. A meta-analytic review of ethical lead-ership outcomes and moderators, *Journal of Business Ethics*, 1 – 20.

Beutell, N. J. , & Wittig-Berman, U. （2008）. Work-family conflict and work-family synergy for generation X, baby boomers, and matures: Generational differences, predictors, and satisfaction outcomes, *Journal of Managerial Psychology*, 23 （5）, 507 – 523.

Bouckenooghe, D. , Zafar, A. , & Raja, U. （2014）. How Ethical Leadership Shapes Em-ployees' Job Performance: The Mediating Roles of Goal Congruence and Psychological Capital. *Journal of Business Ethics*, 129 （2）, 251 – 264.

Brislin, R. W. （1980）. Translation and content analysis of oral and written materi-al. *Handbook of Cross-cultural Psychology*, 2 （2）, 349 – 444.

Brown, M. E. , & Treviño, L. K. （2006）. Ethical leadership: A review and future direc-tions. *Leadership Quarterly*, 17 （6）, 595 – 616.

Brown, M. E. , Treviño, L. K. , & Harrison, D. A. （2005）. Ethical leadership: A social learning perspective for construct development and testing. *Organizational Behavior and Human Decision Processes*, 97 （2）, 117 – 134.

Carlson, D. S. , Grzywacz, J. G. , & Zivnuska, S. （2009）. Is work-family balance more than conflict and enrichment? *Human Relations*, 62, 1459 – 1486.

Carlson, D. S. , Hunter, E. M. , Ferguson, M. , & Whitten, D. （2014）. Work-Family Enrichment and Satisfaction Mediating Processes and Relative Impact of Originating and Receiving Domains. *Journal of Management*, 40 （3）, 845 – 865.

Carlson, D. S. , Kacmar, K. M. , Wayne, J. H. , & Grzywacz, J. G. （2006）. Measuring the positive side of the work-family interface: Development and validation of a work-family enrichment scale. *Journal of Vocational Behavior*, 68 （1）, 131 – 164.

Carver, M. D. , & Jones, W. H. （1992）. The family satisfaction scale. *Social Behavior &*

*Personality*: *An International Journal*, 20 (2), 71 – 83.

Chen, X. P. , Eberly, M. B. , Chiang, T. J. , Farh, J. L. , & Cheng, B. S. (2014).
Affective Trust in Chinese Leaders Linking Paternalistic Leadership to Employee Perform-
ance. *Journal of Management*, 40 (3), 796 – 819.

Crain, T. L. , Hammer, L. B. , Bodner, T. , Kossek, E. E. , Moen, P. , Lilienthal,
R. , & Buxton, O. M. (2014). Work-family conflict, family-supportive supervisor be-
haviors (FSSB), and sleep outcomes. *Journal of Occupational Health Psychology*, 19
(2), 155 – 167.

Crouter, A. C. 1984. Spillover from family to work: The neglected side of the work-family in-
terface. *Human Relations*, 37, 425 – 442.

Dawson, J. F. (2014). Moderation in management research: What, why, when and
how. *Journal of Business and Psychology*, 29 (1), 1 – 19.

Diener, E. D. (2009). *The science of well-being*. New York: Springer.

Diener, E. D. , Emmons, R. A. , Larsen, R. J. , & Griffin, S. (1985). The satisfaction
with life scale. *Journal of Personality Assessment*, 49 (1), 71 – 75.

Diener, E. D. , Inglehart, R. , & Tay, L. (2013). Theory and validity of life satisfaction
scales. *Social Indicators Research*, 112 (3), 497 – 527.

Diener, E. D. , Suh, E. M. , Lucas, R. E. , & Smith, H. L. (1999). Subjective well-be-
ing: Three decades of progress. *Psychological Bulletin*, 125 (2), 276 – 302.

Edwards, J. R. , & Rothbard, N. P. (2000). Mechanisms linking work and family: clarif-
ying the relationship between work and family constructs. *Academy of Management Review*,
25 (1), 178 – 199.

Erdogan, B. , Bauer, T. N. , Truxillo, D. M. , & Mansfield, L. R. (2012). Whistle while
you work a review of the life satisfaction literature. *Journal of Management*, 38 (4),
1038 – 1083.

Farh, J. L. Cheng, B. S. (2000). A cultural analysis of paternalistic leadership in Chinese
organizations. In J. T. Li A. S. Tsui E. Weldon (eds.). *Management and organizations in
the Chinese context* (pp. 84 – 131). London: Macmillan.

Ford, M. T. , Heinen, B. A. , & Langkamer, K. L. (2007). Work and family satisfaction
and conflict: A meta-analysis of cross-domain relations. *Journal of Applied Psychology*,

92, 57 – 80.

Fujita, F. , & Diener, E. (2005). Life satisfaction set point: stability and change. *Journal of Personality and Social Psychology*, 88 (1), 158 – 164.

Greenhaus, J. H. , & Powell, G. N. (2006). When work and family are allies: A theory of work-family enrichment. *Academy of Management Review*, 31 (1), 72 – 92.

Grzywacz, J. G. (2002). *Toward a theory of work-family enrichment.* Paper presented at the 34th annual Theory Construction and Research Methodology Workshop, Houston, TX.

Grzywacz, J. G. , & Butler, A. B. (2005). The impact of job characteristics on work-to-family facilitation: testing a theory and distinguishing a construct. *Journal of Occupational Health Psychology*, 10 (2), 97 – 109.

Hair, J. F. , Ringle, C. M. , Sarstedt, M. (2011). PLS-sem: Indeed a silver bullet. *Journal of Marketing Theory and Practice*, 19 (2), 139 – 151.

Hair, J. F. , Sarstedt, M. , Ringle, C. M. , Mena, J. A. (2012). An assessment of the use of partial least squares structural equation modeling in marketing research. *Journal of the Academy Marketing Science*, 40 (3), 414 – 433.

Hammer, L. B. , Kossek, E. E. , Anger, W. K. , Bodner, T. , & Zimmerman, K. L. (2011). Clarifying work-family intervention processes: The roles of work-family conflict and family-supportive supervisor behaviors. *Journal of Applied Psychology*, 96 (1), 134 – 150.

Hammer, L. B. , Kossek, E. E. , Bodner, T. , & Crain, T. (2013). Measurement development and validation of the Family Supportive Supervisor Behavior Short-Form (FSSB-SF). *Journal of Occupational Health Psychology*, 18 (3), 285 – 296.

Hammer, L. B. , Kossek, E. E. , Yragui N, Bodner T, Hanson G. (2009). Development and validation of a multidimensional scale of family-supportive supervisor behaviors (FSSB). *Journal of Management*, 35, 837 – 856.

Hammer, L. B. , Kossek, E. E. , Zimmerman, K. , & Daniels, R. (2007). Clarifying the construct of family-supportive supervisory behaviors (FSSB): A multilevel perspective. In P. L. Perrewé & D. C. Ganster (eds.). *Exploring the work and non-work interface. Research in occupational stress and well-being.* , Vol. 6. (pp. 165 – 204). Amsterdam, the Netherlands: Elsevier.

Hanson, G. C. , Hammer, L. B. , & Colton, C. L. (2006). Development and validation of a multidimensional scale of perceived work-family positive spillover. *Journal of Occupational Health Psychology*, 11 (3), 249 – 265.

Hansen, S. D., Alge, B. J., Brown, M. E., Jackson, C. L., & Dunford, B. B. (2013). Ethical leadership: Assessing the value of a multifoci social exchange perspective. *Journal of Business Ethics*, 115 (3), 435 – 449.

Hayes, A. F. (2013). *Introduction to mediation, moderation, and conditional process analysis: A regression-based approach*. Guilford Press, New York.

Kacmar, K. M., Crawford, W. S., Carlson, D. S., Ferguson, M., & Whitten, D. (2014). A short and valid measure of work-family enrichment. *Journal of Occupational Health Psychology*, 19 (1), 32 – 45.

Kossek, E. E., Pichler, S., Bodner, T., & Hammer, L. B. (2011). Workplace social support and work-family conflict: A meta-analysis clarifying the influence of general and work-family-specific supervisor and organizational support. *Personnel Psychology*, 64 (2), 289 – 313.

Li, Y., Xu, J., Tu, Y., & Lu, X. (2014). Ethical leadership and subordinates' occupational well-being: A multi-level examination in China. *Social Indicators Research*, 116 (3), 823 – 842.

Liao, Y., Liu, X. Y., Kwan, H. K., & Li, J. (2015). Work-Family Effects of Ethical Leadership. *Journal of Business Ethics*, 128 (3), 535 – 545.

Liu, J., Kwan, H. K., Fu, P. P., & Mao, Y. (2013). Ethical leadership and job performance in China: The roles of workplace friendships and traditionality. *Journal of Occupational and Organizational Psychology*, 86 (4), 564 – 584.

Loi, R., Lam, L. W., Ngo, H. Y., & Cheong, S. I. (2015). Exchange mechanisms between ethical leadership and affective commitment. *Journal of Managerial Psychology*, 30 (6), 645 – 658.

Lucas, R. E., & Donnellan, M. B. (2012). Estimating the reliability of single-item life satisfaction measures: Results from four national panel studies. *Social Indicators Research*, 105 (3), 323 – 331.

Marchese, M. C., Bassham, G., & Ryan, J. (2002). Work-family conflict: A virtue ethics analysis. *Journal of Business Ethics*, 40 (2), 145 – 154.

Matthews, R. A., Mills, M. J., Trout, R. C., & English, L. (2014). Family-supportive supervisor behaviors, work engagement, and subjective well-being: A contextually dependent mediated process. *Journal of Occupational Health Psychology*, 19 (2), 168 – 181.

Mayer, D. M., Aquino, K., Greenbaum, R. L., & Kuenzi, M. (2012). Who displays ethical leadership, and why does it matter? An examination of antecedents and consequences of ethical leadership. *Academy of Management Journal*, 55 (1), 151 – 171.

Mayer, D. M., Kuenzi, M., Greenbaum, R., Bardes, M., & Salvador, R. B. (2009). How low does ethical leadership flow? Test of a trickle-down model. *Organizational Behavior and Human Decision Processes*, 108 (1), 1 – 13.

Michel, J. S., Kotrba, L. M., Mitchelson, J. K., Clark, M. A., & Baltes, B. B. (2011). Antecedents of work-family conflict: A meta-analytic review. *Journal of Organizational Behavior*, 32 (5), 689 – 725.

Mills, M. J., Matthews, R. A., Henning, J. B., & Woo, V. A. (2014). Family-supportive organizations and supervisors: how do they influence employee outcomes and for whom? . *The International Journal of Human Resource Management*, 25 (12), 1763 – 1785.

Muse, L. A., & Pichler, S. (2011). A comparison of types of support for lower-skill workers: Evidence for the importance of family supportive supervisors. *Journal of Vocational Behavior*, 79 (3), 653 – 666.

Odle-Dusseau, H. N., Britt, T. W., & Greene-Shortridge, T. M. (2012). Organizational work-family resources as predictors of job performance and attitudes: The process of work-family conflict and enrichment. *Journal of Occupational Health Psychology*, 17 (1), 28 – 40.

Pastoriza, D., & Ariño, M. A. (2013). Does the Ethical Leadership of Supervisors Generate Internal Social Capital? . *Journal of Business Ethics*, 118 (1), 1 – 12.

Pellegrini, E. K., & Scandura, T. A. (2008). Paternalistic leadership: A review and agenda for future research. *Journal of Management*, 34 (3), 566 – 593.

Piccolo, R. F., Greenbaum, R., Hartog, D. N. D., & Folger, R. (2010). The relationship between ethical leadership and core job characteristics. *Journal of Organizational Behavior*, 31 (2 – 3), 259 – 278.

Podsakoff, P. M. , MacKenzie, S. B. , Lee, J. Y. , & Podsakoff, N. P. (2003). Common method biases in behavioral research: a critical review of the literature and recommended remedies. *Journal of Applied Psychology*, 88 (5), 879 – 903.

Shockley, K. M. , & Singla, N. (2011). Reconsidering work—family interactions and satis-faction: A meta-analysis. *Journal of Management*, 37 (3), 861 – 886.

Shrout, P. E. , & Bolger, N. (2002). Mediation in experimental and nonexperimental stud-ies: New procedures and recommendations. *Psychological Methods*, 7 (4), 422 – 445.

Sinclair, R. R. , Wang, M. , & Tetrick, L. E. (2013). *Research methods in occupational health psychology*. New York: Routledge.

Thompson, C. A. , & Prottas, D. J. (2005). Relationships among organizational family sup-port, job autonomy, perceived control, and employee well-being. *Journal of Occupational Health Psychology*, 10 (4), 100 – 118.

Tu, Y. , & Lu, X. (2016). Do ethical leaders give followers the confidence to go the extra mile? The moderating role of intrinsic motivation. *Journal of Business Ethics*, 135 (1), 129 – 144.

Tu, Y. , & Zhang, S. (2015). Loneliness and subjective well-being among Chinese un-dergraduates: The mediating role of self-efficacy. *Social Indicators Research*, 124 (3), 963 – 980.

Voydanoff, P. (2004). The effects of work demands and resources on work-to-family conflict and facilitation. *Journal of Marriage and Family*, 66 (2), 398 – 412.

Wayne, J. H. , Casper, W. J. , Matthews, R. A. , & Allen, T. D. (2013). Family-sup-portive organization perceptions and organizational commitment: The mediating role of work-family conflict and enrichment and partner attitudes. *Journal of Applied Psychology*, 98 (4), 606 – 622.

Wayne, J. H. , Musisca, N. , & Fleeson, W. (2004). Considering the role of personality in the work-family experience: Relationships of the big five to work-family conflict and fa-cilitation. *Journal of Vocational Behavior*, 64 (1), 108 – 130.

Wu, L. Z. , Kwan, H. K. , Liu, J. , & Resick, C. J. (2012). Work-to-family spillover effects of abusive supervision. *Journal of Managerial Psychology*, 27 (7), 714 – 731.

Yang, C. (2014). Does ethical leadership lead to happy workers? A study on the impact of

ethical leadership, subjective well-being, and life happiness in the Chinese cul-
ture. *Journal of Business Ethics*, 123 (3), 513 – 525.

Yang, C. F. (1988). Familism and development: An examination of the role of family in con-
temporary China Mainland, Hong Kong, and Taiwan. In D. Sinha & H. S. R. Kao (ed.).
*Social values and development: Asian perspectives* (pp. 93 – 123). London: Sage.

Yukl, G., Mahsud, R., Hassan, S., & Prussia, G. E. (2013). An improved measure of
ethical leadership. *Journal of Leadership & Organizational Studies*, 20 (1), 38 – 48.

Zhang, H., Kwan, H. K., Everett, A. M., & Jian, Z. (2012). Servant leadership, or-
ganizational identification, and work-to-family enrichment: The moderating role of work
climate for sharing family concerns. *Human Resource Management*, 51 (5), 747 – 767.

# 第8章　道德型领导和员工工作满意度*

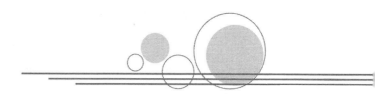

* 本章内容详见 Tu, Y., Lu, X., Yu, Y. (2017). Supervisors' ethical leadership and employee job satisfaction: a social cognitive perspective. *Journal of Happiness Studies*, 18 (1), 229 – 245。

**导　读**：虽然有几项研究探讨了道德型领导和员工工作满意度之间的关系，但在中国的背景下这种关系的研究很少。本章提出道德认知是在道德型领导与员工主观幸福感之间的一个重要过程。本章通过社会认知理论的视角，检验了道德型领导与员工工作满意度之间的关系，以及员工的道德认知过程。基于 371 名中国企业的员工，本章采用结构方程模型来检验假设的研究模型。结果证实了道德型领导与员工道德意识、道德认同和工作满意度分别呈正相关关系。此外，员工的道德意识和道德认同在道德型领导与员工工作满意度的关系中起部分中介作用。

**关键词**：道德型领导　员工道德意识　员工道德认同　员工工作满意度　社会认知理论

## 8.1　问题的提出

由于积极心理学和积极的组织行为学的出现，研究者和实践者都意识到了员工幸福感的重要性（Li et al.，2014；Luthans，2002；Luthans and Youssef，2007）。员工幸福感一直被认为是个人的终极追求，并被强调为组织的目的而不是组织的手段（Van Horn et al.，2004）。作为道德管理的重要部分以确保组织的可持续性（Brown et al.，2005；Brown and Treviño，2006），道德型领导被发现与员工幸福感正相关（Avey et al.，2012；Chughtai et al.，2015；Li et al.，2014）。员工工作满意度作为员工幸福感的一个基本要素和中心指标，指个人对工作的总体评价（Shi et al.，2015），被认为受到道德型领导的影响。通过将道德型领导与员工工作满意度联系起来，研究者希望找到整合组织目标和个人主观幸福感的方法来确保两方长期的和相互的利益。

迄今已有几项研究从理论和实证上检验了道德型领导对员工工作满意度的影响。他们发现，道德型领导与员工工作满意度正相关，样本来自美国（Avey et al.，2012；Neubert et al.，2009）、加拿大（Ogunfowora，2014）、西班牙（Ruiz et al.，2011）和荷兰（Kalshoven et al.，2011）。除了员工工作满意度，道德型领导与主管满意度（Brown et al.，2005）、员工职业满意度（Pucic，2015）和其他理想的态度，比如员工情感承诺（Neubert et al.，2009）也呈正相关关系。尽管如此，仍有几个有待解决的问题。

首先，道德型领导与员工工作满意度之间的关系主要在西方国家得到证实。但是，其在中国背景下的普适性仍然是未知的。与西方背景下的员工相比，中国员工对权力和领导者持有独特的文化信仰。由于对高权力距离和传统性的认可，中国人表现出对权威的极大尊重和服从（Chen and Aryee，2007）。因此，道德型领导的影响及它的结果在中国背景下可能与在西方背景下不同。Brown 和 Treviño（2006）非常强调道德型领导的普遍性及其跨文化的结果。同样，一些研究者也主张促进在道德型领导的领域进行跨文化的研究（Martin et al.，2009；Resick et al.，2011）。

其次，道德型领导如何与员工工作满意度相关在很大程度上是未知的，我们对潜在机制仅有很少了解，除了少数例外。Avey 等（2012）认为，道德型领导通过在组织中创造道德的氛围来促进员工工作满意度。Neubert 等（2009）认为心理所有权在道德型领导与员工工作满意度之间发挥了中介作用。依据涓滴模型，Ruiz 等（2011）表示，高层管理者的道德型领导通过向团队领导者灌输道德品质和道德管理来影响员工工作满意度。然而，道德型领导—员工工作满意度关系的理论基础仍然是不明确的。正如 Neubert 等（2009）提出，应该投入更多的努力来揭示道德型领导最终如何促进员工工作满意度。

最后，道德型领导独特的理论机制值得进一步的研究关注。最近，研究人员抱怨领导力研究中几乎所有的领导风格都可以用几个理论来解释。占主导地位的社会学习理论和社会交换理论是领导力研究中典型的例子（Tu and Lu，2014）。为响应揭开领导力的独特影响的号召，道德型领导领域的学者已经开始深入研究道德认知的作用——例如道德认同、感受到的责任和道德平等——在将道德型领导转化为个人结果中发挥的作用。Resick 等（2013）证明了道德平等和道德不平等分别在道德型领导与员工组织公民行为和反生产行为的关系中起中介作用。Tu 和 Lu（2014）强调社会认知理论是一个有用的框架，可以更深入地理解道德型领导与员工的角色外绩效之间的机制。跟随他们的研究，我们将基于社会认知理论揭示作用于道德型领导和员工工作满意度的潜在机制。

本章旨在以三种方式弥补这些空缺。首先，通过研究在中国背景下道德型领导与员工工作满意度的关系，本章试图扩展其在中国的普遍性，并为现有研究做出情境贡献。其次，考虑到道德认知是道德型领导的一个核心过程（Resick et al.，2013），本章提出道德意识和道德认同在道德型领导与员工工作满意度之间发挥中介作用。本章打算通过检验两个构念作为中介的联系来做出实证贡献。最后，除了社会学习理论和社会交换理论，本章试图使用社会认知理论来阐明道德型领导和员工工作满意度之间的关系。道德认知被提出来在这种关系中起中介作用。通过这样做，本章希望能够运用新的理论框架来理解道德认知过程在道德型领导与员工工作满意度之间的关系。

## 8.2 理论与假设

### 8.2.1 社会认知理论

社会认知理论是理解个体对外部环境的反应和行动的总体理论框架（Bandura，1986）。根据社会认知理论，个人从社会环境中获取有关自己和他人的信息，形成有关其行为的内部标准并按照内部标准规范自己的行为（Bandura，2001）。社会环境、人和行为是社会认知理论的三个组成部分。社会认知理论的核心原则是社会环境、人与行为之间存在三维交互（Wood and Bandura，1989）。也就是说，人们通过处理来自社会环境的信息制定行为标准并预测行为的后果；通过预期的行为对社会环境采取行动并最终通过后果来规范和反思自己的行为（Bandura，1991a）。在这个过程中，个人能动性发挥了重要作用，因为它影响信息加工、后果设想以及自我调节和自我反思（Bandura，1989）。与社会学习理论不同，社会认知理论侧重于认知过程中人们理解并对社会环境做出反应，并强调这一过程中人们通过自我调节和自我反思来调整自己的行为，使其与内部标准一致。

然后，社会认知理论被引入道德认知领域用来解释道德认知的形成和影响（Bandura，1991b）。从社会认知理论的视角来看，个人从社会环境中学习道德标准的适当性和道德违规的后果。在吸收了这些道德标准之后，他们将发展相应的行为模式，期待道德上适当行为的奖励和对道德不当行为的制裁（Bandura，2001）。因此，他们有动力以道德方式行事并监督自身的行为。当这些人辨别出他们的行为和道德标准之间的差异时，他们会立即调整行为（Bandura，1991b）。慢慢地，人们将根据这些标准内化道德标准和行为。总的来说，社会认知理论提供了一个详细的理论框架来揭示道德型领导的道德认知过程。正如先前研究提出的，社会认知理论绘制了新的途径来揭开道德型领导特有的心理机制（Resick et al.，2013；Tu and Lu，2016）。跟随他们的工作，本章试图依据社会认知理论来展现道德型领导和员工工作满意度之间的认知过程。

### 8.2.2　道德型领导和员工工作满意度

道德型领导被定义为"通过表率行为和人际互动来表明在组织中什么是合乎规范、恰当的行为，并通过双向沟通、强化和决策来激励下属道德行为"的领导方式（Brown et al.，2005）。道德型领导涉及两个基本组成部分：一个道德的人和一个道德的管理者。作为一个道德的人、他/她被期望具有道德特征，比如诚实、正直和可信赖，并持续展示这些特征。一个道德的管理者意味着其做出道德的决策，与员工讨论道德规范，让员工对自己的行为负责，鼓励与追随者之间的双向的开放式沟通，并惩罚那些违反道德规则的人（Brown et al.，2005；Brown and Treviño，2006）。在过去十年中，大量研究表明，道德型领导与员工工作绩效、角色外绩效、创新行为和道德行为正相关，与个人离职倾向、不道德行为和越轨行为负相关（Bedi et al.，2015）。

根据社会认知理论，道德型领导被认为通过两种途径影响员工的工作满意度。首先，道德型领导始终树立道德模范，表达道德期望并给员工提供明确的道德指导（Brown et al.，2005；Kalshoven et al.，2011）。员工在道德型领导的管理下清楚地了解他们应该和不应该做什么。因此，员工对他们行为的适当性和不恰当性有一个清楚的认知，反过来，有助于培养个人的工作满意度。其次，道德型领导塑造了员工对工作、动机和工作能力的认知，可以获得高水平的工作满意度。与展示出道德型领导力的主管接触，员工更可能在工作中体验到高度的任务意义和自主性（Piccolo et al.，2010）、内在动机（Tu and Lu，2013）和自我效能（Tu and Lu，2016）。因此，他们更好地具备自主动机和完成任务的能力，因此有更高的员工会对自己的工作感到满意的可能性。以前的研究实证地支持了道德型领导与员工工作满意度之间的正向关系（Avey et al.，2012；Neubert et al.，2009；Ogunfowora，2014；Ruiz et al.，2011）。因此，我们提出以下假设。

假设 1：道德型领导与员工的工作满意度呈正相关关系。

### 8.2.3 道德型领导和员工道德意识

道德意识描述了员工在一个给定的情景下在多大程度上意识到道德问题（Arnaud，2010）。它反映了员工对环境的道德本质的认知并为他们的道德行为提供一个认知基础（Butterfield et al.，2000；Lowry，2003）。道德意识高的员工对道德问题和困境很敏感，并知道如何妥善处理它们（Kalshoven et al.，2013）。道德意识也是解释外部环境以及指导道德推理和决策制定的首要因素（Bryant，2009；Butterfield et al.，2000）。个人通常在不同情况下具有不同水平的道德意识（Bryant，2009；Treviño，1986）。在现有文献中，道德意识被认为是工作场所道德氛围的一个组成部分（Arnaud，2010）。概念化的道德意识作为道德氛围的一个维度，Kalshoven 等（2013）发现道德意识取代了道德型领导对员工亲社会行为的影响。此外，道德意识也被概念化为个人心理属性，即"一个人对情境的决策，这个情景包含道德内容并可以合法地从道德的角度来考虑"（Reynolds，2006：233）。总体而言，有关道德意识的研究是稀少的（Butterfield et al.，2000）。

道德型领导被期望与员工道德意识有相关性。首先，作为解释工作环境的社会线索的道德领导者将塑造员工的认知和行为（Mayer et al.，2009；Resick et al.，2013；Tu and Lu，2014）。道德型领导者为员工设定道德模式，表达道德期望并与追随者讨论道德价值观。道德型领导者的这些行为向员工传达道德信息以及他们对什么在道德上是对和错的理解。此外，研究认为道德型领导鼓励员工对不道德的问题保持敏感并在组织中报告不道德问题（Brown et al.，2005；Mayer et al.，2013）。其次，道德型领导培养了一种道德氛围（Mayer et al.，2010），紧接着，提高员工的道德意识。道德型领导作为一种道德管理形式（Palmer，2009），有助于发展有关工作的道德信念和提供对期望行为的道德指导。处于高道德氛围的员工通常会对道德问题敏感，并以一种规范、恰当的方式处理道德困境，因此最后会有更高的道德意识。因此，我们提出以下假设。

假设2：道德型领导与员工的道德意识呈正相关关系。

## 8.2.4　道德型领导和员工道德认同

道德认同是指"一个人将他自己/她自己认定为一个有道德的人的程度"（Zhu et al.，2011：151）。在其最深层的根源，道德认同寻求找到一个对"我是一个善良、道德的人还是一个坏的和不道德的人？"的问题的回答（Zhu，2008：63）。不同于群体（或组织、职业和民族）的成员认同，道德认同是一种具有道德的自我定义。正如其定义表明，道德认同强调什么是可接受的认同并对与道德相关的认知和行为有深刻的影响（Aquino et al.，2007，2009）。作为一个道德自我的社会认知图式，其在理论上和实证上被认为与一个人的道德行为密切相关（Aquino et al.，2011；Shao et al.，2008）。领导力已被认定为员工道德认同的一个重要预测指标。例如，Zhu（2008）认为，道德型领导会塑造员工的道德认同。在另一项研究中，Zhu 等（2011）证实了转换型领导和交易型领导产生了员工的道德认同。

正如 Tu 和 Lu（2014）的阐释，道德型领导作为一种环境群体刺激因素，引起了员工的社会认知，本章提出道德型领导将以三种方式塑造员工的道德认同。首先，当道德型领导者在工作中实施道德行为和偏好时，他们为员工提供了跟随的道德模范，告诉员工如何在工作环境中表现道德，道德行为的模范将塑造员工的道德认同（Aquino et al.，2009）。其次，由于道德型领导者倡导道德价值观和原则，员工会从道德型领导者那里接收更多的道德线索。追随者可能会将这些道德信仰内化，并道德地表现出来。最后，道德型领导者通常使用社会奖惩的方式以加强道德行为以及减少违反纪律行为（Brown et al.，2005）。道德型领导者被认为是员工的一个有吸引力和可靠的角色榜样。当道德型领导者用社会奖惩展示道德管理时，员工将注意并模仿他们的角色榜样（Brown and Treviño，2006）。也就是说，他们会将道德型领导者的道德态度、信仰和价值观内化并遵循道德型领导者的道德行为（Brown and Treviño，2006）。在这个意义上，一个道德型领导者将用多种权变方法来塑造员工的自我概念。总之，道德型领导是员工形成道德自我认知、构建道德自我定义的重要来源。因此，我们提出以下假设。

假设 3：道德型领导与员工道德认同呈正相关关系。

### 8.2.5　道德意识和道德认同的中介

综合以上三个假设，我们进一步提出道德型领导提升员工的道德意识，然后激发员工的道德认同，最终提高员工工作满意度。道德型领导是员工的一种模范，作为员工道德认知的源泉，一位领导相信什么、说什么，以及他或她怎样行动将同化员工。在道德型领导的监管下，员工将对道德问题更加敏感并且有更强的能力处理道德问题和困境。正如假设2提出的，道德型领导的追随者倾向于提高道德意识。

根据现有文献，具有较高道德意识的个人更有可能将自己定义为道德的人。他们对道德和伦理有坚定的信念，并坚决捍卫他们所持有的道德信仰。一旦员工具有较高的道德认同感，他们就具有较强的道德动机和道德义务以实现理想的结果，比如道德行为和亲社会态度（Aquino et al.，2009）。主要基于以下两个原因，我们假设高道德认同将获得员工的高工作满意度。第一，在工作中有高道德认同的人根据他们的道德行事，组织伦理通常较少出现问题和不确定因素，反过来又减少了工作的负面体验，从而获得更高的工作满意度。第二，在工作场所具有高度道德认同的人更有可能获得更多的物质奖励，因为他们跟随主管和组织的道德期望和行为。而且，道德的人通常保持良好的形象，在工作场所享有很高的声誉和崇高的地位，这些物质和精神上的好处将提高员工的整体工作满意度。总之，在这个社会认知过程中，员工接收和解释来自其道德型领导的道德线索和信息，然后将它们内化为自己拥有的道德意识，建构道德自我认同，最终提高工作满意度。因此，我们提出以下假设。

假设4：员工道德意识和道德认同在道德型领导和员工工作满意度的关系中起中介作用。

## 8.3 方法

### 8.3.1 程序和样本

数据是在一家超过3000名员工的大型国有高科技企业中收集的，该企业位于中国河南省。在企业人力资源管理部门的协助下，我们收到了一份员工自愿参加的清单。然后，我们给每个人发了一个信封，包括一份调查问卷、一封介绍信和 10 元人民币（约 1.5 美元）的奖励。介绍信提供了调研的目的和说明。10 元人民币是为了激励员工参与调研。完成调研后，要求所有参与者将调查问卷放进信封，对其密封，然后交给研究助理。

首先，分发了 400 份员工调查问卷。经过发放—回收程序后，共收集调查问卷 375 份，回收率为 93.75%。我们删除了有太多缺失数据的 4 份调查问卷，最终共有 371 份有效调查问卷。参与者中女性占 44.7%，男性占 55.3%。参与者的平均年龄是 41.02 岁（S. D. =8.91）。员工的平均受教育年限为 14.51 年（S. D. =1.99），员工平均任期为 19.28 年（S. D. =10.30）。

### 8.3.2　测量工具

调研是用中文进行的。由于原始的测量工具是在英文下开发的，两个精通双语的研究者被邀请来根据双盲的原则（Brislin，1980）进行翻译—回译。所有的条目均采用李克特五点量表，从 1"非常不同意"到 5"非常同意"。

道德型领导采用 Brown 等（2005）的 10 条目量表进行测量，该量表是在道德型领导文献中被最广泛使用的。一个举例条目为"我的主管惩罚违背道德标准的员工"。该量表在本章中的信度是 0.87。

员工道德意识采用 Arnaud（2010）研究中的 3 个条目进行测量。在 Kalshoven 等（2013）的研究中，该量表的信度和效度得到了验证。一个举例条目为"我对道德问题非常敏感"。在本章中它的信度是 0.78。

员工道德认同采用 Zhu 等（2011）的 5 条目量表进行测量。一个举例条目是"我将做一个道德的人视为我是谁的一个重要的部分"。在当前研究中的信度是 0.80。

员工工作满意度由 Cammann 等（1983）的 3 条目量表进行测量。一个举例条目是"大体上来讲，我喜欢在这里工作"。在当前研究中的信度是 0.91。

### 8.3.3  分析策略

本章采用结构方程模型（SEM）来检验中介的假设。根据 Shrout 和 Bolge（2002）的建议，我们使用乘积系数法和偏校正 bootstrapping 估计间接效应。与 Baron 和 Kenny（1986）的常规检验中介的方法相对比，bootstrapping 允许我们即使是在间接效应不符合正态分布假设的情况下也可以检验间接效应。因此，本章不仅提供了普通最小二乘的点估计，还通过 bootstrapping 提供了具有 95% 置信区间的间接效应、直接效应和总效应的区间估计。

# 8.4  结果

### 8.4.1  共同方法误差

由于数据是从同一个来源收集的，共同方法误差（CMB）需要被关注。本章运用 Harman 单因子检验和控制未测量的潜在方法因子来检测当前研究中的 CMB（Dulac et al.，2008；Podsakoff et al.，2003；Tu and Lu，2013）。两种方法均采用验证性因子分析（CFA）（Podsakoff et al.，2003）。

对于 Harman 单因子检验，本章比较了从四因子模型到单因子模型的四种模型的拟合优度。表 8 - 1 中的结果表明了当一步步地合并理论变量时，这些模型的拟合优度明显变差。四因子模型的拟合优度最佳，表明 CMB 不是一个严重的问题。

对于"控制未测量的潜在方法因子"检验，本章添加了一个新的命名为"CMB"的潜变量，其上载有四个理论变量的所有指标，因此构建了一个五因子模型（Podsakoff et al.，2003）。将五因子模型与四因子模型进行比较，结果表明五因子模型的拟合优度相较于四因子模型有轻微提升。另外，本章进一步计算了 CMB 的平均方差提取值（AVE）；

AVE 只有 0.22，远远低于证明一个潜变量存在的 0.50 的阈值（Dulac et al.，2008）。结果显示，本章中的 CMB 未被认定为一个潜变量，不会干扰变量之间的关系。总之，结论为：CMB 即使存在，也不会对本章研究有太大的影响。

表 8 - 1　验证性因子分析的结果

| 模型 | $\chi^2$ | $df$ | CFI | GFI | RMSEA | RMR | ECVI |
|---|---|---|---|---|---|---|---|
| 五因子模型 | 322.19 | 162 | 0.95 | 0.92 | 0.05 | 0.04 | 1.24 |
| 四因子模型 | 389.35 | 183 | 0.94 | 0.91 | 0.06 | 0.05 | 1.31 |
| 三因子模型 | 845.90 | 186 | 0.81 | 0.79 | 0.10 | 0.07 | 2.53 |
| 二因子模型 | 1307.67 | 188 | 0.68 | 0.62 | 0.13 | 0.08 | 3.77 |
| 单因子模型 | 1957.39 | 189 | 0.49 | 0.56 | 0.16 | 0.10 | 5.52 |

注：$n = 371$；$\chi^2$ 代表卡方，$df$ 代表自由度，CFI 代表比较拟合指数，GFI 代表拟合优度指数，RMSEA 代表近似误差均方根，RMR 代表残差均方根，ECVI 代表期望的交叉效度指数。

五因子模型，道德型领导、员工道德意识、员工道德认同、员工工作满意度和 CMB。

四因子模型，道德型领导、员工道德意识、员工道德认同和员工工作满意度。

三因子模型，在四因子模型基础上合并道德型领导和员工道德意识。

二因子模型，在四因子模型基础上合并道德型领导、员工道德意识和员工道德认同。

单因子模型，在四因子模型基础上合并道德型领导、员工道德意识、员工道德认同和员工工作满意度。

### 8.4.2　假设检验

平均值、标准差和相关系数矩阵如表 8 - 2 所示。结果表明，道德型领导与员工道德意识（$\beta = 0.30$，$p < 0.001$）、员工道德认同（$\beta = 0.32$，$p < 0.001$）和工作满意度（$\beta = 0.31$，$p < 0.001$）正相关，与本章的假设一致。

表 8 - 2　平均值、标准差和相关系数矩阵

| 变量 | Mean | St. d | 3 | 4 | 5 | 6 |
|---|---|---|---|---|---|---|
| 道德型领导 | 3.95 | 0.63 | (0.87) | | | |
| 员工道德意识 | 4.21 | 0.61 | 0.30 *** | (0.78) | | |

续表

| 变量 | Mean | St. d | 3 | 4 | 5 | 6 |
|---|---|---|---|---|---|---|
| 员工道德认同 | 4.31 | 0.55 | 0.32 *** | 0.66 *** | (0.80) | |
| 员工工作满意度 | 3.83 | 0.85 | 0.31 *** | 0.26 *** | 0.34 *** | (0.91) |

注：$n = 371$，*** $p < 0.001$。

在假设 1、假设 2 和假设 3 中，道德型领导被认为分别与员工工作满意度、员工道德意识和员工道德认同正相关。这些主效应通过 SEM 中的三个直接效应模型进行了检验，结果如表 8 - 3 所示。表 8 - 3 中的模型 1 显示，道德型领导对员工工作满意度有显著正向影响（$\beta = 0.49$，$p < 0.001$，95% CI [0.32，0.72]）。模型 2 表明，道德型领导对员工道德意识有显著正向影响（$\beta = 0.34$，$p < 0.001$，95% CI [0.20，0.55]）。模型 3 显示，道德型领导对员工道德认同有显著正向影响（$\beta = 0.30$，$p < 0.001$，95% CI [0.17，0.48]）。因此，假设 1、假设 2 和假设 3 全部被支持。

为了探究员工道德意识和员工道德认同在道德型领导与员工工作满意度之间的中介作用，本章检验并比较了一个完全中介模型（基础模型）和三个部分中介模型。表 8 - 4 中的结果表明四种模型都是可接受的。然而，将完全中介模型与三个部分中介模型进行比较，本章发现了部分模型[a] 显著改进了完全中介模型（$\Delta\chi^2 = 19.76$，$\Delta df = 1$，$p < 0.001$）。因此，部分中介模型[a] 得到了实证的支持并被画在图 8 - 1 中。本章还用 bootstrapping 检验了部分中介模型[a] 的间接效应、直接效应和总效应。结果表明两个中介在道德型领导与员工工作满意度之间的间接效应是 0.11（$p < 0.001$），间接效应的 95% 置信区间为 0.05 到 0.22。道德型领导对员工工作满意度的直接效应是 0.38（$p < 0.001$），直接效应的 95% 置信区间为 0.20 到 0.63。道德型领导对员工工作满意度的总影响为 0.49（$p < 0.001$），总效应的 95% 置信区间为 0.32 到 0.73。因此，假设 4 得到支持。

表 8 - 3　道德型领导对三种结果的主效应

| 模型 | $\beta$ | 95% LLCI | 95% ULCI | $\chi^2$ | $df$ | CFI | GFI | RMSEA | RMR | ECVI | $R^2$ |
|---|---|---|---|---|---|---|---|---|---|---|---|
| 模型 1:道德型领导—员工工作满意度 | 0.49*** | 0.32 | 0.72 | 127.63 | 64 | 0.97 | 0.95 | 0.05 | 0.04 | 0.49 | 0.11** |
| 模型 2:道德型领导—员工道德意识 | 0.34*** | 0.20 | 0.55 | 163.76 | 64 | 0.94 | 0.94 | 0.07 | 0.04 | 0.59 | 0.12** |
| 模型 3:道德型领导—员工道德认同 | 0.30*** | 0.17 | 0.48 | 218.34 | 89 | 0.94 | 0.93 | 0.06 | 0.04 | 0.76 | 0.10** |

注:$n=371$,bootstrap $n=1000$, ** $p<0.01$, *** $p<0.001$,$\beta$ 代表未标准化的系数。

表 8 - 4　合理的替代模型的比较

| 模型 | $\chi^2$ | $df$ | CFI | GFI | RMSEA | RMR | ECVI |
|---|---|---|---|---|---|---|---|
| 完全中介模型 | 409.76 | 196 | 0.94 | 0.90 | 0.06 | 0.06 | 1.35 |
| 部分中介模型[a] | 390.00 | 185 | 0.94 | 0.91 | 0.06 | 0.05 | 1.30 |
| 部分中介模型[b] | 408.78 | 185 | 0.95 | 0.90 | 0.06 | 0.06 | 1.35 |
| 部分中介模型[c] | 407.70 | 185 | 0.94 | 0.90 | 0.06 | 0.06 | 1.35 |

注：$n = 371$，bootstrap $n = 1000$。
完全中介模型意味着连接"道德型领导—员工道德意识—员工道德认同—员工工作满意度"。
部分中介模型[a]在完全中介模型的基础上加了道德型领导到员工工作满意度的直接效应。
部分中介模型[b]在完全中介模型的基础上加了道德型领导到员工道德认同的直接效应。
部分中介模型[c]在完全中介模型的基础上加了员工道德意识到员工工作满意度的直接效应。

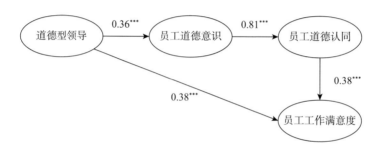

图 8 - 1　本章研究结果

注：员工道德意识的 $R^2$ 是 0.13[**]。员工道德认同的 $R^2$2 是 0.71[**]。员工工作满意度的 $R^2$ 是 0.16[**]。$n = 371$，bootstrap $n = 1000$，[**] $p < 0.01$，[***] $p < 0.001$，该图中的系数值是未标准化的系数。

### 8.4.3　因果效应的可能方向

中介作用在本质上是变量之间的因果模式（Hayes，2013）。因此，横截面研究设计在中介效应的因果推理方面存在不足。为了减少横截面数据的潜在劣势并增加中介检验的效度，本章从两个方面提升了中介的检验。第一，本章在一个很强的理论基础上发展了假设的框架。正如Hayes（2013）强调："好的理论可以有助于忽略一些可能的因果方向。"本章认为社会认知理论是理解道德型领导与员工工作满意度之间的道德认知过程的一个有价值的框架。第二，本章研究了几种替代的中介模型（Hayes，2013）。由于领导力本质是由上向下的影响，本章可以确认道德型领导而不是员工态度或心理状态是前因。然后本章研究了八种具有不同因果效应的可替代的中介模型以反映从道德型领导到员工结果的可替代的因果顺序，其中五个是完全中介模型，三个是部分中介模型。比较表 8 - 5 中的八个可替代的中介模型和表 8 - 4 中的部分中介模型ª，可明显得出表 8 - 4 中的部分中介模型ª具有更好的拟合优度。因此，在理论框架和统计比较的基础上，本章确认部分中介模型ª更好地反映了假设模型的中介过程。

表 8 - 5    因果效应可能方向的比较

| Models | $\chi^2$ | df | CFI | GFI | RMSEA | RMR | ECVI |
|---|---|---|---|---|---|---|---|
| EL-EMI-EMA-EJS | 414.20 | 186 | 0.93 | 0.90 | 0.06 | 0.06 | 1.36 |
| EL-EMI-EJS-EMA | 619.48 | 186 | 0.88 | 0.87 | 0.08 | 0.08 | 1.92 |
| EL-EJS-EMA-EMI | 413.95 | 186 | 0.93 | 0.91 | 0.06 | 0.06 | 1.36 |
| EL-EJS-EMI-EMA | 412.67 | 186 | 0.94 | 0.91 | 0.06 | 0.06 | 1.36 |
| EL-EMA-EJS-EMI | 616.06 | 186 | 0.88 | 0.87 | 0.08 | 0.09 | 1.91 |
| EL-EMI-EMA-EJS（有 EL-EJS 的直接效应） | 394.50 | 185 | 0.94 | 0.91 | 0.06 | 0.05 | 1.32 |
| EL-EMI-EJS-EMA（有 EL-EJS 的直接效应） | 600.06 | 185 | 0.88 | 0.87 | 0.08 | 0.07 | 1.87 |
| EL-EMA-EJS-EMI（有 EL-EJS 的直接效应） | 597.45 | 185 | 0.88 | 0.87 | 0.08 | 0.07 | 1.86 |

注：$n = 371$，bootstrap $n = 1000$。

EL 代表道德型领导，EMA 代表员工道德意识，EMI 代表员工道德认同，EJS 代表员工工作满意度。

## 8.5    讨论

### 8.5.1    理论和管理启示

基于社会认知理论，本章检验了在中国背景下道德型领导和员工工作满意度之间的关系，以及员工道德意识和员工道德认同在它们之间的中介作用。与假设一致，本章验证了道德型领导显著地正向影响员工道德意识、员工道德认同和员工工作满意度。而且，员工道德意识和员工道德认同在道德型领导和员工工作满意度的关系中起部分中介作用。本章在以下三个方面为现有的研究做出了贡献。

首先，本章进一步验证了在中国背景下道德型领导与员工工作满意度之间的关系。通过拓展中国背景下道德型领导和员工工作满意度之间关系的普适性，本章对已有研究做出了情境的贡献。虽然有一些研究揭示了在西方国家道德型领导对员工工作满意度有显著正向影响，但这种影响在中国的情境下仍然未被充分研究。可以推测，由于文化差异，员工工作满意度在中国情境下可能通过不同的机制引发，并深深地受到中国文化的影响。例如，Leung 等（1996）表示，在中国，个人对公平的偏好对员工工作满意度尤为重要。Shi 等（2015）发现集体主义文化是中国员工工作满意度的重要前提。本章进一步证实了在中国背景下，道德型领导影响员工工作满意度的普适性。而且，本章也发现在不同文化背景下，道德型领导对员工工作满意度产生了不同的影响（Resick et al.，2011）。与西方背景下的两项研究相比（Avey et al.，2012；Neubert et al.，2009），本章研究中的道德型领导作用于员工工作满意度的系数（0.49）大于以前研究的系数（0.38～0.44）。这可以用中国的员工对领导者的道德观更为敏感这一事实来解释。总的来说，中国人倾向于将伦理或道德视为人类生存的基本先决条件。当接触领导者的道德特征和行为时，中国员工更有可能对他们的工作感到满意。作为证据，一些研究表明，由于高权力距离导向，中国员工通常更可能遵从领导者的角色模范（Lian et al.，2012；Wu et al.，2015）。

其次，本章还对道德型领导影响员工工作满意度的机制提供了新的见解。本章发现除了心理所有权（Avey et al.，2012）和道德氛围（Neubert et al.，2009），员工道德意识和员工道德认同在道德型领导与员工工作满意度的关系中起部分中介作用。本章发现员工道德意识和员工道德认同是打开道德型领导与员工工作满意度之间的黑箱的关键过程。当前研究探讨了道德型领导的下行影响，以及预测员工工作满意度的道德方面的心理过程。换句话说，当领导者表现道德时，他们设定道德榜样，表达道德期望，奖励道德的行为/约束不道德的行为，并为员工提供道德信息。因而，员工将内化道德准则，提高道德意识，并且进一步吸收道德意识将其作为自我的一部分。当一个人有更高的道德认同时，他或她将在工作场所体验到更多的满足感。该研究检验了道德型领导对员工工作满意度的影响。然而，间接影响只有 0.11，在控制了中介变量以后，道德型领导对员工工作满意度的直接效应为 0.38。这表明在道德型领导和员工工作满意度之间可能存在其他的机制需要被探究。

最后，本章对现有的基于社会认知理论的道德型领导以及它的结果有所贡献。现有的研究表明社会学习理论和社会交换理论是解释道德型领导及其结果的主导理论（Tu and Lu，2014）。目前的研究提供了一个社会认知框架来解释道德型领导对员工工作满意度的下行影响。Aquino 等（2009）认为社会认知理论是在道德情景下理解道德态度和行为的合理性的一个有力框架。本章通过揭示道德型领导将促进员工的道德认知，并由此提高他们的工作满意度推进了研究。

本章还具有重要的实际意义。首先，道德型领导应该在日常工作中为员工树立道德榜样。现有研究证明，道德型领导能够产生理想的结果，例如公司层面的结果、个人绩效和理想的态度。目前的研究进一步表明，领导者的道德管理将增加员工工作场所中的道德认知和工作满意度。道德型领导的重要性应该被强调。组织应提供更多有关道德型领导的培训课程，建立道德管理实践，培养道德氛围并且预防不道德的政策。这些对于促进组织中的道德型领导至关重要。其次，本章强调了道德自我概念在日常工作中的重要性。在雷曼兄弟（Lehman Brothers）公司的丑闻中，管理者沉迷于欺骗股东和公众的不道德操作。在那种情况下，高级经理 Bart McDade 承认，"我非常清楚（不道德的操作）……这是另一种我们正在上瘾的毒品"（英国广播公司，BBC，2010）。如果所有经理和员工保持高水平的道德意识，并将其内化为意识的一部分，他们就可能在各种情况下实施道德实践，并避免这种悲剧。组织应通过为商业伦理提供更多的道德训练和沟通，以及更多的渠道报告不道德问题来努力提高主管和员工的道德意识并建立他们的道德自我概念。最后，组织应关注员工工作满意度并投入资源来提升员工的工作满足。员工工作满意度是工作结果和幸福感最重要和敏感的指标之一。组织应该做更多工作来提高员工的工作满意度，确保他们有高水平的工作质量和生活质量。

### 8.5.2　局限与未来展望

几个研究局限应该被认定。一个是自我报告的数据引起的 CMB。在目前的研究中，本章运用两种广泛使用的技术来检测 CMB。研究结果表明，CMB 并不是一个严重的问题，因为 CMB 的破坏性影响仍没有被发现。另一个局限是横截面数据。即使本章检验并比较了部分中介模型[a] 和八个有不同因果顺序的可替代的中介模型，且结果显示部分中介模型[a] 是理论和统计方法中最好的模型，但是仍然无法推断变量的因果关系。为了解决这个问题，考虑到员工工作满意度的感知特性，仍有必要进行时滞或纵向研究设计来探究道德型领导和员工工作满意度之间的因果关系。

对于未来的研究方向，应该更多地关注以下几个方面。首先，需要更多的研究工作来探索道德型领导和员工的主观幸福感之间的关系，比如情绪耗竭、压力、家庭和生活满意度。其次，我们鼓励更多有关道德型领导与员工工作满意度之间关系的边界条件的研究。现有研究通常侧重于中介过程并忽略了边界条件。未来的研究应该探索情景因素，比如文化因素和组织背景、个人特征和偏好的调节。再次，如上所述，检验道德型领导与员工工作满意度的关系的研究值得更多关注。最后，进一步的研究应该探索在道德型领导与员工工作满意度之间的其他潜在机制。

# 参考文献

Aquino, K., Freeman, D., Reed, A., Lim, V. K. G., & Felps, W. (2009). Testing a social-cognitive model of moral behavior: the interactive influence of situations and moral identity centrality. *Journal of Personality and Social Psychology*, 97 (1), 123 – 141.

Aquino, K., McFerran, B., & Laven, M. (2011). Moral identity and the experience of moral elevation in response to acts of uncommon goodness. *Journal of Personality and Social Psychology*, 100 (4), 703 – 718.

Aquino, K., Reed, A., Thau, S., & Freeman, D. (2007). A grotesque and dark beauty: How moral identity and mechanisms of moral disengagement influence cognitive and emotional reactions to war. *Journal of Experimental Social Psychology*, 43 (3), 385 – 392.

Arnaud, A. (2010). Conceptualizing and measuring ethical work climate development and validation of the ethical climate index. *Business & Society*, 49 (2), 345 – 358.

Avey, J. B., Wernsing, T. S., & Palanski, M. E. (2012). Exploring the process of ethical leadership: the mediating role of employee voice and psychological ownership. *Journal of Business Ethics*, 107 (1), 21 – 34.

Bandura, A. (1986). *Social foundations of thought and action*. Englewood Cliffs, NJ: Prentice-Hall.

Bandura, A. (2001). Social cognitive theory: An agentic perspective. *Annual Review of Psychology*, 52 (1), 1 – 26.

Bandura, A. (1989). Human agency in social cognitive theory. *American Psychologist*, 44 (9), 1175 – 1184.

Bandura, A. (1991a). Social cognitive theory of self-regulation. *Organizational Behavior and Human Decision Processes*, 50 (2), 248 – 287.

Bandura, A. (1991b). Social cognitive theory of moral thought and action. *Handbook of Moral Behavior and Development*, 1, 45 – 103.

Baron, R. M., & Kenny, D. A. (1986). The moderator mediator variable distinction in social psychological-research-conceptual, strategic, and statistical considerations. *Journal of Personality and Social Psychology*, 51 (6), 1173 – 1182.

BBC. (2010). Lehman Brothers' former heads criticised for lapses, http://news. bbc. co. uk/

2/hi/business/8563604. stm.

Bedi, A., Alpaslan, C., & Green, S. (2015). A meta-analytic review of ethical leadership outcomes and moderators. *Journal of Business Ethics*, 1 – 20.

Brislin, R. W. (1980). Translation and content analysis of oral and written materials. In H. C. Triandis & J. W. Berry (eds.). *Handbook of Cross-cultural Psychology* (pp. 389 – 444). Boston: Allyn and Bacon.

Brown, M. E., & Treviño, L. K. (2006). Ethical leadership: A review and future directions. *Leadership Quarterly*, 17 (6), 595 – 616.

Brown, M. E., Treviño, L. K., & Harrison, D. A. (2005). Ethical leadership: A social learning perspective for construct development and testing. *Organizational Behavior and Human Decision Processes*, 97 (2), 117 – 134.

Bryant, P. (2009). Self-regulation and moral awareness among entrepreneurs. *Journal of Business Venturing*, 24 (5), 505 – 518.

Butterfield, K. D., Treviño, L. K., & Weaver, G. R. (2000). Moral awareness in business organizations: Influences of issue-related and social context factors. *Human Relations*, 53 (7), 981 – 1018.

Cammann, C., Fichman, M., Jenkins, G. D., & Klesh, J. R. (1983). Assessing the attitudes and perceptions of organizational members. In S. E. Seashore, E. E. Lawler, P. H. Mirvis & C. Cammann (eds.). *Assessing organizational change: A guide to methods, measures, and practices* (pp. 71 – 138). New York: John Wiley & Sons.

Chen, Z. X., & Aryee, S. (2007). Delegation and employee work outcomes: An examination of the cultural context of mediating processes in China. *Academy of Management Journal*, 50 (1), 226 – 238.

Chughtai, A., Byrne, M., & Flood, B. (2015). Linking ethical leadership to employee well-being: The role of trust in supervisor. *Journal of Business Ethics*, 128 (3), 653 – 663.

Dulac, T., Coyle-Shapiro, J. A. M., Henderson, D. J., & Wayne, S. J. (2008). Not all responses to breach are the same: the interconnection of social exchange and psychological contract processes in organizations. *Academy of Management Journal*, 51 (6), 1079 – 1098.

Hayes, A. F. (2013). *Introduction to mediation, moderation, and conditional process analysis: A regression-based approach*. Guilford Press.

Kalshoven, K. , Den Hartog, D. N. , & De Hoogh, A. H. B. (2011). Ethical leadership at work questionnaire (ELW): Development and validation of a multidimensional measure. *Leadership Quarterly*, 22 (1), 51 – 69.

Kalshoven, K. , Den Hartog, D. N. , & De Hoogh, A. H. B. (2013). Ethical leadership and follower helping and courtesy: Moral awareness and empathic concern as moderators. *Applied Psychology-An International Review*, 62 (2), 211 – 235.

Leung, K. , Smith, P. B. , Wang, Z. M. , & Sun, H. (1996). Job satisfaction in joint venture hotels in China: An organizational justice analysis. *Journal of International Business Studies*, 27 (5), 947 – 962.

Li, Y. P. , Xu, J. , Tu, Y. D. , & Lu, X. X. (2014). Ethical leadership and subordinates' occupational well-being: A multi-level examination in China. *Social Indicators Research*, 116 (3), 823 – 842.

Lian, H. W. , Ferris, D. L. , & Brown, D. J. (2012). Does power distance exacerbate or mitigate the effects of abusive supervision? It depends on the outcome. *Journal of Applied Psychology*, 97 (1), 107 – 123.

Lowry, D. (2003). An investigation of student moral awareness and associated factors in two cohorts of an undergraduate business degree in a British university: Implications for business ethics curriculum design. *Journal of Business Ethics*, 48 (1), 7 – 19.

Luthans, F. (2002). The need for and meaning of positive organizational behavior. *Journal of Organizational Behavior*, 23 (6), 695 – 706.

Luthans, F. , & Youssef, C. A. (2007). Emerging positive organizational behavior. *Journal of Management*, 33 (3), 321 – 349.

Martin, G. S. , Resick, C. J. , Keating, M. A. , & Dickson, M. W. (2009). Ethical leadership across cultures: A comparative analysis of German and US perspectives. *Business Ethics-a European Review*, 18 (2), 127 – 144.

Mayer, D. M. , Kuenzi, M. , Greenbaum, R. , Bardes, M. , & Salvador, R. (2009). How low does ethical leadership flow? Test of a trickle-down model. *Organizational Behavior and Human Decision Processes*, 108 (1), 1 – 13.

Mayer, D. M. , Kuenzi, M. , & Greenbaum, R. L. (2010). Examining the link between ethical leadership and employee misconduct: The mediating role of ethical cli-

*mate. Journal of Business Ethics*, 95 (1), 7 – 16.

Mayer, D. M., Nurmohamed, S., Treviño, L. K., Shapiro, D. L., & Schminke, M. (2013). Encouraging employees to report unethical conduct internally: It takes a village. *Organizational Behavior and Human Decision Processes*, 121 (1), 89 – 103.

Neubert, M. J., Carlson, D. S., Kacmar, K. M., Roberts, J. A., & Chonko, L. B. (2009). The virtuous influence of ethical leadership behavior: Evidence from the field. *Journal of Business Ethics*, 90 (2), 157 – 170.

Ogunfowora, B. (2014). The impact of ethical leadership within the recruitment context: The roles of organizational reputation, applicant personality, and value congruence. *Leadership Quarterly*, 25 (3), 528 – 543.

Palmer, D. E. (2009). Business leadership: Three levels of ethical analysis. *Journal of Business Ethics*, 88 (3), 525 – 536.

Piccolo, R. F., Greenbaum, R., Den Hartog, D. N., & Folger, R. (2010). The relationship between ethical leadership and core job characteristics. *Journal of Organizational Behavior*, 31 (2 – 3), 259 – 278.

Podsakoff, P. M., MacKenzie, S. B., Lee, J. Y., & Podsakoff, N. P. (2003). Common method biases in behavioral research: A critical review of the literature and recommended remedies. *Journal of Applied Psychology*, 88 (5), 879 – 903.

Pucic, J. (2015). Do as I say (and do): Ethical leadership through the eyes of lower ranks. *Journal of Business Ethics*, 129 (3), 655 – 671.

Resick, C. J., Hargis, M. B., Shao, P., & Dust, S. B. (2013). Ethical leadership, moral equity judgments, and discretionary workplace behavior. *Human Relations*, 66 (7), 951 – 972.

Resick, C. J., Martin, G. S., Keating, M. A., Dickson, M. W., Kwan, H. K., & Peng, C. Y. (2011). What ethical leadership means to me: Asian, American, and European Perspectives. *Journal of Business Ethics*, 101 (3), 435 – 457.

Reynolds, S. J. (2006). Moral awareness and ethical predispositions: Investigating the role of individual differences in the recognition of moral issues. *Journal of Applied Psychology*, 91 (1), 233 – 243.

Ruiz, P., Ruiz, C., & Martinez, R. (2011). Improving the "leader-follower" relationship: top manager or supervisor? The ethical leadership trickle-down effect on follower job response. *Journal of Business Ethics*, 99 (4), 587 – 608.

Shao, R. D. , Aquino, K. , & Freeman, D. (2008). Beyond moral reasoning: a review of moral identity research and its implications for business ethics. *Business Ethics Quarterly*, 18 (4), 513 – 540.

Shi, M. , Yan, X. , You, X. , & Li, J. (2015). Core self-evaluations, emotional intelligence and job satisfaction in Chinese soldiers. *Social Indicators Research*, 124 (1): 221 – 229.

Shrout, P. E. , & Bolger, N. (2002). Mediation in experimental and nonexperimental studies: New procedures and recommendations. *Psychological Methods*, 7 (4), 422 – 445.

Treviño, L. K. (1986). Ethical decision-making in organizations: A person-situation interactionist model. *Academy of Management Review*, 11 (3), 601 – 617.

Tu, Y. , & Lu, X. (2013). How ethical leadership influence employees' innovative work behavior: A perspective of intrinsic motivation. *Journal of Business Ethics*, 116 (2), 457 – 457.

Tu, Y. , & Lu, X. (2016). Do ethical leaders give followers the confidence to go the extra mile? The moderating role of intrinsic motivation. *Journal of Business Ethics*, 135 (1), 129 – 144.

Van Horn, J. E. , Taris, T. W. , Schaufeli, W. B. , & Schreurs, P. J. G. (2004). The structure of occupational well-being: A study among Dutch teachers. *Journal of Occupational and Organizational Psychology*, 77, 365 – 375.

Zhu, W. (2008). The effect of ethical leadership on follower moral identity: The mediating role of psychological empowerment. *Leadership Review*, 8 (3), 62 – 73.

Zhu, W. , Riggio, R. E. , Avolio, B. J. , & Sosik, J. J. (2011). The effect of leadership on follower moral identity: Does transformational/transactional style make a difference? *Journal of Leadership & Organizational Studies*, 18 (2), 150 – 163.

Wood, R. , & Bandura, A. (1989). Social cognitive theory of organizational management. *Academy of Management Review*, 14 (3): 361 – 384.

Wu, L. Z. , Kwan, H. , Yim, F. K. , Chiu, R. , & He, X. (2015). CEO ethical leadership and corporate social responsibility: A moderated mediation model. *Journal of Business Ethics*, 130 (4), 819 – 831.

# 第 9 章　道德型领导与员工工作投入

**导　读**：本研究在社会认同理论的基础上尝试探讨了领导和团队氛围如何影响员工的工作投入。它将员工工作投入定义为认同的结果，不仅研究了在一个多层次模型中道德型领导和真诚氛围对员工工作投入的影响，也通过检验个体层面的程序公平和团队层面的团队人际公平的中介作用探究了其中潜在的作用机制。通过收集来自 2 家公司 34 个团队的 302 个员工的多源数据，本章采用多层线性模型对假设进行了检验。结果显示：（1）道德型领导和真诚氛围与员工工作投入积极相关；（2）程序公平在道德型领导与员工工作投入的关系中起完全中介作用；（3）程序公平和团队人际公平对真诚氛围与员工工作投入间关系的完全中介作用是显著的。

**关键词**：道德型领导　真诚氛围　程序公平　团队人际公平
员工工作投入

## 9.1  问题的提出

员工工作投入响应了"积极心理学"（Seligman and Csikszentmi-halyi，2000）和积极组织行为（Bakker and Schaufeli，2008）运动，在过去十年里引起越来越多的学术和实践研究兴趣（Bakker，Schaufeli，Leiter，and Taris，2008；Macey and Schneider，2008）。员工工作投入经常被定义为一个积极的、与工作相关的良好状态或成就感，这种成就感被证明与个体产出（如组织公民行为）和组织产出（如公司财务业绩）（Xanthopoulou，Bakker，Demerouti，and Schaufeli，2009）相关。然而，由于员工工作投入的相关研究还处于萌芽阶段（Macey and Schneider，2008），探索其影响因素以及这些因素影响员工工作投入的机制势在必行。

大多数现有研究都是用工作需求—资源（JD-R）模型（Saks，2006；Mauno，Kinnunen，and Ruokolainen，2007）对员工工作投入进行探索的，该模型指出员工工作投入在本质上是由工作资源（即组织支持、反馈）和其与工作需求的交互驱动的，这一点也被近期的研究（Rich，Lepine，and Crawford，2010）和元分析（Halbesleben，2010）所支持。然而，很少有研究关注这些工作资源如何影响员工工作投入的心理过程。考虑到 Kahn（1990）的观点，即人们越认同他们的工作就越倾向于投入工作，同时 Sonnentag（2011）注意到认同层面在所有工作投入概念模型中都普遍存在（May，Gilson，and Harter，2004；Rich，Lepine，and Crawford，2010），本章尝试用社会认同理论（Jenkins，2004）来研究员工工作投入并将其定义为认同的一个过程。Pratt

（1998）认为社会认同理论由三个过程构成：自我分类、自我比较和自我认同。其中前两者对认同的影响极大。关系社会认同理论（Sluss and Ashforth，2007）认为个体的社会认同来自与团队内人员、工作团队以及团队外人员的互动，在这个过程中他们完成了自我分类和自我比较。以往的研究显示，领导和组织是促进员工工作投入的社会支持的两个来源（Schaufeli and Bakker，2004；Schaufeli and Salanova，2008），本章想要探索个体对上级和团队的互动与认同如何显著地影响他们的工作投入。其中的基本理论原则就是，人们越是认同他们的上级和团队，就越会增加工作投入以支持他们的团队。

尽管先前已有研究发现被称为关心和授权式的转换型领导与员工工作投入是积极相关的（Schaufeli and Salanova，2008；Tims，Bakker，and Xanthopoulou，2011），当感知到上级是可信赖时，员工更倾向于提升工作投入等级（Cartwright and Holmes，2006），但是道德型领导与员工工作投入之间的关系却很少被了解。正如很多研究者发现，对上级的认同主要受自尊和自我提升需求的驱动（Pratt，1998），并且道德型领导以其与员工亲社会行为（Mayer，Kuenzi，Greenbaum，Bardes，and Salvador，2009；Piccolo，Greenbaum，Den Hartog and Folger，2010；Walumbwa and Schaubroeck，2009）和幸福感的积极相关而著名，因此我们假设道德型领导可以促进员工的工作投入，因为员工更加乐意去认同道德型领导。

应 Bakker 等（2011a）提出的多层次方法应该被用于区分从个体水平到团队水平的变量的主张，本章将团队氛围作为影响员工工作投入的因素包含进本章的多层次模型中。根据 Bakker 等（2011b）认定的六个方面的"投入的氛围"，真诚氛围描绘了工作生活中的六个方面来帮助员工获得幸福感和工作意义，本章将其定义为预测员工工作投入的团队层次的变量。这同时也与社会认同理论一致，即人们总是为了自豪感、参与度、稳定性、从属性、自我提升和意义去认同团队（Hogg and

Grieve, 1999）。在中国的集体主义文化中，个体更有可能根据他们的成员关系来定义自身的个人认同（Hofstede, 1990）并评价它的价值。

由于社会认同和认同的自我比较过程，个体通常基于判断与其他成员相比自身在团队中是否被尊重和公平地对待（Ellemers, De Gilder, and Haslam, 2004）以及整个团队是否比其他团队更加公正，来决定对特定事物的认同程度，这反映了他们在团队中的自我价值（Tyler and Lind, 1992）和成员关系的相对吸引力（Dutton et al., 1994；Mael and Ashforth, 1992）。因此，我们推断团队公平是领导和团队氛围影响工作投入的中介变量。一般而言，现行的文献大多将公平分为四种：分配公平、程序公平、人际公平和信息公平（Ambrose, Hess, and Gansar, 2007；Colquitt, 2001）。

由上级表现的程序公平通常传递了来自团队和上级的欣赏和尊重，并且是个体对自身在团队中地位的参考（Tyler and Lind, 1992），我们将程序公平作为个体层面的中介变量。此外，有证据显示团队人际公平的信息可以帮助成员估计其团队在组织中的地位，并且当团队的所有成员都被公平对待时，其影响最大（Naumann and Bennett, 2000）。另外，团队层面的公平可以放大组织公平的重要性并解释超过低层次的额外差异（Li and Cropanzano, 2009），本章定义团队人际公平为团队层面的真诚氛围与员工工作投入间的中介变量。

由于组织公平（Masterson et al., 2000；Rupp and Cropanzano, 2002；Liao and Rupp, 2005；Fassina, Jones, and Uggerslev, 2008；Lavelle, Rupp, and Brockner, 2007）和社会认同被实证地论证为多种性质表征，本章同样也想发现是否对团队不同焦点的认同对员工工作投入的影响有差异。概括地说，本章从三个方面做出贡献：（1）通过调查在多层次模型中个体层面的道德型领导和团队层面的真诚氛围是否影响员工的工作投入，本章综合了领导和团队氛围来探索在组织环境中作为认同结果的员工工作投入的产生；（2）通过检验组织公平是否可以借助认同来中介前因与员工工作投入间的关系，其中程序公平作为个体层面的中介变量，人际公平作为团队层面的变量，本章想要发现团队中不同对象的认同是否可以促进员工的工作投入；（3）多层次模型和多源数据帮助解释了个体对上级和团队的认同是否会对工作投入有不同的影响。本章的研究模型见图 9 - 1。

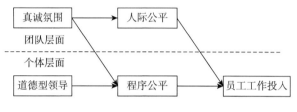

**图 9 - 1　本章的研究模型**

## 9.2　理论与假设

### 9.2.1　认同导致的员工工作投入

员工工作投入被普遍定义和引用为"一种积极的、令人满意的与工作相关的心态，具有活力、奉献和专注的特点"（Schaufeli, Salanova, Gonzalez-Roma, and Bakker, 2002；Bakker, Albrecht, and Leiter, 2011b），分别反映了员工工作投入的身体、认知和情感组成（May, Gilson, and Harter, 2004）。活力的特征就是员工工作时投入的精力和意愿的程度；奉献指的是员工在工作中所经历的参与感、重要性和热忱；专注则意味着员工完全埋头于工作中而无法自拔（Schaufeli and Bakker, 2004）。另外，Kahn（1990）将员工工作投入定义为组织成员通过投入精力和努力将自己代入工作角色，并同时进行身体、认知、情感和心理上的表达，这种概念强调了员工工作投入并不仅是工作中的活力，也是对工作的参与和认同。工作意愿（Bakker et al., 2011；Schaufeli and Salanova, 2011）能够很好地解释人们参与工作的动机，当认同组织中的角色时，人们更愿意投入工作（Tyler，1999）。因此，本章把员工工作投入作为个体在组织中对上级和团队的认同的结果，并将其概念化为一个持久的工作状态（Schaufeli and Salanova，2007），而不是时刻波动的暂时性工作状态。

### 9.2.2 道德型领导与员工工作投入

道德型领导被定义为"通过个人行为和人际关系展示的规范化恰当行为，这种行为通过双向沟通、强化和决策来提升下属"（Brown，Treviño，and Harrison，2005：120）。一方面，道德型领导者是道德的个人，总是强调诸如正直、诚实、值得信赖、道德意识和公平这些道德品质（Brown et al.，2005）。另一方面，他们充当道德的管理者来展示道德行为，例如建立道德的愿景、提倡双向沟通、有原则地决策、尊重下属并在工作中双向沟通（Brown and Treviño，2006；Kanungo and Mendonca，1996），这些都被称为关心、友爱的行为（Brown and Treviño，2006；Treviño et al.，2003）。

先前的研究者展示了道德型领导者的员工更愿意自我认同（Brown and Treviño，2006）并出于自我认同而追随他们的上级。首先，道德型领导者总是被期望是可信赖的、正直的和守纪律的（Walumbwa and Schaubroeck，2009），所以其员工更愿意信赖他们从而获得更多安全感。其次，当道德型领导者允许员工发声并在决策中倾听他们的观点，展现对他们人格的尊重（Feldman and Khademian，2003），且在任务中对他们授权时，员工将会获得更多的自我效能和自信。最后，通过弄清员工工作和努力对组织目标实现的贡献（De Hoogh and Den Hartog，2008），道德型领导者可以满足员工对目标和意义性的需求。此外，道德型领导者倾向于将员工的发展计入考虑并将其置于促进增长的位置（Zhu，May，and Avolio，2004），这反过来也增加了员工满足工作需要和自我提升的需求。所有这些都导致了员工对道德型领导者的认同和自身的工作投入，因此我们提出以下假设。

H1：道德型领导与员工工作投入正相关。

### 9.2.3　真诚氛围与员工工作投入

真诚氛围由两个希腊词语组成，authenteekos 表示真实、诚信和信任，zoteekos 意味着对生命必不可少（Kets de Vries，2001）。真诚氛围被定义为成员对组织事务、行为和活动的可信任依赖，对生命必不可少的程度的集体信念或认知（Rego et al.，2010）。根据 Rego 和 Cunha（2008）的定义，真诚氛围由六个方面组成，包括人际关系、领导力、沟通、个人发展、公平和工作—家庭领域。真诚氛围的基础是增加员工的方向目标感、自我决定、影响力、竞争意识、归属感、意义性和乐趣（Rego et al.，2010），在发展员工的团队认同时，这些有助于满足他们自我归类和自我提升的需求（Ellemers，1993；Haslam，Powell，and Turner，2000）。我们提出员工更倾向于认同高真诚氛围的团队。

当在真诚氛围中的人们感觉到他们的团队强调目标、影响力和意义的愿景（Rego et al.，2010）与和谐关系时，他们将感觉参与到团队中更具吸引力。员工发展和学习的机会标志着他们是重要的，是被包容、被重视和被尊重的，这使他们把团队认同感知为自我提升（Luhtanen and Crocker，1992），因此他们将更积极地认同团队（Dutton et al.，1994）。据 Wayne、Shore、Bommer 和 Tetrick（2002）的研究，通过表现团队对个体的尊重，个体在决策中的参与和组织认同紧密相关。于是，真诚氛围中的开放型沟通和公正将促进个体对团队的认同。由于更高的对真诚氛围的认同程度和更多的对团队关系的有利评价，员工更愿意进行更多的工作投入来支持他们的团队（Van Knippenberg，Van Knippenberg，De Cremer，and Hogg，2004）。所以我们提出以下假设。

H2：真诚氛围与员工的工作投入正相关。

### 9.2.4 程序公平的中介作用

程序公平被定义为"对决策政策和程序所感知到的公平",即贯彻和解释程序的相关问题（Greenberg, 1990）。Leventhal（1980）认为个体基于精确的、无偏见的信息,通过测量组织程序是否在不同对象和不同时间内都保持一致来判断程序公平。Ambrose 和 Alder（2000）总结程序公平以两个方面为特征,分别是包含尽可能多信息的准确决策,以及与成员标准和道德标准保持一致的道德程序。近期研究发现,程序公平既包括了公平的决策过程,也包括了公平的品质（Blader and Tyler, 2003a, 2003b）。

考虑到道德型领导的定义和上级作为程序公平来源的角色,道德型领导很有可能与员工感知到的程序公平正相关。通常,以值得信赖（Brown et al., 2005; De Hoogh and Den Hartog, 2008; Treviño et al., 2003）和行为自律（Brown et al, 2005, 2006）著称的道德型领导者更可能制定公平、平衡的决策（Walumbwa and Schaubroeck, 2009）。他们同样也更倾向于让员工参与与他们自身利益相关的决策,给员工提供发言的机会并真诚倾听（Brown et al., 2005）,这构成了程序公平（Brock-ner, Heuer, Siegel, Wiesenfeld, Martin, and Grover, 1998）,直接促成了对程序公平的感知（Greenberg, 2006; Tepper, 2001; Vermunt and Steens-ma, 2005）。此外,当道德型领导的下属感受到上级的关心时,他们将感知到更多的程序公平。因此,道德型领导与程序公平积极相关。

类似的,真诚氛围同样也能有效预测个体对程序公平的感知。一方面,由于真诚氛围总是关注员工对影响、竞争和公平的感受（Rego et al., 2010）,团队更有可能通过考虑员工对团队认同的需求来制定和贯彻有原则的、平衡的决策（Cropanzano, Goldman, and Folger, 2003）。另一方面,真诚氛围中可信的、公平的领导者同样也被期待拥护道德标准,且在决策时考虑到所有利益相关方并倾听不同的意见（Leventhal,

1980）。除此以外，真诚氛围中的员工经常被允许参加决策过程，可以发言和投票，因此他们对决策有更大的影响力（Gilliland and Chan，2001；Tepper，2001）。所有这些都使他们获得对程序公平的感知。

公平待遇将会促进个体的工作投入。团队本身和权威人物常常是人们认同的目标，并且能够通过从事透明公平的行动来影响人们的认同，这点已得到证实（Leary and Baumeister，2000）。近期的研究表明，当团队或权威人物展示出程序公平时，人们更愿意在工作中投入资源、时间和精力（De Cremer and Tyler，2005；De Cremer and Van Vugt，2002；Tyler and Blader，2000），以支持他们的领导者。事实上，程序公平的使用向人们表达了他们是被重视和尊重的，并且对决策有一定控制力（Tyler and Lind，1992）。这同样也表达了一种来自团队的积极的社会评价（也就是尊重、归属感）（Tyler and Lind，1992）。恰好的是，大部分员工将程序公平作为判断组织中的社会地位（Tyler and Lind，1992；Van Prooijen，Van den Bos，and Wilke，2005）和团队关系是否值得的信息。因此，程序公平提高了员工的自我价值感、自我效能（Koper，Van Knippenberg，Bouhuijs，Vermunt，and Wilke，1993；Tyler，1999）和他们对上级与团队的认同程度（De Cremer and Sedikides，2008）。所以他们倾向于通过将更多的精力、奉献和专注投入工作，来保持这种认同。因此我们提出以下假设。

H3：程序公平在道德型领导和员工工作投入的关系中起中介作用。

H4：程序公平在真诚氛围和员工工作投入的关系中起中介作用。

### 9.2.5 团队人际公平的中介作用

由于人们通常用团队是否被公平对待来评判团队的成员关系，所以我们将团队人际公平作为团队水平的概念，用来指与其他团队相比，对于团队成员被细心、礼貌、尊重、尊敬对待程度的集体信念和一致意见（Colquitt，2001；Roberson，2006；Naumann and Bennett，2002），以此来理解真诚氛围促进员工工作投入的潜在机制。考虑到真诚氛围的特征，我们认为真诚氛围与团队人际公平积极相关。因为真诚氛围中的员工相信，每个人的天性、尊严和发展都应该被尊重，他们更有可能与同事发展出友谊和相互的关心，尊敬地对待同事。另外，当员工在真诚氛围中与领导者坦诚沟通并被公平对待时，将会加强他们对团队具有人际公平的信念（Colquitt，2001）。真诚氛围中促进个人发展和工作—家庭和谐的实例也能显著提升员工共享的工作价值、尊重和乐趣的信念（Kets de Vries，2001）。

由于对团队认同的动机来自人们的归属感、自我提升和自尊需求，因此人们更愿意认同团队成员关系更有价值的团队。当感知到团队人际公平高于其他团队时，员工会认为自己的团队比其他团队有更高的地位和外部威望（Tyler and Blader，2002）。所以他们更乐意去认同团队并去努力建立和保持这种团队认同。为了保持并促进这种积极认同，他们更有可能将团队的利益纳入考虑并在工作中付出更多努力。由于互惠源自认同的价值与影响，还有因此而增加的自尊，所以他们将对工作展现更多的热情和认同。因此，我们提出以下假设。

H5：团队人际公平在真诚氛围与员工工作投入的关系中起中介作用。

## 9.3 方法

### 9.3.1 样本与过程

本章调查了来自中国武汉的两家公司的员工。两家公司一家为中法合资汽车制造企业、一家为民营通信服务企业，都在《财富》世界 500 强之列。样本是在两家公司的行政管理部门（如人力资源部门、制造部门等）和研发中心，以不同工作单位挑选的。我们的调查中一个工作团队被定义为至少由三个技能和知识互补、经常性为共同目标工作，并向同一个上级汇报工作的全职员工构成。参考以往与多层次公平相关的研究（Ambrose and Schminke, 2003；Salanova, Llorens, Cifre, Martínez, and Schaufeli, 2003；Schminke, Cropanzano, and Rupp, 2002），我们定义一个团队平均拥有 1 位上级和 10 位下属。

对于参与的团队，上级被口头告知了总的研究过程并获得了一个包含 1 份上级问卷、10 份下属问卷、11 个归还信封的包裹。由于本章既有个体层面也有团队层面的构念，我们为上级和员工准备了两套分开的测量工具。因此，员工描述个体层面的变量，例如道德型领导、程序公平和员工工作投入；上级则描述团队层面的变量，例如真诚氛围和团队人际公平。每份问卷的第一页有一封附信解释了本章的性质，并告知了此次参与是自愿的，保证调查的保密性。上级被要求询问下属对参与调查的意愿，然后随机地向自愿参加的 10 位员工分发问卷。完成后，下属被要求用提供的信封密封各自的问卷，上级将这些问卷和自己的问卷一起直接交给研究者中的一位。

调查参与者由来自两个组织的 40 个工作单位的 400 名下属和 40 名上级组成。最后可用的并且完成的问卷数是 302 份下属问卷和 34 份上级问卷，表示个体层面的回收率是 75.5%，团队层面的回收率是 85%。在下属样本中，总人数的 63.9% 是男性，总人数的 85% 至少有学士学位，平均年龄为 31.7 岁（S. D. = 7.32），平均在职年限是 7.32 年（S. D. = 7.69）。在 302 份下属问卷和 34 份上级问卷中，200 份下属问卷和 16 份上级问卷来自研发中心。

### 9.3.2　测量

本章的测量工具最初是英文的，邀请了两位双语专业人员在"双盲原则"（Brislin, 1980）下进行"翻译—回译"工作，以将其转换成中文版本并保证测量的效度和信度。其后，1 名上级和 4 名下属被邀请来评阅最初的中文版本并给出修改意见。所有的量表都采用李克特五点量表,从 1"完全不同意"到 5"完全同意"。

道德型领导。本章采用了 Brown 等(2005)的 5 条目量表来测量员工对其直接上级的道德型领导的感知。举例条目是"我的领导不仅用结果,而且用工作过程来定义成功",量表的信度为 0.823。

真诚氛围。本章采用了 Rego 和 Cunha(2008)的 3 条目量表来测量团队的真诚氛围,由团队的领导者评价。举例条目是"归属感存在于员工中"、"人们关心他人的幸福感"和"组织的氛围是友善的",该量表的信度是 0.779。

程序公平。本章使用了 Parker、Baltes 和 Christiansen(1997)的 4 条目量表来测量下属员工对程序公平的感知。举例条目是"参与贯彻决策的人们对决策有话语权",该量表的信度为 0.716。

团队人际公平。此概念被定义为描述团队运作环境的团队层面共享的知觉。因此,一个单元层的参照要比一个自我参照更为合适(Kozlowski and Klein,2000)。参照—转移一致模型(Chan,1998)是评估公平氛围最合适的方法(Liao and Rupp,2005),本章修改了 Patient 和 Skarlicki's(2010)的 4 条目量表来测量团队人际公平反映团队的参照。一个举例条目是"我们团队尊重所有下属的尊严",该量表的信度为 0.880。

员工工作投入。Schaufeli 等人(2006)的 9 条目量表是目前最广为适用的版本,有坚实的理论基础、反映相应定义的方面(即活力、奉献和专注)和在不同国家用不同数据分析方法都经过验证的优势。该 9 条目量表包含了 3 个子量表:专注("当我在工作时,我会忘记周围所有事情")、活力("当我早晨醒来时,我想要去工作")和奉献("我热忱于我的工作"),该量表的信度为 0.906。

控制变量。先前的研究表示工作需求与员工工作投入显著相关,并可能会影响前因变量与员工工作投入之间的关系(Walumbwa,

Schaubroeck，2009；Luria，and Yagil，2008），所以本章在个体层面控制了工作需求的影响。工作需求由 Demerouti（2001）的 5 条目量表来测量，举例条目是"我的身体状况还不错"，该量表的信度为 0.831。此外，工作背景是一个可能会影响团队变量的合理因素（Hofmann，Morgeson，and Gerras，2003），所以本章将工作背景作为团队层面的控制变量，将行政部门的工作虚拟编码为 0，研发中心为 1。

### 9.3.3 数据分析

为了明确定位和解决分析的层次问题，本章将真诚氛围和团队人际公平作为团队层面的构念，道德型领导、程序公平和员工工作投入作为个体层面的构念。由上级描述的团队层面变量和下属描述的个体层面变量保证了多层次模型中理论层次和分析层次的一致性（Chan，1998）。本章运用了多层线性模型（HLM）（Raudenbush and Bryk，2002）来检验假设的关系，因为在控制了个体层面的方差来源后，它对更高层面因变量的方差来源的检验具有优势。考虑到相对人数较少的团队，所有的模型都按照受约束的极大似然估计（Singer and Willett，2003）运行。

## 9.4　结果

### 9.4.1 共同方法误差

尽管个体层面和团队层面的变量分别由下属员工和上级描述，即所有个体层面的变量都由员工描述，但依然存在共同方法误差（CMB）的问题。因此，本章采用了广泛接受的"校标变量"技术来检验潜在的共同方法误差。

本章根据 Lindell 和 Whitney（2001）的指导进行了"校标变量检

验"（Podsakoff, Mackenzie, Lee, and Podsakoff, 2003）。由于"校标变量"理论上与因变量无关，因此本章将中国传统作为该"校标变量"，由中国个人传统性量表（Yang et al., 1989）来测量，举例条目是"当人们在争论时，他们应该询问最年长的人来决定谁是正确的"。偏相关调整的 r 值和其显著性被计算出来。结果显示了零阶相关的道德型领导和程序公平与员工工作投入依然是积极显著的，这表明共同方法误差并不足以严重到干扰变量之间的关系。

### 9.4.2 假设检验

个体层面和团队层面的平均数、标准差和相关系数如表 9 - 1 所示。表明个体层面的员工工作投入与道德型领导（$r = 0.409$，$p < 0.01$）和程序公平（$r = 0.557$，$p < 0.01$）积极相关，程序公平与员工工作投入正相关（$r = 0.447$，$p < 0.01$）。此外，团队层面的真诚氛围与团队人际公平显著相关（$r = 0.439$，$p < 0.01$）。

表 9 - 1　个体层面与团队层面的平均数、标准差和相关系数

| 变量 | 平均数 | 标准差 | 1 | 2 | 3 | 4 |
|---|---|---|---|---|---|---|
| 个体层面（$n_{个体} = 302$） | | | | | | |
| 工作要求 | 3.65 | 0.69 | | | | |
| 道德型领导 | 3.44 | 0.79 | 0.329** | | | |
| 程序公平 | 3.44 | 0.84 | 0.301** | 0.557** | | |
| 员工工作投入 | 3.47 | 0.71 | 0.484** | 0.409** | 0.447** | |
| 传统性 | 2.40 | 0.86 | -0.009 | 0.125* | 0.009 | 0.08 |
| $r_s$ | | | 0.479*** | 0.404*** | 0.442*** | |
| 团队层面（$n_{团队} = 34$） | | | | | | |
| 工作环境 | 1.53 | 0.51 | | | | |

续表

| 变量 | 平均数 | 标准差 | 1 | 2 | 3 | 4 |
|---|---|---|---|---|---|---|
| 真诚氛围 | 4.08 | 0.44 | 0.024 | | | |
| 团队人际公平 | 4.29 | 0.39 | 0.049 | 0.439** | | |

注：$n_{个体} = 302$，$n_{团队} = 34$，$^* p < 0.05$，$^{**} p < 0.01$，$^{***} p < 0.001$。

多层次的中介分析是根据 Zhang、Zyphur 和 Preacher（2009）的建议来进行的，采用完全最大似然法估计参数，个人层次的变量采取"组均值中心化并在团队层面加上组平均值"的方法，团队层次的变量使用总均值中心化。当考察中介效应时，本章采用了 Baron 和 Kenny（1986）的三步法，这是专门为多层次中介分析设计的（Krull and MacKinnon，2001）。根据 Zhang 等人（2009），程序公平在道德型领导和工作投入之间的中介效应属于低层级中介模型（1－1－1 模型），在真诚氛围和员工工作投入之间的中介效应是跨层次中介效应低层次中介变量模型（2－1－1 模型），团队人际公平是真诚氛围和员工工作投入之间跨层次中介效应高层次中介变量模型（2－2－1 模型）。

在假设 1 和假设 3 中，本章推断道德型领导与员工工作投入正相关，程序公平在它们之间的关系中起中介作用。表 9－2 多层线性模型分析结果显示，当控制了工作需求的影响后，道德型领导与员工工作投入正相关（$r = 0.307$，$p < 0.05$）；道德型领导的效应并不显著（$r = 0.140$，$n.s$），然而程序公平与员工工作投入正相关（$r = 0.283$，$p < 0.05$），这就显示了完全中介效应。因此，假设 1 和假设 3 成立。

表 9－2　多层线性模型预测员工工作投入：个体层面分析

| 变量 | 零模型 | 模型 1 | 模型 2 | 模型 3 |
|---|---|---|---|---|
| $\gamma_{00}$ | 3.485*** | 3.486*** | 3.487*** | 3.490*** |
| 工作需求 | | 0.638** | 0.388* | 0.349* |

续表

| 变量 | 零模型 | 模型1 | 模型2 | 模型3 |
|---|---|---|---|---|
| 道德型领导 | | | 0.307* | 0.140 |
| 程序公平 | | | | 0.283* |
| 个体层面方差 ($\sigma^2$) | 0.478 | 0.368 | 0.332 | 0.304 |
| 团队层面方差 ($\tau$) | 0.024 | 0.002 | 0.002 | 0.002 |
| $R^2$ | | 0.110 | 0.036 | 0.028 |
| 偏差 ($df$) | 647.14（33） | 571.90（32） | 547.301（31） | 529.30（30） |

注：$n_{个体} = 302$，$n_{团队} = 34$，* $p < 0.05$，** $p < 0.01$，*** $p < 0.001$。

本章同样也假设了个体层面的程序公平在真诚氛围和员工工作投入间的关系中起中介作用（假设4）。如表9-3所显示的结果，当模型中的程序公平与员工工作投入正相关（$r = 0.506$，$p < 0.001$）时，真诚氛围和员工工作投入间的关系从模型2中的显著（$r = 0.163$，$p < 0.05$）变成模型3中的不显著（$r = -0.004$，$p > 0.05$）。因此，中介效应的影响被证实，即假设4成立。

表9-3　多层线性模型预测员工工作投入：跨层次分析

| 变量 | 零模型 | 模型1 | 模型2 | 模型3 |
|---|---|---|---|---|
| $\gamma_{00}$ | 3.485*** | 3.472*** | 3.482*** | 3.476*** |
| 工作环境（dummy） | | -0.131 | -0.142 | -0.102 |
| 真诚氛围（$L_2$） | | | 0.163* | -0.004 |
| 程序公平（$L_1$） | | | | 0.506*** |
| 个体层面方差 ($\sigma^2$) | 0.478 | 0.477 | 0.480 | 0.395 |
| 团队层面方差 ($\tau$) | 0.024 | 0.024 | 0.014 | 0.001 |
| $R^2$ | | 0.000 | 0.010 | 0.013 |
| 偏差 ($df$) | 647.14（33） | 632.93（32） | 648.62（31） | 591.58（30） |

注：$n_{个体} = 302$，$n_{团队} = 34$，* $p < 0.05$，*** $p < 0.001$。

最后，本章假设真诚氛围会显著影响员工工作投入（假设2），并且，团队人际公平会在真诚氛围与员工工作投入的关系中起中介作用

（假设5）。如表9-4所示的结果，当工作背景被控制时，模型2中员工工作投入与真诚氛围正相关（$r = 0.163$，$p < 0.05$），加入团队人际公平后其关系变得不显著，而团队人际公平与员工工作投入正相关（$r = 0.362$，$p < 0.01$）。因此，证实了完全中介效应，故假设2和假设5成立。

表9-4　多层线性模型预测员工工作投入：团队层面分析

| 变量 | 零模型 | 模型1 | 模型2 | 模型3 |
|---|---|---|---|---|
| $\gamma_{00}$ | 3.485 *** | 3.472 *** | 3.482 *** | 3.481 *** |
| 工作背景（dummy） | | -0.131 | -0.142 | -0.166 |
| 真诚氛围（$L_2$） | | | 0.163 * | 0.019 |
| 人际公平（$L_2$） | | | | 0.362 ** |
| 个体层面方差（$\sigma^2$） | 0.478 | 0.477 | 0.480 | 0.481 |
| 团队层面方差（$\tau$） | 0.024 | 0.024 | 0.014 | 0.001 |
| $R^2$ | | 0.000 | 0.010 | 0.013 |
| 偏差（$df$） | 647.14（33） | 632.93（32） | 648.62（31） | 645.64（30） |

注：$n_{个体} = 302$，$n_{团队} = 34$，* $p < 0.05$，** $p < 0.01$，*** $p < 0.001$。

## 9.5　讨论

### 9.5.1　理论启示

员工工作投入的概念出现于"积极心理学"运动中，旨在提高人们对工作角色完全投入的潜力来展示并实现自我。尽管支持型领导和组织氛围已被证实是员工工作投入的前因变量（Macey and Schneider，2008），却很少有实证研究来证明这些假设和潜在的心理过程。在本章中，我们将员工工作投入定义为社会认同的一个过程，并从社会认同理论出发来探索道德型领导和真诚氛围通过员工对领导和团队的认同，能否以及如何促进员工工作投入。另外，通过考察其在前因变量和员工工作投入间的中介效应，本章将个体层面的程序公平和团队层面的人际公平作为评估这种认同的方法。本章也探索了是否组织中不同对象（领导和团队）的认同会明显地影响员工工作投入。结果显示，道德型领导与员工工作投入正相关（H1），程序公平在其关系中起完全中介作用（H3）。本章同时也发现了证据证实真诚氛围与员工工作投入直接的正相关关系（H2），其中程序公平（H4）和团队人际公平（H5）均在其关系中起完全中介作用。

正如结果显示，道德型领导和真诚氛围都与员工工作投入正相关，突出了领导者和组织氛围在提升员工工作投入中的重要角色。同时作为一个道德的个人和道德的管理者，道德型领导者更可能通过他们的道德标准、工作的影响力、对下属的尊重和对个人发展的支持来提升下属的工作投入。这与以下观点一致，即支持型领导和授权式领导能更好地预测员工工作投入，道德型领导能通过他们的认同（Walumbwa, Mayer, Wang, Wang, Workman, and Christensen, 2011）来促进下属的工作表现，道德型领导的最终结果就是提升下属的亲社会行为（Brown et al., 2005）。个体对上级的认同是工作投入的一个来源，人们会因为品德和行为而更认同他们的道德型领导者。研究结果同样适用于中国情境，员工的积极工作行为更多地被领导者影响，领导者对亲社会行为认同的影响力大过其他任何力量（Pellegrini and Scandura, 2008）。

真诚氛围与员工工作投入之间的正相关关系证实了，当团队中的个体都认为自己的个性被重视、被领导公平尊重地对待、享有同样的学习机会和被支持解决工作—家庭问题（Rego et al., 2010）时，他们会更乐意并更好地进行工作投入。因为他们认为自己被团队尊重并重视，能有更多自我提升的机会，团队的成员关系更加有价值，这增强了团队认同并激励其产生更多的工作投入。同时也证实了真诚氛围可以激起员工的积极工作行为和幸福感（Rego and Cunha, 2008），并进一步表明公司的氛围应该关注员工的参与体验、支持、公平、认同和发展机会。研究结果也与 Kahn（2005）的主张一致，只有当心理上认同自己的工作、团队和组织时，人们才能更好地投入工作。此外，本章的研究也显示，组织氛围确实可以预测员工工作投入中除个体层面变量以外的高层次方差，未来有关员工工作投入的研究最好把组织氛围纳入研究模型。

本章同时也阐明了道德型领导和真诚氛围如何通过组织公平来促进员工工作投入的。由于程序公平在道德型领导和真诚氛围与员工工作投入的关系中起完全中介作用，这意味着，通过与下属的开放性沟通，让他们参与决策和尊重他们的利益（Gilliland and Chan，2001；Lambert，2003；Tepper，2001），道德型领导和真诚氛围都可以通过程序公平增加员工的工作投入。这是因为由上级和团队展示的程序公平常常被理解为尊重和重视，并影响到员工判断自己在团队中的地位和对不同对象的认同。团队人际公平在真诚氛围和员工工作投入间的中介作用暗示了一种集体信仰，即与其他团队相比，他们更被团队中的他人尊重、重视、公平地对待，由此产生更高的团队认同和工作投入。这与早先的研究相匹配，个体对被公平对待的感知与投入专注工作正相关（Naumann and Bennett，2000；Maslach et al.，2008；Walumbwa，Wu，and Orwa，2008）。这一部分可由中国文化特色的集体主义解释（Hwang，2000），人们更倾向于通过与团队内其他人相比（程序公平）和与其他团队相比（团队人际公平）来定义自己，评估自己是否受重视（Tyler and Blader，2000）和自己的地位（Tyler and Lind，1992；Tyler and Blader，2002，2003），基于此来决定如何对公平做出反应以及是否对团队角色进行投入。

此外，本章也想要考察不同对象的认同是否会通过不同机制来不同程度地促进员工工作投入。道德型领导和真诚氛围的不同影响，还有程序公平和团队人际公平对员工工作投入的不同中介效应表明，员工的确会由于对不同对象的认同和来自组织不同对象的公平而产生工作投入

（Lavelle et al.，2007）。结果表明，尽管程序公平和团队人际公平覆盖了真诚氛围和员工工作投入间相同的方差（$R^2 = 0.013$），但程序公平要比团队人际公平（$r = 0.362$，$p < 0.001$）更显著地与员工工作投入相关（$r = 0.506$，$p < 0.001$），这也许可以被解释为个体对程序公平更加敏感，因为这与他们自身的利益更加相关而不是整个团队。本章同样也发现，尽管程序公平同时在道德型领导和真诚氛围与员工工作投入的关系中起中介作用，但程序公平更多地解释了道德型领导和员工工作投入之间的方差（$R^2 = 0.028$），而不是真诚氛围（$R^2 = 0.013$）。这有力地支持了本章的主张，程序公平受上级控制而团队人际公平更多地由团队主导，这与许多研究者（Fassina et al.，2008；Masterson et al.，2000；Rhoades and Eisenberger，2002）的观点并不一致，他们认为员工的互动公平的感知预测了上级相关的结果，而程序公平的感知预测了组织相关的结果。这一部分可由儒家的等级思想解释（Hwang，2000），即在中国，领导对员工工作态度和行为的影响是非常大的。

## 9.5.2　实践意义

本章的发现为领导者和组织提供了实践的启示。重要的是，本章为道德型领导和真诚氛围对员工工作投入的影响提供了直接证据。由于员工工作投入长期以来被认为是有效绩效所不可缺少的（Macey et al.，2009），并且投入的员工被认为是组织成功的一个竞争优势（Salanova et al.，2003），因此领导者应该更加重视践行道德型领导，例如以遵守道德原则、尊重个体和真诚的沟通来促进员工的工作投入，对于团队来说，则要创造重视员工的意义、目标和幸福感的真诚氛围来引导员工在工作中更加投入。因为上级和团队的积极对待可以极大地影响员工的认同并促进他们在工作中投入更多精力、奉献和专注。并且，中介效应显示应当同样关注组织公平的角色，因为人们总是将自己与团队中的他人和其他团队的成员比较，来评价自我认同和团队认同，所以道德型领导和真诚的团队必须借助开放的沟通、员工参与决策和遵守道德来表现程序公平，并实践团队人际公平来加强真诚氛围。由此，员工会更有可能与领导者和团队的认同保持一致，并有更高的工作投入。要达到这个目标，领导者和组织都需要学习如何制定公平均衡的决策，让成员都意识到礼貌、尊重地善待其他成员的团队培训是有益的（Colquitt，2001；Roberson，2006），真诚的团队需要确保政策是尊重并且重视员工的。由于员工对来自他们上级的公平更加敏感，因此，组织的代表要明确地表达聆听员工愿望和关注的意愿，提供有关发言机会的信息。

### 9.5.3　局限与未来展望

研究结果也存在几个局限。第一，尽管不同的数据是从不同来源收集的，并且共同方法误差检验的结果表示没有严重到影响结果，但由于潜在的共同方法误差，它们仍需要被谨慎解释。我们建议未来的研究最好从不同的来源收集前因和结果的数据以减少共同方法误差。第二，由于研究在中国进行，我国文化向来在大多数跨文化研究中被认为比美国以及其他西方国家更加特殊，所以本章的普遍性在其他国家背景下可能会受到限制。因此，我们建议其他学者在其他国家文化或不同于中国的情境下复制此项研究，来检验并加强本章的有效性。第三，本章的横截面设计阻止了为结果提供更多解释并展示前因和员工工作投入间的因果关系，还有中介效应的影响的解释，所以纵向研究设计在以后的此领域研究中是更合适的。此外，本章利用社会认同理论来解释其中的过程，并选择了组织公平作为中介，然而未来研究应该更加深入，要包含其他理论如社会交换理论、激励理论，和其他中介变量如对领导者的信任、内在的动机，以此丰富概念和实证的文献。而且，尽管本章想要考察员工工作投入是否会根据对组织中不同对象的认同而不同，但由于测量和研究设计的限制，本章并没能真正发现其中的因果关系。我们建议学者应该探索员工工作投入的程度是否以及如何由于与上级、同事和团队的互动对自己的定义发生改变。第四，尽管事实上我们将个体的工作投入作为结果产出，但我们并没有将个体的特质纳入本章的模型中来考察是否个体差异性能够解释结果产出的不同。所以，我们建议未来研究可以将个体特质包含在研究模型中。

## 参考文献

Ambrose, M. L., & Alder, G. S. (2000). Designing, implementing, and utilizing computerized performance monitoring: Enhancing organizational justice. *Research in Personnel and Human Resources Management*, 18, 187 – 219.

Ambrose, M. L., & Cropanzano, R. S. (2003). A longitudinal analysis of organizational fairness: An examination of reactions to tenure and promotion decisions. *Journal of Applied Psychology*, 88, 266 – 275.

Ambrose, M. L., & Schminke, M. (2003). Organization structure as a moderator of the relationship between procedural justice, interactional justice, perceived organizational support, and supervisory trust. *Journal of Applied Psychology*, 88 (2), 295 – 305.

Ambrose, M. L., & Schminke, M. (2009). The role of overall justice judgments in organizational justice research: A test of mediation. *Journal of Applied Psychology*, 94, 491 – 500.

Ambrose, M. L., Hess, R. L., & Gansar, S. (2007). The relationship between justice and attitudes: An examination of justice effects on specific and global attitudes. *Organizational Behavior and Human Decision Processes*, 103, 21 – 36.

Bakker, A. B., & Schaufeli, W. B. (2008). Positive organizational behavior: Engaged employees in flourishing organizations. *Journal of Organizational Behavior*, 29, 147 – 154.

Bakker, A. B., Albrecht, S. L., & Leiter, M. P. (2011a). Key questions regarding work engagement. *European Journal of Work and Organizational Psychology*, 20, 4 – 28.

Bakker, A. B., Albrecht, S. L., & Leiter, M. P. (2011b). Work engagement: Further reflections on the state of play. *European Journal of Work and Organizational Psychology*, 20 (1), 74 – 88.

Bakker, A. B., Schaufeli, W. B., Leiter, M. P., & Taris, T. W. (2008). Work engagement： An emerging concept in occupational health psychology. *Work & stress*, 22 (3), 187 – 200.

Baron, R. M., & Kenny, D. A. (1986). The moderator-mediator variable distinction in social psychological research： Conceptual, strategic, and statistical considerations. *Journal of Personality and Social Psychology*, 51, 1173 – 1182.

Blader, S. L., & Tyler, T. R. (2003a). Advancing the assessment of procedural justice： What constitutes fairness in work settings? *Human Resource Management Review*, 13, 107 – 126.

Blader, S. L., & Tyler, T. R. (2003b). A four-component model of procedural justice： Defining the meaning of a "fair" process. *Personality and Social Psychology Bulletin*, 29, 747 – 758.

Blader, S. L., & Tyler, T. R. (2009). Testing and extending the group engagement model： Linkages between social identity, procedural justice, economic outcomes, and extrarole behavior. *Journal of Applied Psychology*, 94, 445 – 464.

Brislin, R. W. (1980). Translation and content analysis of oral and written materials. In H. C. Triandis & J. W. Berry (eds.). *Handbook of cross-cultural psychology*. Boston. MA： Allyn and Bacon, pp. 389 – 444.

Brockner, J., Heuer, L., Siegel, P. A., Wiesenfeld, B., Martin, C., & Grover, S. (1998). The moderating effect of self-esteem in reaction to voice： Converging evidence from five studies. *Journal of Personality and Social Psychology*, 75, 394 – 407.

Brown, M. E., & Treviño, L. K. (2006). Ethical leadership： A review and future directions. *The Leadership Quarterly*, 17, 595 – 616.

Brown, M. E., Treviño, L. K., & Harrison, D. A. (2005). Ethical Leadership： A Social Learning Perspective for Construct Development and Testing. *Organizational Behavior and Human Decision Processes*, 97 (2), 117 – 134.

Cartwright, S., & Holmes, N. (2006). The meaning of work： The challenge of regaining employee engagement and reducing cynicism. *Human Resource Management Review*, 16, 199 – 208.

Chan, D. (1998). Functional relations among constructs in the same content domain at different levels of analysis： A typology of composition models. *Journal of Applied Psychology*,

83, 234 – 246.

Colquitt, J. A. (2001). On the dimensionality of organizational justice: A construct valida-
tion of a measure. *Journal of Applied Psychology*, 86, 386 – 400.

Colquitt, J. A., Zapata-Phelan, C. P., & Roberson, Q. M. (2005). Justice in teams: A
review of fairness effects in collective contexts. *Research in Personnel and Human Resource
Management*, 24, 53 – 94.

Cropanzano, R., Goldman, B., & Folger, R. (2003). Deontic justice: The role of moral
principles in workplace fairness. *Journal of Organizational Behavior*, 24, 1019 – 1024.

Dailey, R. C., & Kirk, D. J. (1992). Distributive and procedural justice as antecedents of
job dissatisfaction and intent to turnover. *Human Relations*, 45, 305 – 317.

De Cremer, D., & Blader, S. (2006). Why do people care about procedural fairness? The
importance of belongingness in responding and attending to procedures. *European Journal
of Social Psychology*, 36, 211 – 228.

De Cremer, D., & Sedikides, C. (2008). Reputational implications of procedural justice for
personal and relational self-esteem. *Basic and Applied Social Psychology*, 30, 66 – 75.

De Cremer, D., & Van Knippenberg, D. (2002). How do leaders promote cooperation? The
effects of charisma and procedural fairness. *Journal of Applied Psychology*, 87, 858 – 866.

De Cremer, D., & Van Knippenberg, D. (2002). How do leaders promote cooperation? The
effects of charisma and procedural justice. *Journal of Applied Psychology*, 87, 858 – 866.

De Cremer, D., Tyler, T. R., & Den Ouden, N. (2005). Managing cooperation via pro-
cedural fairness: The mediating influence of self-other merging. *Journal of Economic Psy-
chology*, 26, 393 – 406.

De Hoogh, A H. B. and Den Hartog, D. N. (2008). Ethical and despotic leadership, rela-
tionships with leader's social responsibility, top management team effectiveness and
subordinates' optimism: A multi-method study. *Leadership Quarterly*, Vol. 19, pp. 297 – 311.

Demerouti, E., Bakker, A. B., Nachreiner, F., & Schaufeli, W. B. (2001). The Job De-
mands-Resources model of burnout. *The Journal of Applied Psychology*, 86, 499 – 512.

Dukerich, J. M., Golden, B. R., & Shortell, S. M. (2002). Beauty is in the eye of the
beholder: The impact of organizational identification, identity, and image on the cooper-
ative behaviors of physicians. *Administrative Science Quarterly*, 47, 507 – 533.

Dutton, J. E. , Duberich, J. M. , & Harquail, C. V. （1994）. *Organizational images and member identification.*

Ellemers, N. （1993）. The influence of socio-structural variables on identity management strategies. In W. Stroebe & M. Hewstone （eds. ）. *European review of social psychology* （Vol. 4, pp. 25 – 57）. London: Wiley.

Ellemers, N. , De Gilder, D. , & Haslam, S. A. （2004） . Motivating individuals and groups at work: A social identity perspective on leadership and group perform-ance. *Academy of Management Review*, 29 （3）, 459 – 478.

Ellemers, N. , Doosje, B. , & Spears, R. （2004）. Sources of respect: The effects of being liked by ingroups and outgroups. *European Journal of Social Psychology*, 34, 155 – 172.

Fassina, N. E. , Jones, D. A. , &Uggerslev, K. L. （2008）. Meta-analytic tests of relation-ships between organizational justice and citizenship behavior: Testing agent-system and shared variance models. *Journal of Organizational Behavior*, 29, 805 – 828.

Feldman, M. S. , & Khademian, A. M. （2003） . Empowerment and cascading vitality. In K. S. Cameron J. E. Dutton, & R. E. Quinn （eds. ）. *Positive Organizational Scholarship: Foundations of a new discipline San Francisco*, CA: Berret-Koehler.

Folger, R. （1998）. Fairness as a moral virtue. In M. Schminke （ed. ）. *Managerial ethics: Moral management of people and processes* （pp. 13 – 34）. Mahwah, NJ: Erlbaum.

Gilliland, S. W. , & Chan, D. （2001）. *Justice in organizations: Theory, methods, and ap-plications.* In N. A.

Greenberg, J. （1990）. Employee theft as a reaction to underpayment inequity: The hidden cost of paycuts. *Journal of Applied Psychology*, 75, 561 – 568.

Greenberg, J. （2006）. Losing sleep over organizational injustice: Attenuating insomniac re-actions to underpayment inequity with supervisory training in interactional justice. *Journal of Applied Psychology*, 91, 58 – 69.

Halbesleben, J. R. B. （2010） . "A meta-analysis of work engagement: relationships with burnout, demands, resources and consequences", in A. B. Bakker & M. P. Leiter （eds）. *Work Engagement: Recent Developments in Theory and Research*, New York: Psychology Press, 102 – 117.

Haslam, S. A. , & Reicher, S. （2006）. Stressing the group: Social identity and the unfolding dynamics of responses to stress. *Journal of Applied Psychology*, 91, 1037 – 1052.

Haslam, S. A. , Powell, C. , & Turner, J. C. (2000). Social identity, selfcategorization, and work motivation: Rethinking the contribution of the group to positive and sustainable organizational outcomes. *Applied Psychology: An International Review*, 49, 319 – 339.

Hofmann, D. A. , Morgeson, F. P. , & Gerras, S. J. (2003). Climate as a moderator of the relationship between leader-member exchange and content specific citizenship: Safety climate as an exemplar. *Journal of Applied Psychology*, 88, 170 – 178.

Hofstede, G. , Neuijen, B. , Ohayv, D. D. , & Sanders, G. (1990). Measuring organizational cultures: A qualitative and quantitative study across twenty cases. *Administrative Science Quarterly*, 35, 286 – 316.

Hogg, M. A. and Grieve, P. (1999). Social identity theory and the crisis of confidence in social psychology: a commentary, and some research on uncertainty reduction. *Asian Journal of Social Psychology*, 2, 79 – 93.

Hwang, K. K. (2000) . Chinese relationalism: Theoretical construction and methodological considerations. *Journal for the Theory of Social Behaviour*, 30 (2), 155 – 178.

Hwang, K. K. (2008) . Leadership theory of legalism and its function in Confucian society. *Leadership and management in China: Philosophies, theories and practices*, 108 – 142.

James, L. R. , Choi, C. C. , Ko, C. E. , McNeil, P. K. , Minton, M. K. , Wright, M. A. , et al. (2008). Organizational and psychological climate: A review of theory and research. *European Journal of Work and Organizational Psychology*, 17, 5 – 32.

Jenkins, R. (2004), *Social Identity*, 2nd ed. , Routledge, London.

Johnson, R. E. , Selenta, C. & Lord, G. (2006). When organizational justice and the self-concept meet: Consequences for the organization and its members. *Organizational Behavior and Human Decision Processes*, 199, 175 – 201.

Kahn, W. A. (1990). Psychological conditions of personal engagement and disengagement at work. *Academy of Management Journal*, 33, 692 – 724.

Kahn, W. A. (1992). To be fully there: Psychological presence at work. *Human Relations*, 45, 321 – 349.

Kahn, W. A. (2005), *Holding Fast: The Struggle to Create Resilient Caregiving Organizations*, London: Brunner-Routledge.

Kanungo, R. N. , & Mendonca, M. （1996）. *Ethical dimensions of leadership. Thousand Oaks*, CA: Sage.

Kets de Vries, M. F. R. （2001）. Creating authentizotic organizations: Well-functioning individuals in vibrant companies. *Human Relations*, 54, 101 – 111.

Koper, G. , Van Knippenberg, D. , Bouhuijs, F. , Vermunt, R. , & Wilke, H. A. M. （1993）. Procedural fairness and self-esteem. *European Journal of Social Psychology*, 38, 504 – 516.

Kozlowski, S. W. J. , & Klein, K. J. （2000）. A multilevel approach to theory and research in organizations: Contextual, temporal, and emergent processes. In K. J. Klein & S. W. J. Kozlowski （eds. ）. *Multilevel theory, research and methods in organizations: Foundations, extensions, and new directions* （pp. 3 – 90）. San Francisco, CA: Jossey-Bass.

Krull, J. L. , & MacKinnon, D. P. （2001）. Multilevel modeling of individual and group level mediated effects. *Multivariate Behavioral Research*, 36, 249 – 277.

Lambert, E. G. , Hogan, N. L. , & Griffin, M. L. （2007）. The impact of distributive and procedural justice on correctional staff job stress, job satisfaction, and organizational commitment. *Journal of Criminal Justice*, 35, 644 – 656.

Lavelle, J. J. , Brockner, J. , Konovsky, M. A. , Price, K. H. , Henley, A. B. , Taneja, A. , & Vinekar, V. （2009）. Commitment, procedural justice, and organizational citizenship behavior: A multi-foci analysis. *Journal of Organizational Behavior*, 30, 337 – 357.

Lavelle, J. J. , Rupp, D. E. , & Brockner, J. （2007）. Taking a multi-foci approach to the study of justice, social exchange, and citizenship behavior: The target similarity model. *Journal of Management*, 33, 841 – 866.

Leary, M. R. , & Baumeister, R. F. （2000）. The nature and function of self-esteem: Sociometer theory. In M. P. Zanna （ed. ）. *Advances in experimental social psychology* （Vol. 32, pp. 1 – 62）. San Diego, CA: Academic Press.

Leventhal, G. S. （1980）. What should be done with equity theory? New approaches to the study of fairness in social relationships. In K. Gergen, M. Greenberg, & R. Willis （eds. ）. *Social exchange: Advances in theory and research* （pp. 27 – 55）. New York:

Plenum Press

Li, A., & Cropanzano, R. (2009). Fairness at the group level: Justice climate and intra-unit justice climate. *Journal of Management*, 35, 564 – 599.

Liao, H., & Rupp, D. E. (2005). The impact of justice climate and justice orientation on work outcomes: A cross-level multi-foci framework. *Journal of Applied Psychology*, 90, 242 – 256.

Lindell, M. K. & Whitney, D. J. (2001) Accounting for common method variance in cross-sectional research designs. *Journal of Applied Psychology*, 86, 114 – 121.

Loi, R., Lam, L. W., & Chan, K. W. (2012). Coping with job insecurity: The role of procedural justice, ethical leadership and power distance orientation. *Journal of Business Ethics*, 108 (3), 361 – 372.

Luhtanen, R., & Crocker, J. (1992). A collective self-esteem scale: Self-evaluation of one's social identity. *Personality and Social Psychology Bulletin*, 18, 302 – 318.

Luria. G. & Yagil. D. (2008). Procedural justice, ethical climate and service outcomes in restaurants. *International Journal of Hospitality Management*, 27 (2).

Macey, W. H., & Schneider, B. (2008). The meaning of employee engagement. *Industrial and Organizational Psychology*, 1, 3 – 30.

Macey, W. H., B. Schneider, K. M. Barbera, & S. A. Young (2009). Employee Engagement: Tools for Analysis, Practice, and Competitive Advantage. Wiley-Blackwell.

Mael, F., & Ashforth, B. E. (1992). Alumni and their alma mater: A partial test of the reformulated model of organizational identification. *Journal of Organization Behavior*, 13, 103 – 123.

Maslach, C. & Leiter, M. P. (2008). Early predictors of job burnout and engagement. *Journal of Applied Psychology*, 93, 498 – 512.

Masterson, S. S., Lewis, K., Goldman, B. M., & Taylor, M. S. (2000). Integrating justice and social exchange: The differing effects of fair procedures and treatment on work relationships. *Academy of Management Journal*, 43, 738 – 748.

Mauno, S., Kinnunen, U. & Ruokolainen, M. (2007). Job demands and resources as antecedents of work engagement: A longitudinal study. *Journal of Vocational Behavior*, 70, 149 – 171.

May, D. R. , Gilson, R. L. , & Harter, L. M. ( 2004 ). The psychological conditions of meaningfulness, safety and availability and the engagement of the human spirit at work. *Journal of Occupational and Organizational Psychology*, 77, 11 – 37.

Mayer, D. M. , Kuenzi, M. , Greenbaum, R. , Bardes, M. , & Salvador R. ( 2009 ). How low does ethical leadership flow? Test of a trickle-down model. *Organizational Behavior and Human Decision Processes*, 108, 1 – 13.

Moliner, C. , Martínez-Tur, V. , Ramos, J. , Peiró, J. M. , & Cropanzano, R. ( 2008 ). Organizational justice and extrarole customer service: The mediating role of wellbeing at work. *European Journal of Work and Organizational Psychology*, 17, 327 – 348.

Naumann, S. W. , & Bennett, B. ( 2000 ). A case for procedural justice climate: Development and test of a multilevel model. *Academy of Management Journal*, 43, 881 – 889.

Parker, C. P. , Baltes, B. B. and Christiansen, N. D. ( 1997 ). Support for affirmative action, justice perceptions, and work attitudes: A study of gender and racial-ethnic group differences. *Journal of Applied Psychology*, 82, 376 – 389.

Patient, D. L. , & Skarlicki, D. P. ( 2010 ). Increasing interpersonal and informational justice when communicating negative news: The role of the manager's empathic concern and moral development. *Journal of Management*, 36, 555 – 578.

Pellegrini, E. K. , & Scandura, T. A. ( 2008 ) . Paternalistic leadership: A review and agenda for future research. *Journal of management*, 34 ( 3 ), 566 – 593.

Piccolo, R. F. , Greenbaum, R. , Den Hartog, D. N. and Folger, R. ( 2010 ). The relationship between ethical leadership and core job characteristics. *Journal of Organizational Behavior*, 31, 259 – 278.

Podsakoff, P. M. , MacKenzie, S. B. , Lee, J. , & Podsakoff, N. P. ( 2003 ). Common method bias in behavioral research: A critical review of the literature and recommended remedies. *Journal of Applied Psychology*, 88, 879 – 903.

Pratt, M. C. ( 1998 ). To be or not to be? Central questions in organizational identification. In D. A. Whetten & P. C. Godfrey ( eds ). *Identity in organizations: Building theory through conversations*. Thousand Oaks, CA: Sage, pp. 171 – 207.

Raudenbush, S. W. , & Bryk, A. S. ( 2002 ). *Hierarchical linear models: Applications and data analysis methods* ( 2nd ed. ). Newbury Park, CA: Sage.

Rego, A. , & Cunha, M. P. (2008). Perceptions of authentizotic climates and employee happiness: Pathways to individual performance? *Journal of Business Research*, 61, 739 – 752.

Rego, A. , Ribeiro, N. , & Cunha, M. P. (2010). Perceptions of organizational virtuousness and happiness as predictors of organizational citizenship behaviors. *Journal of Business Ethics*, 93, 215 – 225.

Resick, C. J. , Hanges, P. J. , Dickson, M. W. , & Mitchelson, J. K. (2006). A cross-cultural examination of the endorsement of ethical leadership. *Journal of Business Ethics*, 63, 345 – 359.

Rhoades, L. , & Eisenberger, R. (2002). Perceived organizational support: a review of the literature. *Journal of Applied Psychology*, 87 (4), 698.

Rich, B. L. , Lepine, J. A. , & Crawford, E. R. (2010). Job engagement: Antecedents and effects on job performance. *Academy of Management Journal*, 53, 617 – 635.

Roberson, Q. M. (2006) Justice in teams: The activation and role of sense-making in the emergence of justice climates. *Organizational Behavior & Human Decision Processes*, 100, 177 – 192.

Robert, C. , & Wasti, S. A. (2002). Organizational individualism and collectivism: theoretical development and an empirical test of a measure. *Journal of Management*, 28, 544 – 566.

Rupp, D. E. , & Cropanzano, R. (2002). The mediating effects of social exchange relationships in predicting workplace outcomes from multi-foci organizational justice. *Organizational Behavior and Human Decision Processes*, 89, 925 – 946.

Saks, A. M. (2006). Antecedents and consequences of employee engagement. *Journal of Managerial Psychology*, 21, 600 – 619.

Salanova, M. , Llorens, S. , Cifre, E. , Martínez, I. , & Schaufeli, W. B. (2003). Perceived collective efficacy, subjective well-being and task performance among electronic work groups: An experimental study. *Small Group Research*, 34, 43 – 73.

Schaufeli, W. B. & Salanova, M. (2007). Work engagement: An emerging psychological concept and its implications for organizations. In Gilliland, S. W. , Steiner, D. D. , & Skarlicki, D. P. (eds). Research in social issues in management (pp. 135 – 177). Information Age Publishers, Greenwich, CT.

Schaufeli, W. B. , & Bakker, A. B. （2004）. Job demands, job resources, and their rela-
tion with burnout and engagement: A multi-sample study. *Journal of Organizational Be-
havior*, 25, 293 – 315.

Schaufeli, W. B. , & Salanova, M. （2008）. Enhancing work engagement through the man-
agement of human resources. In K. Näswall, J. Hellgren, & M. Sverke （eds. ）. *The indi-
vidual in the changing working life* （pp. 380 – 402）. New York: Cambridge University
Press.

Schaufeli, W. B. , & Salanova, M. （2011）. Work engagement: On how to better catch a slip-
pery concept. *European Journal of Work and Organizational Psychology*, 20 （1）, 39 – 46.

Schaufeli, W. B. , Bakker, A. B. , & Salanova, M. （2006）. The measurement of work en-
gagement with a short questionnaire: A cross-national study. *Educational and Psychologi-
cal Measurement*, 66, 701 – 716.

Schaufeli, W. B. , Salanova, M. , Gonzalez-Roma, V. , & Bakker, A. B. （2002）. The
measurement of engagement and burnout: A two sample confirmatory factor analytic ap-
proach. *Journal of Happiness Studies*, 3, 71 – 92.

Schminke, M. , Cropanzano, R. , & Rupp, D. E. （2002）. Organization structure and fair-
ness perceptions: The moderating effects of organizational level. *Organizational Behavior
and Human Decision Processes*, 89, 881 – 905.

Seligman, M. E. P. , & Csikszentmihalyi, C. （2000）. Positive psychology: An introduc-
tion. *American Psychologist*, 55, 5 – 14.

Singer, J. D. , & Willett, J. B. （2003）. Doing data analysis with the multilevel model for
change. *Applied longitudinal data analysis: Modeling change and event occurrence*, 96 – 97.

Sluss, D. M. , & Ashforth, B. E. （2007）. Relational identity and identification: defining
ourselves through work relationship. *Academy of Management Review*, 32 （1）, 9 – 32.

Sonnentag, S. （2011）. Research on work engagement is well and alive. *European Journal of
Work and Organizational Psychology*, 20 （1）, 29 – 38.

Tepper, B. J. （2001）. Health consequences of organizational injustice: Tests of main and inter-
active effects. *Organizational Behavior and Human Decision Processes*, 86, 197 – 215.

Tims, M. , Bakker, A. B. , Xanthopoulou, D. （2011）. Do transformational leaders enhance
their followers' daily work engagement? *The Leadership Quarterly*, 22, 121 – 131.

Treviño, L. K. , Brown, M. , & Hartman, L. P. （2003）. A qualitative investigation of per-ceived ethical leadership: Perceptions from inside and outside the ethical suite. *Human Relations*, 56, 5 – 37.

Treviño, L. K. , Hartman, L. P. , Brown, M. （2000）. Moral person and moral manager: How executives develop a reputation for ethical leadership. *California Management Review*, 42, 128 – 142.

Tu, Y. , Lu, X. , Choi, J. N. , & Guo, W. （2019）. Ethical leadership and team-level creativity: mediation of psychological safety climate and moderation of supervisor support for creativity. *Journal of Business Ethics*, 159 （2）, 551 – 565.

Tyler, T. R. （1999）. Why people cooperate with organizations: An identity based perspec-tive. *Research in Organizational Behavior*, 21, 201 – 246.

Tyler, T. R. , & Blader, S. （2001）. Cooperation in groups: Procedural justice, social i-dentity, and behavioral engagement. *Zeitschrift für Arbe-und Organisationspsychologie*, 45 （4）.

Tyler, T. R. , & Blader, S. L. （2002）. Autonomous vs. comparative status: Must we be bet-ter than others to feel good about ourselves? *Organizational Behavior & Human Decision Processes*, 89, 813 – 838.

Tyler, T. R. , & Blader, S. L. （2003）. The group engagement model: Procedural justice, social identity, and cooperative behavior. *Personality and Social Psychology Review*, 7, 349 – 361.

Tyler, T. R. , & Lind, E. A. （1992）. A relational model of authority in groups. In M. P. Zanna（ed.）. *Advances in experimental social psychology*（Vol. 25, pp. 115 – 191）. San Diego, CA: Academic Press.

Van Knippenberg, D. , Van Knippenberg, B. , De Cremer, D. , & Hogg, M. A. （2004）. Leadership, self, and identity: A review and research agenda. *Leadership Quarterly*, 15, 825 – 856.

Van Maanen, J. , & Schein, E. H. （1979）. Toward a theory of organizational socializa-tion. *Research in Organizational Behavior*, 1, 209 – 264.

Van Prooijen, J. -W. , Van den Bos, K. , & Wilke, H. A. M. （2005）. Procedural justice and intra-group status: Knowing where we stand in a group enhances reactions to procedural justice. *Journal of Experimental Social Psychology*, 41, 664 – 676.

Vermunt, R. , & Steensma, H. (2005). How can justice be used to manage stress in organizations? In J. Greenberg & J. A. Colquitt (eds. ). *Handbook of organizational justice* (pp. 383 – 410). Mahwah, NJ: Erlbaum.

Walumbwa, F. O. , & Schaubroeck, J. (2009). Leader personality traits and employee voice behavior: Mediating roles of ethical leadership and work group psychological safety. *Journal of Applied Psychology*, 94, 1275 – 1286.

Walumbwa, F. O. , Mayer, D. M. , Wang, P. , Wang, H. , Workman, K. & Christensen, A. L. (2011). Linking ethical leadership to employee performance: The roles of leader-member exchange, self-efficacy, and organizational identification. *Organizational Behavior and Human Decision Processes*, 115, 204 – 213.

Walumbwa, F. O. , Wu, C. , & Orwa, B. (2008). Contingent reward transactional leadership, work attitudes, and organizational citizenship behavior: The role of procedural justice climate perceptions and strength. *Leadership Quarterly*, 19, 251 – 265.

Wayne, S. J. , Shore, L. M. , Bommer, W. H. , & Tetrick, L. E. (2002). The role of fair treatment and rewards in perceptions of organizational support and leader-member exchange. *Journal of Applied Psychology*, 87, 590 – 598.

Xanthopoulou, D. , Bakker, A. B. , Demerouti, E. , & Schaufeli, W. B. (2009). Work engagement and financial returns: A diary study on the role of job and personal resources. *Journal of Occupational and Organizational Psychology*, 82, 183 – 200.

Yang, K. S. , Yeh, K. H. , & Hwang, L. L. (1989). The social psychology of Chinese filial piety: Theory and measurement. *Bulletin of the Institute of Ethnology*, *Academia Sinica*, 65, 171 – 227 (in Chinese).

Zhang, Z. , Zyphur, M. J. , & Preacher, K. J. (2009). Testing multilevel mediation using hierarchical linear models. *Organizational Research Methods*, 12, 695 – 719.

Zhu, W. (2008). The effect of ethical leadership on follower moral identity: The mediating role of psychological empowerment. *Leadership Review*, 8, 62 – 73.

Zhu, W. , May, D. R. , & Avolio, B. J. (2004). The impact of ethical leadership behavior on employee outcomes: The roles of psychological empowerment and authenticity. *Journal of Leadership & Organizational Studies*, 11, 16 – 26.

# 第 10 章　道德型领导的七个思辨性问题

　　**导　读**　本章对道德型领导的七个思辨性问题进行讨论与解释，这一章的目的是通过讨论，以更加直白的方式跟读者交流道德型领导的研究疑惑。本章精选了七个问题，这些问题是笔者在研究中被问及最多的问题，也促使笔者不断地思考道德型领导是什么、为什么。在本章节，我们坦率地交流观点，促成大家进一步的思考与讨论。本章的一些观点是思辨性的，并非寻找唯一的正确答案。

　　**关键词：**道德型领导　文化差异　递增效度　领导有效性　自我损耗

# 10.1 道德型领导有中西方文化差异吗

这个问题应该是国内从事道德型领导的研究者最常见到的问题了。评阅人或其他研究者通常会问,道德标准和道德内容在不同的文化里是不同的,那么道德型领导在不同文化体内的内涵和结构应该是不一样的,西方的道德型领导测量方法真的可以在中国直接使用吗?这一问题的背后,本质问题是,道德型领导有中西方文化差异吗?

下面,笔者列举一次评审经历来说明我们的一些思考。

评阅人曾经问道[①]:"如作者自己在研究局限中所承认的,本研究所使用的'道德型领导'这一概念及测量方法都来自西方。作者知道在中国背景下使用这些概念和测量方法需要确保其能体现中国特点,应该使用修订的、最好是自己开发的问卷。"

以下是我们当时的回复,可以为这个问题提供一些见解。

关于道德型领导(ethical leadership)的定义以及测量方法,目前学术界(包括本章)主要是采用 Brown、Treviño 和 Harrison(2005)的定义和测量方法,关于道德型领导的本土化问题,的确需要进一步讨论,以确保道德型领导在中国情境下的适用性。根据我们的知识,目前中国情境下的道德型领导(ethical leadership)的本土化结构及测量的研究只有两项:孟慧、宋继文、艾亦非和陈晓茹的研究以及 Zhu 等人的研究。我们将对这两项研究做一个简单综述。

---

① 这个问题是笔者和合作者在《心理学报》发表(涂乙冬、陆欣欣、郭玮、王震,2014)论文的时候评阅人的问题,我们有正式的书面回应。《心理学报》将审稿过程全公开,读者可以从《心理学报》网站上看到这部分资料的原始表述。网址是 http://journal.psych.ac.cn/xlxb/CN/abstract/abstract107.shtml。

在孟慧等（2013）的论文中，他们通过访谈的方式来进行问卷的质性研究过程，获得了 107 个条目，归为 8 类，再进行问卷的探索性因子分析、验证性因子分析、信度和效度检验等过程，最终得到了三个维度二十四个题目的中国道德型领导的本土化测量，维度命名及内涵如下。

道德品质维度：个体本身具有正直、诚信、责任、自律等品质，对应"道德的人"的品质方面。这符合以往道德领导力的研究结果，如 Treviño 等人（2003）提出道德领导力的一大要素就是可见的道德品质。

尊重与包容维度：领导要尊重下属，建立平等的关系，允许下属表达自己的想法和建议，关心其工作生活，对应"道德的人"的行为方面，充分体现了在中国文化中人们对平等、人文关怀的诉求。这符合国内外对于道德领导力的研究，如 Treviño 等人（2003）提出道德型领导要以人为本。

道德奖惩维度：在 Brown 等人（2005）的道德领导力研究中都强调道德型领导在道德方面的"领导作用"。本研究中同样提出在中国道德领导力中道德奖惩是一个重要的因素。领导要能够和员工讨论工作中涉及的道德原则与价值观，当员工表现出符合道德规范的行为或者在道德方面表现突出时要给予支持和奖励，反之需及时进行相应的提醒或惩罚，引导员工养成符合中国道德规范的言行。

Zhu 等人（2011）的研究中提出了道德型领导的三个维度：个体道德特征（Individual ethical characteristic）、道德决策方式（Ethical decision-making style）和道德标准构建（Ethical standard construction）。

"个体道德特征"包括 7 个条目，主要是：倾听员工的建议；是可以信任的；是诚实的；不会将个人的问题和工作混在一起；把员工的利益放在心里；定义成功不仅包括结果而且包括过程；过有道德的私人生活。这些特征概括了领导的个人特质。

"道德决策方式"包括：遵守法律与法规；做决策的时候关注到公

司的社会责任；做公平和平衡的决策；考虑如何以道德的方式来正确地做事。

"道德标准构建"包括：和员工讨论商业道德和价值观；处罚违反道德标准的员工；树立以道德的方式来正确做事的典范。

综合上述两篇本土道德型领导的质性研究，我们可以总结出以下观点。

孟慧等（2013）以及 Zhu 等（2011）的研究表明道德型领导的内涵、测量内容等均没有超出 Brown、Treviño 和 Harrison（2005）所定义的内容。例如，道德型领导理论强调有效的领导者应该同时是"道德的人"和"道德的管理者"（Brown，Treviño，and Harrison，2005；Treviño，Brown，and Hartman，2003）。"道德的人"是指道德型领导者本身具备诚实、可信赖和较高的道德标准等品质；"道德的管理者"是指道德型领导者在所处的职位和工作中表现出合乎道德规范的行为，以引导下属合乎道德规范的行为。孟慧等（2013）的三个维度，第一个维度（道德品质）是属于"道德的人"，集中表现在个人道德品质上，例如诚实、正直以及公平、值得信任的特质。第二个和第三个维度（尊重与包容维度、道德奖惩维度）属于"道德的管理者"，是领导者在管理工作中所做出的合乎道德要求的领导和管理行为。Zhu 等（2011）的"个体道德特征"属于领导者"道德的人"的维度，"道德决策方式"和"道德标准构建"属于"道德的管理者"。两份研究中的内容，例如双向的交流、倾听下属、关心下属、尊重下属的需求、奖励符合道德的行为、惩罚违反道德的行为，这些核心内容都是在 Brown、Treviño 和 Harrison（2005）构建道德型领导中涵盖的。因此，基于孟慧等（2013）和 Zhu 等（2011）的研究与西方的道德型领导定义相比较，我们可以得到结论：在道德型领导的核心维度结构和测量上，中国和西方的道德型领导测量并无重大差别。

进一步地，Brown、Treviño 和 Harrison（2005）定义的道德型领导

在中国情境下已有很多项研究，这些研究都显示了在中国文化下的适用性，据我们所知，在中国情境下的道德型领导研究包括 Tu 和 Lu（2013），王震、孙健敏和张瑞娟（2012），周明建和侍水生（2013）等。上述研究均是直接采用西方道德型领导的定义和测量方法，道德型领导在这些研究中都显示出良好的信度和效度，这表明道德型领导有较强的跨文化适用性。

通常人们的认知更容易接受道德是有文化差异的，但为什么在道德型领导领域却没有发现这种文化差异性呢？在思考这个问题的时候，我们就需要关注道德型领导的定义中所提到的道德特征。在"道德的人"维度中，提到了公平、诚信、值得信赖等道德品质，在"道德的管理者"中，提到了双向沟通、奖励积极行为、惩罚不道德行为。

可以看出，Brown 等（2005）在定义道德型领导所具备的特质时，定义的是一些普适性非常高的品质特质，这些品质特质在不同的文化体中被共同接受。例如公平、诚信、值得信赖、惩恶扬善等特征，具有很高的跨文化效度。最近的一项研究中，Curry、Mullins 和 Whitehouse（2019）发现在全球 60 个社会中存在 7 项被广泛接受的道德准则，包括：帮助家庭、帮助团队、互惠、勇敢、尊重、公平分配和尊重产权。我们会发现，道德型领导具备很多上述普适性的道德品质。因此，我们认为目前道德型领导的跨文化效度比较高，因为定义中的道德品质是高度的跨文化情境的。

值得强调的一点是，Zhu 等（2019）的一篇论文从中国情境和传统文化出发，重新定义和开发了道德型领导的测量工具。他们区分了道德型领导的道德的人和道德的管理者两个成分。在 Brown 等（2005）的经典文献中，道德的人和道德的管理者被认为是道德型领导的两个成分（componenents）而非维度（Dimensions）。Zhu 等（2019）从中国文化情境出发，开发了四个维度的道德型领导，这四个维度分别是道德特征、道德认知、道德模范和道德氛围培育。其中前两个维度反映了中国传统文化中的"修己"，对应的是 Brown 等（2005）提到的道德的人的成分。后两个维度反映了中国传统文化中的"安人"，对应的是 Brown 等（2005）提到的道德的管理者的成分。这篇文献在理论上和测量上区分了道德的人和道德的管理者两个方面，同时，结合中国传统文化，将修己安人的理念融入道德型领导概念，做出了特殊的跨文化研究的贡献。这篇文章并非推翻了 Brown 等（2005）的框架，而是有所继承和发展，特别是探索了中国情境中的道德型领导是什么以及如何对其测量。

## 10.2　道德型领导有额外解释力吗

这个问题对于道德型领导的研究者而言，是一个致命性的问题。如果回答不出来这道题，这个研究方向的合法性都没有了，那道德型领导研究体系仿佛就是海市蜃楼。坦率地讲，今天本领域的确面临这个批评和危机。回答好这个问题，危机也就是机会。

不得不承认，今天领导力领域有很多新的概念，这些概念之间的关系，往往有些相互重合。那么一个概念究竟是新的概念，还是原有概念的成分的重新命名（其实换汤不换药），是一个新的变量是否存在的关键。

Brown 等重新定义了工作场所的道德型领导这个概念，在基础性的文献中（Brown et al.，2005；Brown and Treviño，2006），他们在理论上解释了道德型领导和转换型领导以及交易型领导有何异同。他们在理论上重点阐述了道德型领导与其他领导方式的相同和不同的地方。总体而言，道德型领导与转换型领导的几个维度都是有重合的，例如理想化影响、个性化关怀等。同时，由于道德型领导也善于运用奖惩手段来保证员工的行为符合道德规范，是一种交易型领导行为，因此，道德型领导与转换型领导和交易型领导都有重合。

道德型领导与转换型领导中的理想化影响维度存在很大的理论重

合。理想化影响维度是指领导者通过魅力的目标和行为，宣扬价值观和道德原则等方式获得下属的信任、尊重和追随等（Bass and Avolio，2000）。Brown 等（2005）专门研究了道德型领导与转换型领导中的理想化影响的递增效度。相关分析结果表明（Brown et al.，2005），两个领导风格存在高度的相关系数（$r = 0.71$，$p < 0.001$），回归分析结果表明，道德型领导与理想化影响的相互关联效应为（$\beta = 0.19$，$p < 0.05$），在控制了理想化影响后，道德型领导与领导有效性（包括领导者的有效性、对领导者的满意度、额外努力、报告问题的意愿）是有显著的预测作用的（$\beta = 0.21$，$p < 0.05$）。这为道德型领导相对于转换型领导的递增效度提供了初步证据。

Ng 和 Feldman（2015）的研究是第一篇使用元分析来验证道德型领导是否比其他领导方式（例如转换型领导）更具有递增效度的论文。他们回顾了道德型领导后的 101 个样本（$n = 29620$），并用元分析的技术分析道德型领导的递增效度。结论发现，道德型领导展现出了可接受的预测效度。例如，道德型领导可以有效地预测员工的工作态度、工作绩效以及对领导的评价。而且对领导的信任在这其中起着中介作用。在递增效度上，总体而言，在控制了转换型领导、交易型领导、领导互动公平、破坏性领导后，道德型领导展现出显著的递增效度。作者也承认在一些样本中，道德型领导的递增效度稍弱。

Hoch 等（2018）研究了道德型领导、真实型领导、服务型领导与转换型领导的递增效度问题。结果表明，相对于转换型领导，道德型领导和真实型领导展现出较弱的预测效度（结果变量包括 9 种产出：工作绩效、组织公民行为、偏差行为、工作投入、工作满意度、组织承诺、情感承诺、对领导的信任、LMX）。在这 9 个变量中，道德型领导相对于转换型领导有最多的额外解释方差的是偏差行为（17%），其他变量均处于增加 1% 到 9% 的范围，具体为：工作绩效（1%）、组织公民行为（2%）、工作投入（1%）、工作满意度（8%）、组织承诺（4%）、情感承诺（6%）、对领导的信任（8%）、LMX（9%）。作者指出道德型领导相对转换型领导而言，由于与转换型领导的相关系数太大，只能针对特定的结果有作用，总体的递增效度是不足的。一定意义上讲，道德型领导的应用存在问题。

实际上，上面介绍的两篇元分析的结果并不一致，很难讲谁是对的、谁是错的。既然有争议，那么这一讨论就还将继续。道德型领导相对于转换型领导的递增效度还需要进一步探讨，还没有到下定论的时候。随着科学研究的深入和样本的增多，笔者相信这一问题会得到更深入的答案。

## 10.3  道德型领导只顾道德不顾绩效吗

曾经有一个学者问笔者：道德型领导如果把道德放在第一位，那么绩效应该是第二位的，道德型领导的绩效相比于其他以结果为导向的领导方式，绩效不会更好。中国有句古语：水至清则无鱼，人至察则无徒。如果一个领导太道德了，只能是曲高和寡。

这个问题将道德和绩效的选择变为了一道鱼和熊掌不可兼得的两难选择题。如果按照这个逻辑演绎，人们就只能从道德和绩效之间二选一。然而，这背后的预设前提是，道德和绩效之间是互斥的，不可以同时达到。但现实真的是这样吗？很显然，这个预设前提是不成立的。例如，你很难说那些不守道德的人绩效更好，或者守道德的人的绩效更不好。

理解道德型领导，不应该理解它是把道德优先于绩效的领导力方式，而应该将它理解为通过道德的模范及管理方式来实现有效性的领导力方式。道德和绩效在道德型领导这个概念里，并不是谁第一或谁第二的问题，而是方式（means）和目的（purpose）的问题。在激烈的市场竞争中，提高绩效、获得利润并在竞争中活下去，是组织的最终目的（purpose）。然而，达到这种目的的方式有很多种，有的人会选择负责任的方式来达成目的；有的人会用不择手段的方式，甚至是用违反道德或法律的方式来达成目的。道德型领导正是针对第二种情形而提出来的优化组织有效性的领导力风格。因此，对于道德型领导而言，道德和绩效并非是二选一的问题，而是方式—目的的有机结合体。

如果去了解道德型领导的文献进展，这种理解就更加深刻。道德型领导的提出背景就明确指出，一系列的商业丑闻使研究者和实践者都感到十分震惊。一个世界领先的企业（例如安然公司、雷曼兄弟公司）几乎一夜之间轰然倒塌，人们才发现光鲜的外表下有非常多的不道德操作。这种现实的商业丑闻让大家呼吁应该在组织内部加强道德管理和道德提升，其中，加强道德型领导的培养、开发和运用，就是一个有效的办法。

实际上，很多公司的确在实践中把绩效放在道德之上，为了绩效而全然不顾道德。这样的操作也许可以获得短期利益，然而，这种不道德的操作一旦被发现，道德就会展现出摧枯拉朽的力量，不管是百年企业还是世界500强企业，都会被卷入极端严重的生存危机。今天的企业意识到，企业的可持续发展才是长期目标。而基于不道德管理的实践，实际上是将组织置于一个随时会喷发的火山口，还谈何可持续发展。这就是为什么今天所有领先企业都有非常健全的内部伦理与合规的部门或机构来确认内部和外部伦理标准是否得到满足，唯有这样，才是追求企业的长期利益。

还有一种机会主义论调：只要不违法，只违背道德（相当于在灰色地带游走）才可以将成本最小化、收益最大化。看上去这是一种精明的利己主义行为，然而，这种行为仍然会带来巨大的风险，犹如火中取栗，第一颗美味又没有被烫着，但谁能预测你会在取第几颗的时候被烧着？一旦被烧着，恐怕会付出更大的代价。因此，符合道德的管理，是（长期）成本最低和收益最大的方式。

当然，光明之后必有阴影。我们也要警惕以下几种情形。第一，公司通常会有决策的时间压力，而道德型领导的决策由于要更全面地考虑利益相关者的利益，更加照顾决策的程序、结果和互动公平，决策效率可能会更缓慢，这可能会对短期绩效产生影响。第二，道德型领导如果过度强调道德合规，可能会塑造更大的道德压力，从而影响员工的工作绩效。第三，道德型领导由于强调合乎伦理原则和公司的各项规定，对于一些破坏性创新，可能有潜在的负面抑制效应。

## 10.4　道德型领导是圣人吗

有人提出批评：道德型领导既是道德的个人，又是道德的管理者，感觉是一个道德上的圣人，难以企及、难以做到。

道德型领导从来不是表明这个领导者是圣人，不会有七情六欲，不会犯错，不会做不道德的事情。我们不应该将道德型领导视作一种遥不可及的道德神像，而应该视作一种可接触的、可直接互动的近距离榜样。中国有句俗语：人非圣贤，孰能无过。道德型领导并不是说领导者永远不会犯错或做坏事，而是他的品质和行为大多程度上是道德的。

道德型领导会不会犯错或做坏事？Lin 等（2016）的研究很有趣，他们挑战了我们的固定思维，假设并证实了道德型领导也会做不道德的事情。作者从自我损耗和道德许可理论出发，提出领导者做出更多的道德型领导行为会提高他们的自我损耗，使他们进行自我意志活动的控制和意愿下降，从而会更多地展现出辱虐督导行为。同时，道德型领导行为会让领导者获得更多的道德学分去让个人感觉有更大的可以做坏事的资本，从而使领导者做更多的辱虐督导行为。

Greenbaum 等（2015）虽然没有直接研究道德型领导是否会做错事，但是她提出了一个问题：如果领导者不能言行一致会有什么后果。道德型领导的一个特征就是言行一致（walk the talk），很显然违背言行一致就是对道德型领导的挑战和违背。他们的结果表明，领导者的言行不一致会导致下属认为领导者很虚伪，进而用脚投票，提高他们的离职意愿。

与道德型领导相反，最近有几项关于辱虐督导的研究表明，辱虐督导会使领导者感觉有罪以及道德学分流失，从而促发道德补偿机制，领导者会做出更多的以人为本和以任务为本的领导行为（Liao，Yam，Johnson，Liu，and Song，2018）。研究者也尝试去发现辱虐督导的一些积极效应（Zhang and Liu，2018）。这表明，道德的领导方式，或者不道德的领导方式，并非一个绝对化、脸谱化的刻板印象。好人也会做出坏事，坏人也可能做好事。在米尔格拉姆实验中按下450电压的电击按钮的人未必都是坏人（其实都是正常人，只不过在一种高度服从权威的情境下做了不道德的事情）。道德型领导也可能做坏事。我们更应该关心，其在什么情境下，以及做了坏事以后的自我纠正行动的机制如何。例如Lin等（2016）的研究发现道德型领导行为会增加领导者的辱虐督导，那么当领导者做出辱虐督导以后呢，他就不是道德型领导者了吗？还是他们会有一种自我纠正的行动和机制？作为一个乐观的研究者，笔者有理由相信，道德型领导做出辱虐督导后，会更有道德勇气去修正自己的不道德行为，这也部分契合了Liao等（2018）的研究。

# 10.5　谁会成为道德型领导

相比于绝大多数研究聚焦在道德型领导的后果上，关于道德型领导的前因变量研究显得寥寥无几。综合来看，道德型领导的前因主要包括三类（见表10-1）。

第一类是人格特质视角，已有研究将大多数的关注点聚焦在道德型领导产生的人格特质（大五人格、责任心、核心自我评价）上

（Kalshoven et al.，2011；Babalola et al.，2019；Letwin et al.，2016；王震，孙健敏，张瑞娟，2012）。

第二类是道德品质视角，研究表明个体的道德品质（道德原型、道德原型内化）（Mayer et al.，2012；Zhu et al.，2016）是道德型领导的前因机制，这也符合道德型领导的定义即"道德型领导是一个道德的人"，道德品质就反映了个体作为道德的人的程度。

第三类是道德榜样视角，社会榜样也是道德型领导的前因机制，社会学习理论认为道德型领导会影响下属的学习效应，因此，这种学习榜样也是下属习得道德型领导风格的机制，已有研究也表明了道德榜样（家长、老师和直属主管的道德榜样）（Brown，and Treviño，2014；Wang et al.，2018；王震等，2017）等对于道德型领导的作用。

表 10 – 1　道德型领导的前因研究回顾

| 视角 | 研究发现 |
| --- | --- |
| 人格特质 | 大五人格（Kalshoven et al.，2011），具体而言，只有尽责性和情绪稳定性对道德型领导有正向作用<br>责任心（Babalola et al.，2019；Letwin et al.，2016）<br>核心自我评价（王震，孙健敏，张瑞娟，2012；Ahn，Lee，and Yun，2018） |
| 道德品质 | 道德原型、道德原型内化（Mayer et al.，2012）<br>领导的道德认同（Zhu et al.，2016；Giessner et al.，2015）、领导的道德吸引力（Zhu et al.，2016） |
| 道德榜样 | 家长、老师和直属主管的道德榜样（Brown，and Treviño，2014；Wang et al.，2018）；CEO 的道德榜样（王震等，2017） |

综合表 10 – 1，我们可以总结出以下几个特点。

1. 道德型领导的前因研究极度匮乏。以往关于道德型领导的研究中，绝大多数关注了道德型领导产生了什么样的影响，但是只有少数研究关注了什么因素导致了道德型领导的涌现（Kalshoven et al.，2011；Ferh et al.，2015），对于组织管理实践（特别是人力资源管理）如何培养出道德型领导却没有回答。

2. 道德型领导的涌现机制探索很少。以往的研究关注了潜在的特质因素与道德型领导涌现的直接效应，但没有任何一项研究去探索这其中的中介机制和边界机制，因此，道德型领导涌现的机制仍然是一片空白。

3. 道德型领导在组织内的多层次涌现机制没有得到关注。个体在在组织管理体系的作用下，如何从一个道德的人转变为基层道德型领导；作为基层道德型领导，又是如何在组织中继续向上涌现，成为更高层级的领导，从而保证在涌现机制中是道德型领导涌现出来，而不是负面的领导涌现出来。这些都没有得到关注。

## 10.6　道德型领导自己开心吗

道德型领导会因为他（她）是一个道德的人和道德的管理者而开心吗？其实现有的研究中，有很多的研究是道德型领导可以让员工更加开心和幸福，本书第三篇其实就讲了道德型领导可以让下属更幸福。但有一个问题没有得到关注，就是道德型领导会让自己更开心吗？

笔者认为，道德型领导既让人开心，又让人不开心，仿佛硬币的两面，无法回避。

道德型领导会开心的原因可能包括以下几点。第一，道德型领导能够很大程度上降低不确定性（Loi et al.，2012），本书的第 5 章（Tu et al.，2019）也阐述了道德型领导能够降低不确定性。道德型领导遵从而非破坏道德准则和道德品质，他选择做对的事情而非做错的事情，所以他不会在不确定的阴影下，而会有更高的安全感，因此会感觉开心，而不是恐惧。第二，道德型领导会有积极的结果，从而道德型领导会更加开心。本书第 2 章也阐述了道德型领导会和下属有更好的关系，得到下属的信任，有更高的团队绩效（涂乙冬等，2014），大量的研究也表明道德型领导具有积极的有效性。那么这些积极的产出会让道德型领导更开心，而非更不开心。

欲戴王冠，必承其重。道德型领导也是有成本的。例如，Lin 等（2016）的研究就提到了道德型领导可能会带来自我损耗，由于领导者需要自我监控和自我调节行为的道德性，因此，他们必然要付出更多的资源进行自我调节和自我控制，从而更疲劳。道德型领导会更容易感觉到一种自我损耗或者耗竭的状态。

组织行为的研究中，情境很重要。因此，道德型领导可能有时候会感到开心，有时又不会，这取决于情境的作用。例如，在一个不道德的组织情境中，那些不道德的领导者反而获得更多资源，那些道德的领导者反而成了"老实人吃亏"，那这样的情境就很难说会让道德型领导开心了。

总体而言，道德型领导者对自身的影响的研究还非常有限，我们上面的讨论也缺乏非常直接的证据，因此，这应该会是道德型领导领域的一个未来研究方向。期待这个问题的更多答案和证据。

## 10.7  道德型领导还能走多远

这个问题对于一个专注于道德型领导研究的学者而言，就像在问你的饭碗还可以端多久。一个饱含情感的、具有社会称许性的答案就是：永远。

当然，我们还是应该更加理性地来看，永远其实是有期限的。

如果一个研究领域有生命周期（其实当然有的，有研究者专门论述过这个问题），借用产品的生命周期的划分方法，笔者认为，目前道德型领导的研究在成长期阶段，后面还将经历成熟期，之后才会进入衰退期。

笔者相信道德型领导是具有生命力的。首先，道德是组织管理永恒的话题，它不会随着时间的推移而变得不重要，相反，随着组织道德管理的标准越来越高，它会变得越来越重要。如果从企业社会责任的发展历程来看的话，上述趋势就非常明显。因此，道德型领导在未来也是非常重要的。其次，道德型领导的研究还有很多议题可以深入。参考其他领导力理论（例如转换型领导、LMX）长达 40 年乃至 50 年的研究历程，道德型领导如果从 2005 年开始正式计算（这里是指 2005 年 Brown 等开发了量表），才经历了 14 年的实证研究历程。因此，道德型领导的未来仍是可期的。最后，到目前为止，道德型领导的因果关系的研究还很缺乏，未来还有很长的路需要走。

期待更多研究者加入道德型领导的研究。

## 参考文献

孟慧，宋继文，艾亦非，陈晓茹（2013）.中国道德领导力的结构探索，第二届中国人力资源管理暨员工幸福管理国际论坛，武汉.

孟慧，宋继文，艾亦非，陈晓茹.（2014）.中国道德领导的结构与测量初探.管理学报，11（8），1101 – 1108.

涂乙冬，陆欣欣，郭玮，王震.（2014）.道德型领导者得到了什么？道德型领导，团队平均领导—部属交换及领导者收益.心理学报，46（9），1378 – 1391.

王震，明晓东，杨轶清.（2017）.本性使然还是环境塑造？——CEO 道德领导行为的影响因素及其传递效应.经济管理，1，100 – 113.

王震，孙健敏，张瑞娟（2012）.管理者核心自我评价对下属组织公民行为的影响：道德式领导和集体主义导向的作用，心理学报，44（9），1231 – 1243.

周明建，侍水生（2013）.领导—成员交换差异对团队关系冲突：道德型领导力的调节作用.南开管理评论，16（2），26 – 35.

Ahn, J., Lee, S., & Yun, S. (2018). Leaders' core self-evaluation, ethical leadership, and employees' job performance: The moderating role of employees' exchange ideology. *Journal of Business Ethics*, 148（2），457 – 470.

Babalola, M. T., Bligh, M.C., Ogunfowora, B., Guo, L., & Garba, O. A. (2019). The mind is willing, but the situation constrains: why and when leader conscientiousness relates to ethical leadership. *Journal of Business Ethics*, 155（1），75 – 89.

Bass, B. M. , & Avolio, B. J. (2000). Multifactor leadership questionnaire: MLQ; sampler set; technical report, leader form, rater form, and scoring key for MLQ form 5x-short. Mind Garden.

Brown, M. E. , & Treviño, L. K. (2006). Ethical leadership: A review and future directions. *The Leadership Quarterly*, 17 (6), 595 – 616.

Brown, M. E. , & Treviño, L. K. (2014). Do role models matter? An investigation of role modeling as an antecedent of perceived ethical leadership. *Journal of Business Ethics*, 122 (4), 587 – 598.

Brown, M. E. , Treviño, L. K. , & Harrison, D. A. (2005). Ethical leadership: A social learning perspective for construct development and testing. *Organizational Behavior and Human Decision Processes*, 97 (2), 117 – 134.

Curry, O. S. , Mullins, D. A. , & Whitehouse, H. (2019). Is It Good to Cooperate? *Current Anthropology*, 60 (1), 47 – 69.

Fehr, R. , Yam, K. C. , & Dang, C. (2015). Moralized leadership: The construction and consequences of ethical leader perceptions. *Academy of Management Review*, 40 (2), 182 – 209.

Giessner, S. R. , Van Quaquebeke, N. , Van Gils, S. , Van Knippenberg, D. , & Kollée, J. A. (2015). In the moral eye of the beholder: the interactive effects of leader and follower moral identity on perceptions of ethical leadership and LMX quality. *Frontiers in psychology*, 6, 1126.

Greenbaum, R. L. , Quade, M. J. , & Bonner, J. (2015). Why do leaders practice amoral management? A conceptual investigation of the impediments to ethical leadership. *Organizational Psychology Review*, 5 (1), 26 – 49.

Hoch, J. E. , Bommer, W. H. , Dulebohn, J. H. , & Wu, D. (2018). Do ethical, authentic, and servant leadership explain variance above and beyond transformational leadership? A meta-analysis. *Journal of Management*, 44 (2), 501 – 529.

Kalshoven, K. , Den Hartog, D. N. , & De Hoogh, A. H. (2011). Ethical leader behavior and big five factors of personality. *Journal of Business Ethics*, 100 (2), 349 – 366.

Letwin, C. , Wo, D. , Folger, R. , Rice, D. , Taylor, R. , Richard, B. , & Taylor, S. (2016). The "right" and the "good" in ethical leadership: Implications for supervisors' performance and promotability evaluations. *Journal of Business Ethics*, 137 (4), 743 – 755.

Liao, Z. , Yam, K. C. , Johnson, R. E. , Liu, W. , & Song, Z. (2018). Cleansing my abuse: A reparative response model of perpetrating abusive supervisor behavior. *Journal of Applied Psychology*, 103 (9), 1039 – 1056.

Lin, S. H. J. , Ma, J. , & Johnson, R. E. (2016). When ethical leader behavior breaks bad: How ethical leader behavior can turn abusive via ego depletion and moral licensing. *Journal of Applied Psychology*, 101 (6), 815 – 830.

Mayer, D. M. , Aquino, K. , Greenbaum, R. L. , & Kuenzi, M. (2012). Who displays ethical leadership, and why does it matter? An examination of antecedents and consequences of ethical leadership. *Academy of Management Journal*, 55 (1), 151 – 171.

Ng, T. W. , & Feldman, D. C. (2015). Ethical leadership: Meta-analytic evidence of criterion-related and incremental validity. *Journal of Applied Psychology*, 100 (3), 948 – 965.

Treviño, L. K. , Brown, M. , & Hartman, L. P. (2003). A qualitative investigation of perceived executive ethical leadership: Perceptions from inside and outside the executive suite. *Human Relations*, 55 (1), 5 – 37.

Tu, Y. D. , & Lu, X. X. (2013). How ethical leadership influence employees' innovative behavior: A perspective of intrinsic motivation. *Journal of Business Ethics*, 116 (2), 441 – 455.

Tu, Y. , Lu, X. , Choi, J. N. , & Guo, W. (2019). Ethical leadership and team-level creativity: mediation of psychological safety climate and moderation of supervisor support for creativity. *Journal of Business Ethics*, 159 (2), 551 – 565.

Wang, Z. , Xu, H. , & Liu, Y. (2018). How does ethical leadership trickle down? Test of an integrative dual-process model. *Journal of Business Ethics*, 153 (3), 691 – 705.

Zhang, J. , & Liu, J. (2018). Is abusive supervision an absolute devil? Literature review and research agenda. *Asia Pacific Journal of Management*, 35 (3), 719 – 744.

Zheng, X. , Zhu, W. , Yu, H. , Zhang, X. , & Zhang, L. (2011). Ethical leadership in chinese organizations: Developing a scale. *Frontier of Business Research of China*, 5 (1), 179 – 198.

Zhu, W. , Treviño, L. K. , & Zheng, X. (2016). Ethical leaders and their followers: The transmission of moral identity and moral attentiveness. *Business Ethics Quarterly*, 26 (1), 95 – 115.

Zhu, W. , Zheng, X. , He, H, Wang, G. , & Zhang, X. . (2019) . Ethical leadership with "moral person" and "moral manager" aspects: Scale refinement and cross-cultural validation. *Journal of Business Ethics*, 158 (2), 547 – 565.

图书在版编目（CIP）数据

道德型领导：提升企业绩效、团队创造力与员工幸
福感／涂乙冬著. -- 北京：社会科学文献出版社，
2020.9
ISBN 978 - 7 - 5201 - 7030 - 7

Ⅰ.①道…　Ⅱ.①涂…　Ⅲ.①企业领导学 - 研究 - 中
国　Ⅳ.①F279.23
中国版本图书馆 CIP 数据核字（2020）第 142556 号

道德型领导：提升企业绩效、团队创造力与员工幸福感

著　　者／涂乙冬

出 版 人／谢寿光
组稿编辑／恽　薇
责任编辑／孔庆梅
文稿编辑／刘　争

出　　版／社会科学文献出版社·经济与管理分社（010）59367226
　　　　　　地址：北京市北三环中路甲 29 号院华龙大厦　邮编：100029
　　　　　　网址：www.ssap.com.cn
发　　行／市场营销中心（010）59367081　59367083
印　　装／三河市龙林印务有限公司

规　　格／开　本：787mm × 1092mm　1/16
　　　　　　印　张：19　字　数：260 千字
版　　次／2020 年 9 月第 1 版　2020 年 9 月第 1 次印刷
书　　号／ISBN 978 - 7 - 5201 - 7030 - 7
定　　价／98.00 元